아우구스타 로마나

천년 제국의 그늘에 가려진 13인의 공주들

아우구스타 로마나

Augusta Romana

김연수 지음

젤리클

아우구스타 로마나
천년 제국의 그늘에 가려진 13인의 공주들

초판 1쇄 2024년 5월 10일
지은이 김연수
펴낸이 정철수
펴낸곳 젤리클
출판등록 2022년 9월 7일 제2022-000056호
전화 02-3141-1917
팩스 02-3141-0917
메일 imaginepub@naver.com
블로그 blog.naver.com/imaginepub
인스타그램 @imagine_publish
ISBN 979-11-982414-2-9 (03920)

• 젤리클은 이매진의 문학과 에세이 브랜드입니다.

왜 로마인가, 왜 로마 공주인가

로마는 기원전 8세기 라틴인이 세운 나라입니다. 1453년 오스만 제국에 콘스탄티노폴리스가 함락될 때까지 2000여 년 동안 명맥을 유지했죠. '로마는 하루아침에 이루어지지 않았다'는 속담처럼 일개 도시 국가에서 이탈리아 반도를 통일한 뒤 유럽 전체를 호령하는 대제국이 되기까지 무려 천여 년이라는 세월이 걸렸습니다. 그리고 다시 수도만 붙잡고 쪼그라든 도시 국가가 되기까지 천여 년이 흘렀죠.

로마는 하나가 아닙니다. 왕국부터 공화정, 황제가 지배하는 제정, 서로마와 동로마 분리, 서로마 멸망 뒤 천 년을 이어 간 동로마 제국까지 워낙 긴 세월 동안 숱한 변모를 거듭하죠. 그런 탓에 말도 많고 탈도 많지만, 그만큼 흥미로운 이야기가 넘칩니다. 율리우스 카이사르, 아우구스투스, 아우렐리우스, 콘스탄티누스같이 걸출한 지배자가 위인 대접을 받으며 세계 곳곳에 이름을 떨치고, 로마 제국이라는 시공간을 배경으로 한 책, 드라마, 영화, 게임이 끊임없이 나옵니다. 서양 먼 나라의 박제된 역사가 아니라 이웃 나라 이야기처럼 로마 제국이 가깝게 느껴지기도 하죠.

저도 로마 제국의 파란만장한 일대기에 관심이 쏠렸습니다. 전공을 제쳐두고 로마에 관한 책이란 책은 모두 읽었습니다. 학술서는 물론 교양서까지 '로마'만 들어가면 닥치는 대로 훑었죠. 재미있지만 살짝 지치기도 했습니다. 온통 전쟁과 정복, 권력과 음모의 언어로 가득했거든요. 지배자 시선으로 쓴 로마 제국의 역사는 등장인물만 바뀌는 막장 드라마 같았습니다.

스쳐 지나가듯 나타나서 곧 사라지는 로마 공주를 발견할 때까지 이런 답답함은 이어졌습니다. 로마 공주들은 전쟁과 정복과 권력과 음모를 주도하거나 그 속에 속절없이 휘말리지만 여성성이 지닌 가치를 지키려 분투한 흔들리는 존재였습니다. 어릴 적 즐겨 본 만화 영화 주인공처럼 구원자 왕자님을 만나 행복하게 살아가는 예쁜 공주님이 아니라 현실 속 공주들의 삶이 궁금했습니다. 그렇게 저는 로마 공주에 빠져들었습니다.

로마 공주는 로마 황제의 딸입니다. 로마 황제는 입법권, 사법권, 행정권을 모두 틀어쥔 강력한 통치자였죠. 그런 권력은 원로원과 군대를 기반으로 했고요. 원로원과 군대만 지지하면 누구든 황제가 될 수 있었고, 거꾸로 지지를 잃으면 언제든 황제 자리에서 쫓겨났습니다. 재위 기간이 짧은 황제도 여럿이라서 황제 자신뿐 아니라 딸들까지 꼼꼼히 기록하기 어려웠죠.

그런데도 로마에는 역사에 흔적을 남긴 공주들이 있습니다. 제위 계승법 특성상 오래 재위하기 어려운데도 자식에게 자리를 물려준 황제들이 나타났죠. 그런 황제들은 모두 당대에 좋은 평가를 받았고요. 게다가 로마는 능력주의 사회였습니다. 아버지가 뛰어나고 인기 많은 황제일 때 공주도 능력만 갖추면 쉽게 정치에 개입할 수 있었어요.

옥타비아누스가 '아우구스투스'[†]라는 칭호를 받은 뒤 로마는 공화정에서 제정으로 바뀝니다. 아우구스투스는 아내 리비아 드루실라가 데려온 피 안 섞인 아들 티베리우스에게 황제 자리를 물려주면서 처음부터 로마 제국이 핏줄보다 능력을 중시한다는 사실을 보여줬죠. 그러다가 세월이 흘러 로마가 반으로 나뉘었고, 서로마 제국이 멸망한 뒤 동로마(비잔티움) 제국만 남았습니다. 동로마 제국은 고대 로마의 정통성을 유지하는 유일한 나라였고, 이민족들을 물리쳐 평화를 오래 유지한 덕에 황제권이 강해지면서 능력주의 사회에서 세습 왕정으로 변모하기 시작했습니다. 4장에 나오는 조이와 테오도라가 여제에 오른 배경은 개인 능력보다는 세습 왕정의 정통성과 오래도록 지속된 평화 덕분이었습니다. 피 튀기는 집안싸움에서 살아남으려 분투한 앞 세대 공주들하고는 상반된 상황이죠.

1장은 초대 황제 아우구스투스의 친외손녀 대 아그리피나와 양외손녀 리빌라가 문을 엽니다. 두 사람은 성격이 극과 극이었습니다. 대 아그리피나는 타인을 존중할 줄 알고 남편을 충실히 내조하는 여인이었다면, 리빌라는 다른 이들을 멸시하고 질투심이 심한데다가 훗날 불륜에 빠져 남편을 배신했죠. 두 사람 모두 정치판에 뛰어들어 비참한 결말을 맞았습니다.

지금부터 제가 들려줄 이야기의 주인공인 로마 공주는 모두 대 아그리피나와 리빌라의 후예랍니다. 1장에 나오는 공주들은 시누이와 올케, 어머니와 딸 사이이고, 2장과 4장에 등장하는 공주들은 자매예요.

[†] 존엄한 자라는 뜻의 라틴어로, 옥타비아누스부터 고대 로마 황제들의 칭호로 사용했습니다.

3장에 나오는 공주들도 어머니와 딸 관계이고, 5장을 장식하는 공주들은 고모할머니와 종손녀 사이죠. 이 공주들은 살아간 시대와 지위가 고만고만한 탓인지 엇비슷한 삶과 죽음을 맞이합니다. 그렇지만 모두 자기만의 색깔을 지녀요. 모두 다 다른 사람인 만큼 주어진 운명을 대하는 태도도 서로 다를 수밖에 없었죠. 그런 다양한 모습 속에서 오늘을 살아가는 데 필요한 뭔가를 찾는다면 내가 살아갈 내일의 삶이 조금 바뀔 수 있지 않을까요?

로마와 한국은 역사도 정치도 문화도 다릅니다. 이탈리아 사람들은 피자를 먹을 때 한국 사람은 빈대떡을 즐겼잖아요. 로마 공주들의 삶도 우리 공주들의 삶하고 아주 달랐습니다. 그렇지만 슬플 때 슬퍼하고 기쁠 때 기뻐하는 똑같은 사람들이었죠. 또한 한 여성이라는 이유로 뒷방에 처박혀 조용히 살지 않고 역사에 흔적을 남기려 한 로마 공주들의 삶에 카타르시스를 느낄 수 있을 겁니다. 요즘은 한국 사람이 피자를 즐기고 이탈리아 사람이 빈대떡을 먹는 시대잖아요.

그러니 아이들에게 '공주와 왕자는 행복하게 잘 살았습니다'로 끝나는 동화를 들려줄 때 오래전 머나먼 나라에서 치열한 삶을 산 공주들 이야기도 해주면 어떨까요. 처음에는 낯설어할 테지만 곧 제국의 공주들하고 함께 울고 웃는 우리를 만날 수 있을 겁니다.

차 례

👑 5부 동로마의 중흥과 몰락을 지키다

1부

아우구스투스의 손녀들과
피비린내 나는 집안싸움

이탈리아 베니스 국립 고고학 박물관에 소장된 대 아그리피나 석상

1. 강해야 살아남는 로마

대 아그리피나 1대 황제 아우구스투스의 외손녀, 3대 황제 칼리굴라의 어머니

고대 로마를 비롯한 전통 사회에서 정치판은 금녀의 영역이었습니다. 남성이 밖에서 전쟁하고 정치를 했다면, 여성은 안에서 육아와 살림을 하며 내조에 충실했습니다. 역사는 강자의 목소리를 기록하는 법이니 자연스레 남성이 주인공이 됐습니다. 그렇지만 단단한 남성 중심 세계에서도 이름을 남긴 여성들이 있습니다. 대 아그리피나†가 대표적이죠. 대 아그리피나는 다른 로마 여성들처럼 남편과 자녀를 돌보며 살다가 남성들의 전유물인 정치에 뛰어들었습니다. 내조의 여인이 금녀의 영역에 뛰어든 이유는 무엇일까요?

---

† 로마는 개인 개념이 등장하기 전 시대라 혈통이나 가족을 중시해 부모나 조부모 이름을 물려받는 관습이 있었습니다. 후대 사람들은 이름이 같은 다른 인물을 '대'와 '소'로 구분했습니다.

내조의 여왕, 복수를 결심하다

"부인, 부디 끝까지 살아남아 복수해 주시오. 피소, 피소 그자가 나를!"

"여보!"

대 아그리피나의 남편 게르마니쿠스는 더는 눈을 뜨지 못했습니다. 이날은 19년 10월 10일이었죠. 아그리피나는 몹시 슬퍼했습니다. 결혼식 날 처음 남편에게 반한 순간부터 평생을 함께하기를 기원한 나날, 전쟁터에서 서로 위로한 시간을 떠올렸습니다.

'부디 끝까지 살아남아 복수해 주시오.' 아그리피나는 겨우 서른세 살에 안타깝게 세상을 떠난 남편이 마지막에 남긴 말을 떠올렸습니다. 슬픔은 점차 분노로 바뀌었죠. 분노하는 데 그치지 않고 복수를 하기로 다짐합니다. 남편을 죽인 사람으로 의심되는 피소와 피소의 죄를 감싸준 티베리우스를 향해 눈에 불을 태웠습니다. 평생 남편 뒤에서 내조하는 삶을 산 아그리피나는 자녀들과 가문을 지키려 정치판에 뛰어들었습니다. 로마 제국의 공주는 복수에 성공했을까요? 공주의 자녀들은 소망대로 잘 살았을까요?

착실한 어린 시절

기원전 14년, 로마 초대 황제 아우구스투스의 오른팔이자 사위인 마르쿠스 빕사니우스 아그리파가 쉰 살 되는 해였습니다. 아그리파와 율리아 부부 사이에 경사가 났습니다. 바로 늦둥이 딸 아그리피나가 태어났거든요.

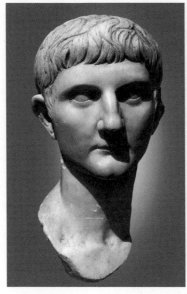

"여보, 이 아기 좀 보세요."

"오오, 내 사랑!"

"어디 보자."

이때 율리아의 아버지 아우구스투스가 도착했습니다.

"아버지, 정말 예쁘지 않아요?"

"너를 닮아서 그런지 참 어여쁘구나. 수고했다. 푹 쉬거라."

이렇게 환영받으며 태어난 아그리피나이지만 아버지 얼굴을 다시는 보지 못했습니다. 아그리피나가 두 살이 된 기원전 12년 아그리파가 세상을 떠난 때문이었습니다. 그해 반란을 진압하러 판노니아 속주로 간 아그리파는 이미 지병이 악화하고 있었거든요. 그러고는 이탈리아 캄파니아에 도착한 때 세상을 떠났죠.

아버지가 세상을 떠난 뒤 아그리피나는 외할아버지 아우구스투스와 양외할머니 리비아 드루실라 밑에서 자랐습니다. 어머니 율리아는 남동생을 낳아야 했고, 동생을 낳자마자 아우구스투스의 양아들이자 리비아 드루실라의 친아들인 티베리우스하고 재혼해야 했죠.

"불쌍한 손녀야, 오늘부터 내 집에서 지내도록 하거라. 내가 착실히 돌봐 줄 테니."

"네, 할아버님."

아그리피나는 손녀를 가엽게 여긴 외할아버지에게 의탁해 엄격한 분위기 속에서 자랐습니다. 시종들은 불쌍한 소녀의 일거수일투족을 샅샅이 기록했습니다. 과잉보호한 탓이었죠.

"할아버님, 오셨습니까?"

"그래. 잘하고 있느냐?"

"네, 아버지께서 지금 제 모습을 보면 기뻐하시겠죠?"

"그래. 아버지께서 하늘에서 지켜보고 계신다. 그러니 처신을 잘하도록 하거라."

아그리피나는 외할아버지와 양외할머니에게서 한 번도 만난 적이 없는 아버지에 관한 이야기를 들었습니다. 평생 전장을 호령하며 명성을 떨치지만 황위는 노리지 않고 오로지 황제의 그림자를 자처한 아버지 아그리파를 딸은 존경했죠.

행복한 결혼식

보호인지 감시인지 모를 삶은 계속 이어졌습니다. 과잉보호하는 외할아버지 덕분에 처음에는 안도하지만 자랄수록 점차 부담스러웠습니다. 그래도 아그리피나는 반항 한 번 할 줄 몰랐습니다. 어른들 말을 순순히 따르는 조용하고 내성적인 아이였죠. 아우구스투스도 이런 손녀를 마냥 미워하지는 않은 듯합니다. 아그리피나는 외할아버지와 양외할머니 밑에서 길쌈을 배우며 현모양처가 될 준비를 했습니다.

"아그리피나, 무엇을 하고 있느냐?"

"할아버님, 안녕하세요. 베틀 다 짰어요."†

"잘했다. 오늘 할애비가 너를 위해 좋은 소식을 들려주려 왔단다."

"네?"

"한번 만나보련?"

이렇게 손녀는 외할아버지가 주선하는 남편감을 만났습니다. 아그리피나를 찾아온 준수한 미남은 바로 아우구스투스의 친손자 게르마니쿠스였습니다.

사실 게르마니쿠스는 단순히 황제의 친손자가 아니었습니다. 티베리우스의 동생 드루수스의 아들로, 본명은 아버지 드루수스하고 똑같지만 게르만 원정에서 큰 공을 세워 '게르마니쿠스'††라는 이름을 얻었죠. 아그리파가 죽고 나서 아우구스투스는 게르마니쿠스를 다음 후계자로 염두에 두기 시작했는데, 처음부터 그렇지는 않았습니다.

---

† 로마 사람들은 양모나 아마포로 만든 옷을 입었습니다. 면화로 만든 옷은 거의 입지 않았죠. 길쌈, 곧 방적은 여성이 하는 일로 여겨졌고, 상류층 여성도 예외는 아니었습니다. 황실에서 입는 토가를 만들려면 최대 35킬로미터에 이르는 실이 필요했답니다. 아우구스투스 가족이 입을 옷을 지으려면 한 달간 온 집안 여자들이 고된 노동을 해야 했습니다.

†† 게르만을 정복하게 하는 자라는 뜻입니다.

아우구스투스는 원래 자기 혈통을 물려받은 아그리피나의 친오빠 가이우스와 루키우스를 후계자로 삼으려 했습니다. 별다른 전공戰功을 세우지 못하는 변변찮은 인물들이지만 혈통에 집착한 탓이었죠. 그런데 이 외손자들은 2년과 4년에 각각 세상을 떠났습니다. 황후 리비아는 아우구스투스에게 양아들이자 자기에게 친아

들인 티베리우스를 후계자로 삼자고 했습니다.

"그래, 티베리우스만 한 인재가 없지. 황후 말을 따르리다. 대신 조건이 있소."

"무엇입니까?"

"게르마니쿠스를 다음 후계자로 임명해야 하오. 어떻소이까?"

"네, 좋습니다."

리비아가 계속 부추기자 아우구스투스는 결국 그 말을 따랐습니다. 대신 게르마니쿠스를 티베리우스의 다음 후계자로 지명했죠. 게르마니쿠스는 차차기 후계자, 로마의 황태손이 된 셈이죠. 이때 게르마니쿠스는 스무 살이고 아그리피나는 열아홉 살이었습니다. 아그리피나는 어느덧 균형 잡힌 얼굴, 밝은 눈, 가르마 탄 머리를 지닌 처녀로 성

장했습니다. 게르마니쿠스는 용맹하고 착실한 전사였고요.

　두 사람은 모두 아우구스투스의 손주이면서 육촌 관계였죠. 5년, 둘은 할아버지 아우구스투스가 주도하는 성대한 결혼식을 치렀습니다. 평소 정숙한 아그리피나도 이날만큼은 기쁨을 감추지 못했습니다.

　아그리피나가 결혼식장에 들어서자 곧 게르마니쿠스도 모습을 드러냈습니다. 아그리피나는 잘생긴 신랑을 보고 한눈에 반했습니다. 게르마니쿠스도 기품 있고 아름다운 아그리피나에게 눈을 떼지 못했죠. 두 사람은 성격도 다르고 살아온 배경도 다르지만 행복한 미래를 꿈꾸는 마음은 같았습니다. 이날 아그리피나는 일생에서 가장 완벽한 하루를 보냈습니다.

헌신적인 결혼생활 덕에 얻은 신망

　결혼식을 마친 게르마니쿠스는 제왕 수업도 받을 겸 전공을 쌓으려고 백부 티베리우스를 따라 전쟁터에서 세월을 보냈습니다. 6년 바토니아 전쟁 때부터는 아그리피나도 임신한 몸으로 아이들하고 함께 늘 전쟁터를 따라다녔습니다. 유모를 두지 않은 채 아이들 옷을 손수 짓고 모유를 먹여 키웠습니다.[†]

　"부인, 힘들지 않소?"

[†] 아이를 직접 키우는 상류층 여성은 흔치 않았습니다. 결혼하고 아이를 낳으면 아내와 어머니로서 충실해야 했지만, 산모가 출산 도중에 죽는 확률이 높아 유모나 가정 교사를 많이 고용했습니다. 아그리피나가 손수 아이들을 키운 이유는 자식 사랑 때문이기도 하지만 아버지 아그리파처럼 강인한 체력을 지닌 덕택인 듯합니다.

"괜찮습니다. 당신이야말로 힘들 텐데, 어서 들어가 쉬세요."

"부인이 내 곁에 있어서 정말 다행이오."

또한 아그리피나는 젊은 나이에 과부가 된 시어머니 소 안토니아를 볼멘소리 없이 극진히 모셨습니다. 몸이 안 좋은 시동생 클라우디우스도 무시하지 않고 예의 있게 대했죠. 이런 태도는 로마 시대에도 흔치 않아 많은 이들이 높이 샀습니다. 아그리피나는 어릴 때부터 외할아버지의 감시 아래에서 자라 '참는 것이 미덕'이라는 자세가 몸에 밴데다가 내조가 삶의 의무이자 당연한 도리라고 생각한 듯합니다.

아그리피나는 남편하고 함께 전장을 누비며 선행을 베풀어 병사들 사이에 신망도 높았습니다. 14년 봄, 게르마니쿠스가 변방에서 일어난 반란을 진압할 때입니다.

"물러가지 않으면 아내와 아이들을 로마로 돌려보내겠소."

이런 협박이 통할 정도로 병사들은 아그리피나를 좋아했죠. 처진 분위기를 뒤흔들려고 게르마니쿠스가 쓴 술수였습니다. 사실 아우구스투스가 아들 일행 손에 들려 보낸 편지 때문에 아그리피나는 어차피 갈리아로 가야 하는 상황이었죠.

"아그리피나, 내가 살날이 얼마 남지 않은 듯하다. 부디 갈리아로 돌아와다오."

편지를 받은 손녀는 서둘러 외할아버지가 머무는 곳으로 향했지만, 아우구스투스는 8월 19일 하늘의 별이 되고 말았습니다.

아그리피나는 슬퍼할 겨를도 없었습니다. 바로 새 황제 즉위식에 참석해야 했거든요. 끝나자마자 곧장 전장으로 향해야 했고요.

새 황제 티베리우스는 게르마니쿠스를 견제하고 차기 후계자 구도도 재정비할 겸 아들 소 드루수스를 원정군에 딸려 보냈습니다. 그런 상황에서도 아그리피나는 힘들고 지친 기색을 드러내지 않았어요. 도리어 게르만 정벌을 다시 시도하는 게르마니쿠스에게 용기를 북돋우려 노력했죠.

게르마니쿠스가 라인 강 너머 게르만족 추장이자 전투력이 뛰어나 영웅으로 대접받은 아르미니우스를 추격할 때였습니다. 로마군은 다리가 놓인 강에 막혀 더 나아가지 못했습니다. 당황한 병사들은 다리를 무너트리려 했죠. 이때 아그리피나가 나섰습니다.

"다리를 무너트리면 안 됩니다!"

아그리피나는 병사들에게 손수 식량과 의복을 건네 사기를 북돋웠습니다. 이런 활약 덕분에 로마군은 달아나는 약탈자를 다리를 무너트리지 않고서 추격할 수 있었습니다.

16년까지 게르마니쿠스는 소 드루수스하고 함께 게르만 정벌에 힘쓴 끝에 빼앗긴 군기 3개 중 2개를 되찾는 성과를 거둬 큰 인기를 얻었습니다. 능력이 뛰어나고 성격도 좋은 덕분이었죠. 티베리우스는 게르마니쿠스의 이름으로 로마 시민들에게 돈을 나눠 줬고, 게르마니쿠스는 차기 집정관 자리까지 예약했습니다.

18년, 게르마니쿠스는 장인 아그리파가 다스리던 소아시아로 파견됩니다. 아그리피나도 함께했습니다. 여기에서 아그리피나는 막내딸 율리아를 낳았죠. 게르마니쿠스는 누워 있는 아내에게서 막 태어난 딸을 받아들고 기뻐했습니다. 비참한 운명을 마주하기 전, 두 사람이 마지막으로 보낸 행복한 시간이었죠.

아내 곁을 떠난 게르마니쿠스

티베리우스는 게르마니쿠스를 도우라며 자기 친구이자 군인인 피소를 시리아 총독으로 파견했습니다. 속셈은 서로 달랐죠. 피소가 충성심을 얻으려고 자기를 잘 따르는 장교들로 간부를 교체하면서 두 사람 사이에 갈등이 싹트기 시작했습니다.

"피소, 어서 아르메니아 군대를 카파도키아로 옮기게."

"무슨 까닭으로 그러시는지요?"

"이유를 왜 묻는가? 명령을 내리면 따라야지."

"안 알려 주시면 명을 따르지 않겠나이다."

"뭐라?"

게르마니쿠스는 왕을 교체해 카파도키아를 속주로 삼으려 피소더러 아르메니아 군대를 옮겨 달라 하지만 피소는 명령을 따르지 않았습니다. 두 사람은 크게 말다툼했습니다.

"여보, 진정해요."

"지금 진정할 때예요?"

아그리피나가 말다툼을 말리려 하자 피소의 아내 플랑키나가 반격했습니다.

"감히 아우구스투스의 손녀 앞에서 토를 달아?"

"아니, 명령을 내리려면 제대로 해야죠."

"지금 그대 말은 장군이 내린 명이 엉터리라는 뜻인가?"

"그, 그게……."

싸움을 말리려던 아그리피나가 도리어 플랑키나하고 말다툼을 하게 되면서 사태는 최악으로 치달았습니다.

이 무렵 게르마니쿠스는 굶주리는 로마인들을 구제하려고 식량이 넘쳐나는 이집트를 들렀습니다. 이집트는 황제가 소유한 개인 영지여서 황제와 원로원이 허락하지 않으면 절대로 발을 디뎌서는 안 되는 곳이었죠.

"폐하, 게르마니쿠스가 이집트에 당도했다고 하옵니다."

"가, 감히 내 허락 없이 이집트를 침범해? 당장 그자를 안티오키아로 돌려보내라 하게!"

게르마니쿠스가 한 행동을 들은 황제는 노발대발했습니다.

"장군, 폐하께서 격노하셨답니다. 어서 몸을 옮기셔야 합니다."

"피소는 어디에 있는가?"

"안티오키아에서……."

노예에게 황제의 명을 전해 들은 게르마니쿠스는 시리아 속주인 안티오키아로 서둘러 돌아가려 했지만, 피소가 안티오키아에서 명령을 파기하고 자기 마음대로 행동하고 있다는 사실을 알게 됐습니다.

"당장 피소에게 전령을 보내 로마로 돌아가라고 전하거라!"

화난 게르마니쿠스는 월권행위라는 사실을 알면서도 피소에게 로마 복귀를 명령했습니다. 게르마니쿠스가 내린 명령을 받은 피소는 셀레우키아 항구로 몸을 옮겼죠.

이렇게 피소하고 다투던 게르마니쿠스는 원인 모를 병에 걸립니다.

"장군, 괜찮으십니까?"

"피소, 그자를 조심해야 해."

"어째서 이러십니까?"

"그자가 사는 집에 이상한 살 조각이 있어. 거기에 내 이름을 새긴 납판이 숨겨져 있다고!"

"대체 무슨 말씀이십니까?"

"아, 그자가 흑주술로 나를! 윽!"

게르마니쿠스는 피소가 집에 자기 신체 부위와 이름을 새긴 납판을 숨기고 있다고, 흑주술을 부려 자기를 죽이려 든다고 생각했습니다.

"가족들을 불러오게! 어서!"

아그리피나가 서둘러 아이들을 데리고 달려왔습니다.

"여보, 아니, 안색이!"

아그리피나는 낯빛이 새파란 남편을 보고 몹시 당황했습니다. 요즘 건강이 나빠진다고 염려하던 참이지만 이번만큼은 불길한 예감이 들었습니다.

"여보, 일어나실 수 있어요. 자, 어서!"

"부인, 이제 틀렸소."

"아닙니다. 그동안 숱한 전쟁터에서 용맹을 떨친 분이 아닙니까. 일어나실 수 있어요!"

"아니, 난 끝났어."

"안 돼요. 안 돼!"

아그리피나는 안티오키아에서 남편 유해를 화장한 뒤 로마를 향한 장례 행렬을 따라갔습니다. 한때 게르마니쿠스하고 게르만 정벌을 함께한 소 드루수스, 게르마니쿠스의 동생 클라우디우스 등이 아그리피나와 아이들을 마중했죠.

술렁이는 민심

"피소가 한 짓 아냐?"

"쉿, 조용히 해."

추앙받던 황태손이자 용맹한 전사 게르마니쿠스가 갑작스레 세상을 떠나자 여기저기서 수군거렸습니다. 게르마니쿠스하고 앙숙이던 피소가 범인이라며 수군거렸죠. 티베리우스는 충격을 받고 쓰러진 리비아와 소 안토니아를 간호한다는 핑계를 대면서 장례식에 참석하지 않았습니다. 가뜩이나 거만하고 무뚝뚝해 인기 없던 티베리우스는 욕받이가 됐죠.

"황제 맞아? 어째 저래?"

"저러니 인기가 없지. 쯧쯧."

아그리피나는 군중 속에 몸을 숨긴 채 여기저기서 수군거리는 이야기를 들었습니다. 티베리우스가 남편을 암살한 배후라는 소문까지 듣고는 충격에 빠졌죠.

이러는 사이에 피소가 재판을 받았습니다. 티베리우스는 명령에 복종하지 않고 군율을 위반한 혐의는 인정하면서도 게르마니쿠스를 암살하려 한 혐의는 증거가 충분하지 않다고 봤습니다. 아그리피나는 분노했습니다.

'아니, 저자는 남편을 죽인 범인이 분명한데!'

사람들은 피소에게 지탄과 야유를 퍼부었습니다. 피소가 게르마니쿠스를 죽인 범인이라고 하면서요. 버티지 못한 피소는 결국 스스로 목숨을 끊었고, 집안은 멸문지화를 당했습니다. 아그리피나는 기뻐할 수 없었습니다. 암살 배후로 지목된 피소에게 모든 죄를 떠넘긴 채 황제가 뒤로 빠진다고 생각했죠.

피소는 이제 죽었습니다. 아그리피나는 자기보다 인기가 많다는 이유로 피소를 보내 남편을 암살한 황제 티베리우스에게 복수하겠다고 마음을 굳게 먹었습니다. 정치판에 뛰어들기로 결심한 순간이었죠.

거칠어지는 대립

남편이 죽은 뒤 우울증에 시달린 아그리피나는 세상이 점점 달리 보이기 시작했습니다. 아름다운 꽃밭은 우중충한 정글이 됐죠. 남편이라는 버팀목이 없어지는 바람에 홀로 정글 같은 세상을 헤쳐 나가야 했습니다. 당연히 성격도 어두워졌죠.

아그리피나는 티베리우스가 소 드루수스와 드루수스의 아들들을 후계자로 내세우면 자기 아들들이 걸림돌로 취급받을 수밖에 없다고 염려했습니다.

'우리 아들들이 위험해질지도 몰라. 곧 그렇게 될 거야.'

아그리피나는 정치판에 뛰어들었습니다. 직접 원로원 회의에 참석하지는 못하지만 사사건건 주위 사람들을 거쳐 로마 정치가 어떻게 돌아가는지, 정확히 말하면 아들들 입지가 어떻게 오르락내리락하는지 관심을 기울였습니다.

"아들아, 오늘은 어떻게 지냈느냐?"

"저, 그게."

"왜 그러느냐?"

"계속 이러시면 황제가 의심하세요."

'적극적 행동'은 근본적으로 '의심'을 바탕으로 했습니다. 티베리우스가 아들들을 죽일까 봐 두려운 탓에 지나친 관심을 쏟았죠. 티베리우스도 아그리피나를 부담스러워했습니다. 그래서 아그리피나를 달래고 양아버지 아우구스투스의 유지도 받들 겸 게르마니쿠스와 아그리피나가 낳은 첫째 아들 네로 카이사르를 후계자로 삼기로 하고 소 드루수스의 딸 소 율리아하고 결혼시켰습니다. 포럼에서 토가†를 입히는 의식도 치렀죠.

지나치게 친절한 티베리우스를 보고 아그리피나는 의심이 더 깊어질 수밖에 없었습니다. 어두운 표정으로 황제 앞에 나섰죠.

"폐하, 이 결혼을 무를 수 없겠습니까?"

"어떤 연유로 그러시오?"

아그리피나는 말문이 막혔습니다. 황제를 의심한다는 사실을 입 밖에 꺼낼 수 없었죠. 오랫동안 삶의 원동력으로 삼고 지낸 사실이 이제 자기를 향한 비수가 될지도 모른 채 아우구스투스의 손녀라는 자부심을 내세웠습니다.

"제 아들은 아우구스투스의 핏줄을 이어받았습니다. 어찌 저런 여인하고 혼인시킬 수 있겠습니까?"

"대체 황제의 조카에게 무슨 말을 하는 거요?"

"조카? 조카라고요? 그 조카가 아우구스투스의 핏줄을 못 물려받은 처지라는 생각은 하셨습니까?"

---

† 고대 로마 시대 고유 복식. 남녀가 같이 입다가 여성은 스톨라로, 남성은 토가로 정착됩니다. 치안 판사나 관리, 사제는 넓은 자주색 줄무늬가 있는 토가 프라에텍스타를 입었습니다. 아우구스투스 황제 때에는 토가가 없으면 포럼에 출입할 수 없었습니다.

"감히 황제의 조카를, 감히!"

"그만하세요, 다들!"

흥분한 아그리피나는 아들을 비호하려다가 황제의 조카를 비하하고 말았습니다. 황제의 존엄을 훼손하는 행위였죠. 티베리우스의 인내심은 한계에 다다랐지만, 인성 좋은 소 드루수스가 두 사람을 중재한 덕에 사태는 크게 번지지 않았습니다. 그런 소 드루수스가 급사(급사한 이유는 이 책 2장 리빌라 편에서 밝혀집니다)하고 세야누스가 접근하면서 아그리피나는 몰락의 길을 걷기 시작하죠.

위기감을 느꼈을까요? 아니면 소 드루수스가 죽어서 아들을 위협할 잠재적 적이 사라진 만큼 안도했을까요? 아그리피나는 화해를 모색했습니다. 티베리우스에게 개인적인 선물을 바치기 시작했죠.

"폐하, 아그리피나이옵니다."

"오, 갑자기 웬일이오? 안색이 좋구려."

"제가 요즘 폐하께 실례가 많이 저질렀습니다. 그래서 작은 선물을 준비했습니다."

아그리피나는 비단 한 필을 건넸습니다. 티베리우스는 어색해하면서도 선물을 받아들었습니다.

"고, 고맙소이다."

"폐하, 제 아들들을 잘 부탁합니다."

마침 아들 네로가 아버지 게르마니쿠스에 이어 집정관에 오르더니 연달아 재판관직까지 받으면서 승승장구하고 있었습니다. 아그리피나는 그런 아들을 보며 흐뭇해했습니다. 잠시나마 안도했죠.

장군의 아내가 아니라 장군처럼

이제 아그리피나 가족에게 위기가 찾아오기 시작합니다. 세야누스는 로마사 전체에서 가장 파렴치하다고 평가받을 만큼 교활하기로 유명한 인물이죠. 갖은 술수로 티베리우스 황제의 환심을 산 근위대장 세야누스는 소 드루수스하고 후계자 자리를 놓고 대립했습니다. 소 드루수스가 갑자기 죽자 세야누스는 아우구스투스 일족을 모두 제거한 뒤 황제에 오르려는 음모를 꾸몄죠. 아그리피나 모자를 이간질해 몰락시킬 계책을 세웠습니다. 억울하게 죽은 게르마니쿠스의 핏줄이자 화신이라는 이유로 아그리피나의 아들 네로와 드루수스가 한창 인기를 얻고 있었거든요.

24년, 세야누스는 치안 판사들에게 네로와 드루수스의 건강을 기원하는 기도를 올리라고 했습니다. 티베리우스는 이런 행동을 달가워하지 않았는데, 기도를 올린 판사 중에 아그리피나와 게르마니쿠스의 친척들이 있기 때문이었죠.[†]

티베리우스는 이 일 때문에 아그리피나와 아그리피나의 아들들을 의심하기 시작했습니다. 마침 아그리피나가 아들들을 황제로 세우려고 티베리우스를 밀어내려 한다는 소문이 떠돌았는데, 세야누스가 짠 계략이 정곡을 찌른 셈이었죠.

---

† 로마의 사법 제도를 책임진 치안 판사라는 직책은 로마 왕국, 공화정, 제정 때까지 따로 없었습니다. 로마 왕국 시대에는 로마 왕이 치안을 책임졌죠. 왕정이 붕괴하고 공화정이 수립되자 원로원 최고 수장인 집정관을 포함해 법무관과 검열관 등이 치안을 맡았습니다. 공화정 시대가 끝나고 로마 제정이 수립되자 황제는 법무관과 검열관이 하던 업무까지 떠맡았습니다. 제정 초반기 아우구스투스와 티베리우스 시절에는 아직 치안 판사의 권한이 살아 있었죠. 티베리우스도 치안 판사들 눈치를 봐야 했는데, 그런 사람들이 다른 인물을 대놓고 지지하는 모습은 보기 싫었겠죠.

"내가 황제를 몰아내려 한다니? 감히 누가 그따위 소문을 내고 다니느냐?"

"다들 그러더이다. 어찌해야 할지……."

"그런 소리를 하는 자가 있으면 당장 입을 틀어막도록 해라!"

아그리피나도 어떻게든 수습하려 하지만 빠르게 퍼지는 소문을 막을 수는 없었습니다.

"폐하, 드릴 말씀이 있습니다."

"뭐냐?"

세야누스는 라인 강에서 아그리피나가 다리를 무너트리려는 병사들을 말리고 붕대와 음식 등을 나눠줘 사기를 북돋운 일을 전하며 장군의 아내가 아니라 장군처럼 행동한 전적이 있다고 비난했습니다. 그때처럼 이번에도 황제의 어머니[†]가 아니라 황제처럼 행동하려 한다느니 원로원에 벌써 아그리피나파가 있다느니 하면서 의심을 부추겼죠.

마침 라인 강 일대에는 아그리피나가 펼친 활약 덕에 게르마니쿠스를 신봉하는 사람들이 많았습니다. 세야누스는 그때 게르마니쿠스하고 함께 활약한 실리우스 장군을 갈리아 지방에서 자금을 횡령한 혐의로 기소하게 했습니다. 실리우스는 매수된 증인들이 한 거짓 증언 때문에 유죄 판결을 받고 재산을 몰수당했습니다. 사비누스, 루푸스, 수일리우스 등 게르마니쿠스에게 충직하던 사람들도 이런저런 혐의를 뒤집어씌운 뒤 죽이거나 추방했죠. 아그리피나의 사촌 클라우디아는 간

[†] 로마에는 후계자를 공동 황제로 임명하는 관습이 있었는데 여기서 황제란 대 아그리피나의 아들 네로 카이사르를 의미합니다.

통죄로 기소했고요.

아그리피나는 주위 사람들이 하나씩 죽는 모습을 보고 위기를 느끼지만 세야누스가 음모를 꾸민다는 사실은 몰랐습니다. 황제 자리를 위태롭게 하는 요소들을 정리하려 티베리우스가 자기 파벌을 제거하는 중이라고 생각했죠.

아그리피나는 자기가 아무리 친절을 베풀어도 이런 의심을 벗어나기 어렵다는 현실을 깨달았습니다. 궁지에 몰린 아그리피나는 황궁으로 난입해 티베리우스에게 항의했습니다.

"어떻게 감히 아우구스투스의 혈육에게 이럴 수 있습니까?"

"그대는 여왕이 아니오!"

그동안 분노가 쌓인 티베리우스도 크게 화를 냈습니다. 두 사람은 냉랭한 분위기를 이기지 못한 채 헤어졌죠. 그러고는 둘 다 자기 처소에 앉아 다툰 순간을 후회했습니다.

"폐하께서 식사에 초대하셨어요."

"그래? 어서 채비해라."

티베리우스는 화해하는 의미로 식사에 초대했고, 아그리피나는 바로 초대를 받아들였습니다. 그런데 문제가 생겼습니다.

"자, 받으시오."

"아, 괜찮습니다."

"아니, 받으라니까 그러네."

"속이 좋지 않아서……, 이만 가보겠습니다."

식사 자리에서 티베리우스가 사과를 건네지만 아그리피나는 선뜻 받지 못했습니다.

"설마 여기 독이 있다고 생각하는 거요?"

"아, 아닙니다."

"내가 직접 먹어보리다."

티베리우스가 먼저 사과를 먹었습니다. 다행히 아무 일도 일어나지 않았죠. 그렇지만 마음이 불편해진 아그리피나는 더는 식사 초대를 받아들이지 않았습니다.

세야누스가 꾸민 계략

점차 정치 생활에 회의를 느낀 티베리우스는 26년 카프리 섬 빌라 요비스에 은거하기 시작했습니다. 세야누스는 황제를 만나면 자기한테 유리한 정보만 전했죠. 서로 교류하지도 않아 아그리피나와 티베리우스 사이에는 의심만 커졌습니다. 아그리피나는 섬에서 황제가 어떤 꿍꿍이를 꾸미는지 궁금했죠. 아우구스투스의 핏줄인 자기 모자를 죽일 음모를 세울까 봐 의심했습니다. 황제 바로 옆에 있는 세야누스가 어떤 자인지는 꿈에도 생각 못한 채 말이죠.

"폐하, 아그리피나 모자가 반란을 도모하고 있다고 하옵니다. 어서 조치를 취하시옵소서."

세야누스는 날조한 증거를 들이대며 아그리피나와 네로가 라인 강 유역에서 군대를 동원해 반란을 일으키려고 한다고 티베리우스에게 고발했습니다.

"당장 아그리피나 모자를 잡아들여라!"

결국 세야누스에게 속은 티베리우스는 아그리피나와 네로를 반역죄로 기소하고 모자를 서로 다른 섬으로 추방하도록 명령했습니다. 황제가 내린 명을 받은 아그리피나는 몹시 충격을 받았습니다. 평소 황제를 의심하기는 했지만, 아우구스투스의 손녀를 함부로 대하리라고는 생각하지도 못했거든요. 충격은 곧 억울함과 분노로 바뀌었죠.

"억울합니다! 황제를 알현하게 해주시오!"

아그리피나는 거칠게 소리치며 문 앞으로 달려가지만 병사들에게 바로 제지당했죠.

"시끄럽다!"

"폐하, 폐하! 제 말을 들어 주시옵소서! 폐하!"

끌려가면서 아그리피나는 지난날 황제 앞에서 무례하게 군 일을 떠올렸죠.

"제 아들은 아우구스투스의 핏줄을 이어받았습니다. 어찌 저런 여인하고 혼인시킬 수 있겠습니까?"

황제 앞에서 제대로 처신하지 못한 자기 때문에 아들들을 궁지에 몰아넣는다며 후회했죠. 그렇지만 이제는 황제를 알현할 기회조차 없었습니다.

'아, 정말 끝났구나.'

네로와 아그리피나는 각기 다른 섬에 도착했습니다. 네로는 그곳에서 스스로 목숨을 끊었죠. 유배된 섬에 갇힌 아그리피나는 마지막으로 경비병들에게 저항하지만 되레 얻어맞았습니다. 그러고는 한쪽 눈을 실명했죠.

"부인, 부디 끝까지 살아남아 복수해 주시오."

섬에 갇힌 아그리피나는 남편이 남긴 유언을 떠올렸습니다. 죽은 지 이미 오래된 피소 대신 티베리우스에게 화살을 돌렸죠. 아그리피나는 남편을 죽인 사람이 정말 피소인지, 아니면 피소를 감싸준 티베리우스인지 궁금했습니다. 유배된 섬에서 아그리피나는 서서히 쓸쓸하게 굶어 죽고 말았습니다.

강해야 살아남는 로마, 강한 자가 이기는 정치

보호막이 사라진 둘째 아들 드루수스도 세야누스가 꾸민 음모에 휘말려 반역죄로 기소된 뒤 죽었습니다. 나중에는 세야누스마저 반역죄로 기소돼 세상을 떠났죠. 그 뒤 아그리피나의 아들 중 유일하게 살아남은 가이우스가 티베리우스의 뒤를 이어 황제에 오릅니다. 바로 로마 3대 황제 칼리굴라죠. 그러나 아그리피나는 아들이 황제가 되는 모습을 보지 못한 채 죽었습니다.

아그리피나는 아우구스투스의 외손녀라는 혈통에 한껏 자부심을 느꼈지만, 남편과 아이들 앞에서는 자부심을 내세우는 대신 헌신하는 길을 택했습니다. 시어머니처럼 남편과 자식을 조용히 돌보는 내조의 여인이던 아그리피나는 남편이 죽은 뒤에는 좀더 적극적이고 강인한 모습으로 바뀌었죠. 그렇지만 오랫동안 정치판에서 동떨어져 지낸 탓에 권모술수나 이간질, 표정 관리에 능하지 않아서 쉽게 간악한 세야누스의 표적이 됐죠. 그런 탓에 자기뿐 아니라 아들들까지 비참한 최후를 맞이했습니다.

아그리피나는 남편의 죽음을 계기로 정치판에 뛰어들었습니다. 진심으로 사랑한 남편이 남긴 유언을 지켜야 한다는 소명 때문이기도 했지만, 남편을 잃고 갑작스레 가장이 된 탓에 자식들을 지키려면 스스로 정치에 개입할 수밖에 없다고 생각했죠. 아우구스투스의 외손녀로서 아들들이 황제가 될 수 있는 발판을 마련하려 황제에 맞서 대립했고요. 티베리우스가 경쟁자인 남편을 죽인 정도도 모자라 아들들까지 제거할지 모른다고 의심해 스스로 강해지지 않으면 살아남을 수 없다고 판단한 탓이었죠. 정치에 참여하려는 주체적 의지 없이 가족이라는 울타리에 갇힌 점이 아그리피나가 벗어나지 못한 진정한 한계일지도 모르겠습니다.

프랑스 리옹 미술관에 소장된 리빌라 석상

2. 불륜과 독살로 얼룩진 막장 드라마

리빌라 1대 황제 아우구스투스의 (양)외손녀, 4대 황제 클라우디우스의 누나

게르마니쿠스의 여동생 리빌라는 나중에 시누이가 되는 대 아그리피나하고 함께 자랐습니다. 나이대가 겹치고 신분이 비슷한데다가 아우구스투스에게 총애까지 받은 덕에 인생살이도 엇비슷하게 흘러갈 수밖에 없었죠. 둘 다 1세기 로마 상류층 여성으로 살았지만, 성품과 행실은 극과 극이었습니다.

독방에 갇혀 죽어가다

"어머니, 제발 살려주세요!"

"너 때문에 죽은 자가 몇 명인 줄 아느냐!"

리빌라는 어머니 앞에 가서 손발이 닳도록 싹싹 빌었습니다. 마지막으로 자기를 낳은 어머니에게 살려 달라고 애걸했습니다. 그렇지만

리빌라 탓에 사위, 큰며느리, 외손자들을 잃은 안토니아는 딸을 용서하지 않았습니다. 딸을 작은 방에 가두고 물 한 모금 주지 않았죠.

리빌라는 독방에서 생애 처음으로 괴로움을 느꼈습니다. 평생 풍족하게 살아서 굶주림이 얼마나 고통스러운지 처음 깨달았죠. 의식을 잃어가는 중에 어릴 적 어머니와 오빠, 동생과 시누이 대 아그리피나, 남편 소 드루수스, 애인 세야누스까지 머릿속에 주마등처럼 스쳤습니다.

엄한 아버지, 헌신적인 어머니

아우구스투스의 양아들 대 드루수스와 며느리 소 안토니아가 낳은 여러 자식 중 세 명이 살아남았습니다. 게르마니쿠스, 리빌라, 클라우디우스죠. 아버지가 전장에서 활약하느라 로마를 자주 비우는 동안 아이들은 어머니 소 안토니아 손에서 자랐습니다. 유모에게 가사 노동이나 교육, 육아 등을 맡기지 않고 직접 모유를 먹이며 아이들을 키웠죠. 공화정 후기부터 소 안토니아처럼 남편을 따라다니면서 아이들을 유모나 노예에게 맡기지 않고 손수 젖을 먹이고 가정 교육까지 시킨 전통적인 로마 어머니는 찾아보기 힘든 풍경이었습니다.

"어머니, 지금 뭐 하세요?"

"쉿, 동생 잔다."

"어머, 자고 있네! 진짜!"

리빌라가 동생의 볼을 잡아당기며 깔깔 웃었습니다. 주의를 줘도 소용없었습니다. 약한 아기는 괴롭히면 괴롭힐수록 더 재미있는 법이거든요.

이탈리아 베니스 국립 고고학 박물관에 소장된 소 안토니아

"그만두거라, 리빌라."

"네, 아버지."

아버지 드루수스가 방에 들어왔습니다. 리빌라는 깜짝 놀라 동생의 볼을 꼬집은 손을 내려놓았습니다. 엄한 아버지가 두려웠거든요. 그나마 리빌라에게는 아버지 얼굴을 보며 지낼 기회가 있었습니다. 어릴 때 잠깐이요. 리빌라가 네 살 되던 기원전 9년 6월, 드루수스가 말에서 낙상해 골절을 당한 후유증으로 시름시름 앓다가 세상을 떠났거든요. 이때 드루수스는 스물아홉 살이었죠.

"어, 아버지 돌아가신 거예요?"

"그래. 조용히 하거라, 리빌라."

안토니아는 장례식장에서 딸이 또 방정맞게 굴까 봐 주의를 줬습니다. 리빌라도 이때만큼은 조용히 있었습니다. 아직 어리지만 죽음이 무엇인지 눈치는 챘겠죠.

드루수스는 게르만족 원정 등에서 크게 활약해 군인과 원로원 의원들한테 촉망을 받았죠. 소 안토니아도 착실한 내조로 이름을 날려서 많은 구혼자가 몰려들었습니다.

"폐하, 부디 결혼을 허락하소서!"

아우구스투스는 구혼자들을 둘러보고는 안토니아를 불러 재혼을 여러 번 권했습니다.

"어서 저 구혼자 중에서 재혼할 남자를 택해라."

"폐하, 저는 절대 재혼하지 않겠습니다."

아우구스투스는 강단 있는 조카에게 매우 놀랐습니다. 평소 정숙한 줄만 알아서 자기주장을 뚜렷이 내세우리라고 예상하지 못했거든요.

"무슨 이유 때문에 재혼을 거부하는가?"

"평생 남편을 위해 수절하고 싶습니다."

결국 아우구스투스는 조카 안토니아가 바라는 대로 해줬습니다. 소 안토니아는 재혼하지 않은 채 홀로 아이들을 키웠습니다. 정숙하고 헌신적인 어머니로, 생전 드루수스처럼 많은 사람들에게 존경을 받았습니다.

아름답지만 질투 심한 공주

"리빌라, 너만 보면 기분이 좋아지는구나."

"감사합니다, 할아버님."

리빌라도 아름다운 미녀로 성장해 아우구스투스와 리비아 드루실라의 사랑을 듬뿍 받았습니다. 클라우디아 리빌라 율리아는 어머니 안토니아의 성품을 물려받지 못했죠.

리빌라는 주위 사람을 툭하면 멸시하고 질투했습니다. 오빠 게르마니쿠스의 아내 대 아그리피나를 시샘했죠. 대 아그리피나도 시어머니 소 안토니아처럼 남편 전장까지 따라다니며 내조에 충실한데다가 빼어난 미모와 고운 성품으로 칭송받았거든요. 후계자 출산도 더 잘했고요.

"어휴, 저런 화상이 내 동생이라니."

또한 리빌라는 어릴 적 소아마비에 걸려 다리를 절고 말을 더듬는 남동생 클라우디우스를 멸시했습니다. 몸은 불편해도 인품이 고아하고 외모도 잘생긴 아우구스투스의 피를 물려받은 매력적인 청년인데도 말입니다.

한 번은 이런 적도 있었죠. 리빌라의 할머니 리비아 드루실라도 장애가 있는 클라우디우스를 경멸해서 직접 말을 건네지 않고 메모를 붙이는 식으로 다른 사람을 거쳐 지시를 내렸습니다. 할머니가 동생을 싫어한다는 사실을 안 리빌라는 클라우디우스가 황제가 될지도 모른다는 소문을 들었죠.

"오, 제발 저 병신이 황제가 되지 않게 해주세요."

"리빌라, 대체 무슨 소리냐!"

어머니가 리빌라의 말을 듣고 꾸짖었습니다.

"저런 불구가 황제가 되는 꼴이라니요. 로마 사람들이 어떻게 되겠어요? 아, 불쌍한 로마인이여!"

"너, 너!"

리빌라는 동생이 황제에 오르면 로마 사람들은 불운한 운명에 빠지게 된다며 조롱했죠. 안토니아는 뻔뻔한 리빌라를 보고 할 말을 잃었습니다. 클라우디우스도 누나가 자기를 조롱한다는 사실을 알았을까요? 소문대로 황제가 된 클라우디우스는 누나를 떠올리기조차 싫어했습니다.

내 삶의 주인공은 나

'절대 저렇게 살지 않겠어.'

리빌라는 내조에 충실한 시누이와 어머니를 보면서 불만을 품었습니다. 내 삶의 주인공은 남편과 자식이 아니라 나 자신이어야 한다고 생각했죠. 야심만만하던 리빌라는 직접 남편감을 선택하고 싶었습니다. 이왕이면 황제의 후계자여야 한다고 생각했죠. 그래야 자기가 황후가 될 수 있으니까요.

그런 리빌라에게 복덩이가 굴러옵니다. 애써 부탁하기도 전에 아우구스투스 황제가 자기 후계자를 리빌라하고 결혼시켰습니다. 바로 아우구스투스의 외손자이자 마르쿠스 빕사니우스 아그리파의 아들 가이우스 카이사르죠.

황위를 이을 후계자하고 결혼한 리빌라는 질투해 마지않은 대 아그리피나보다 상석에 앉았습니다. 리빌라의 콧대는 이때만 해도 하늘을 찌르는 듯했습니다. 그렇지만 세상은 리빌라가 원하는 대로 돌아가지 않았습니다.

남편 가이우스는 아버지 아그리파에 견줘 별다른 활약을 하지 못해 이목을 끌지 못했지만, 아그리피나하고 결혼한 게르마니쿠스는 게르만 원정에서 공을 세우며 이름을 날렸습니다. 아그리피나도 착실한 성품에 더해 후계자도 두루 낳으면서 인기를 얻었죠. 아우구스투스는 핏줄로 이어진 가이우스와 리빌라를 더 총애했지만, 시누이를 질투하던 차에 자식도 없던 리빌라는 오빠와 시누이가 상전인 자기보다 인기를 누리는 모습을 보면서 긴장을 늦출 수 없었습니다.

"왜 쟤가 더 인기가 많지?"

"공주님, 황제 폐하 앞에서는 조용히 하셔야 합니다!"

리빌라는 황제 앞에서 분노를 터트리다가 노예들에게 주의를 받기도 했습니다. 최고 자리에 있지만 행복할 수 없었죠.

남편 가이우스는 아르메니아 전장에서 부상해 4년 2월 21일 리키아에 자리한 작은 마을에서 사망했습니다. 겨우 스물세 살이었죠. 리빌라와 가이우스 사이에는 자식이 없었습니다. 리빌라는 남편이 전사한 사실을 알고도 눈물을 흘리지 않았습니다. 남들 앞에서 절대 약한 모습을 보이면 안 됐으니까요. 좌절도 하지 않았습니다.

'여기서 포기하면 안 돼.'

새 남편 소 드루수스와 리빌라의 전성기

리빌라는 평생 수절한 어머니하고는 유전자가 다른지 새로운 남편 감을 물색하기 시작했습니다. 당연히 미래의 황제여야 했죠. 이때 아우구스투스는 아내 리비아가 요청한 대로 리빌라의 백부 티베리우스를 차기 후계자로 정했습니다. 티베리우스의 아들 네로 클라우디우스 드루수스(소 드루수스)와 티베리우스의 조카 게르마니쿠스를 차차기 후계자로 삼아 경쟁 구도도 마련했죠.

소 드루수스는 이름이 숙부하고 똑같이 네로 클라우디우스 드루수스였습니다. 황태손이 되면서 드루수스 율리우스 카이사르로 개명했죠. 카이사르라는 이름을 붙여 황제의 후계자라는 사실을 분명히 했죠.

'나를 믿어주셨구나.'

리빌라는 아우구스투스 덕에 이번에도 후계자이자 사촌인 소 드루수스하고 결혼했습니다. 전남편 가이우스처럼 아우구스투스의 핏줄을 물려받지 못한 점이 불만이지만 황제가 총애하기 때문에 까탈스러운 리빌라도 어느 정도 만족했죠.

소 드루수스와 게르마니쿠스는 비슷한 직책을 맡으면서 나란히 경력을 쌓았습니다. 두 사람 모두 재무관으로 활약하고 법무관직을 면제받더니 같은 나이에 돌아가며 집정관을 맡았습니다. 소 드루수스는 재무관이 된 지 3년째에 원로원 상임위원이 되어 우선 발의권과 질의권도 받았죠.

'아, 언제 황후가 될까.'

리빌라는 승승장구하는 남편, 그런 남편을 상대로 경쟁하는 오빠를 보면서 언제 후계자를 낳고 언제 황후가 될지 기대와 불안을 동시에 느꼈습니다. 기대할수록, 불안해질수록 황후가 되려는 열망은 점점 더 불타올랐습니다.

14년, 아우구스투스가 죽고 리빌라의 백부이자 시아버지 티베리우스가 황제가 됐습니다. 소 드루수스는 장례식에서 율리우스 카이사르 가문을 대표해 추도사를 읽으면서 후계자로 입지를 공고히 했습니다. 인품이 좋고 전공을 착실히 쌓아 인기가 많아서 아직 새파랗게 젊은 나이에 원로원 의석을 받아도 아무도 반발하지 않았습니다.

'드디어 조만간 내 꿈이 이루어지겠구나.'

리빌라도 황제의 며느리이자 차기 황후로 주목받았죠. 남편이 얻은 인기에 힘입은 리빌라는 자기를 우러러보는 사람들을 내려다보며 크게 기뻐했습니다. 그야말로 리빌라의 '리즈' 시절이었죠.

황후를 향한 무서운 집착

19년, 게르마니쿠스가 갑자기 세상을 떠났습니다. 소 드루수스는 친형제나 다름없는 게르마니쿠스를 잃어 몹시 슬펐죠. 게르마니쿠스가 남긴 아들 네로 카이사르, 드루수스 카이사르, 가이우스의 후견인이 돼 극진히 보살폈습니다. 또한 남편이 떠나 충격을 받은 대 아그리피나가 황제 티베리우스를 암살 배후로 의심하면서 척을 지자 중재를 맡아 황제의 심기를 건드리지 않게 했습니다.

'아, 저 여자 남편이 죽었구나.'

리빌라에게 오빠 게르마니쿠스는 혈육이 아니라 질투해 마지않은 시누이의 남편에 지나지 않았죠. 그동안 시누이를 지킨 버팀목이 사라지자 기쁘면서도 한편으로 불편했습니다. 시누이가 대놓고 자기 남편을 견제하기 시작했거든요.

'여보, 설마 어디를 보고 있는 겁니까. 제발 제 곁으로 돌아오세요.'

가뜩이나 마음 편치 않던 리빌라는 중재를 핑계 삼아 아그리피나가 남편하고 가까이 있는 모습이 고깝게 보였습니다. 남편이 시누이하고 한눈팔까 봐 걱정하기도 했습니다.

사실 소 드루수스와 리빌라는 사이가 나쁘지 않았습니다. 전남편 사이에 자녀를 두지 못한 리빌라도 딸 하나에 아들 둘을 낳았죠. 아들들은 일란성 쌍둥이였어요. 황실 최초 쌍둥이라 많은 로마 시민들도 감탄했습니다.

"공주님, 무슨 일이십니까?"

"아니, 아무것도 아니야."

축제 현장에서 아이를 안고 있는 유모가 리빌라에게 물었죠.

"어째 안색이 좋지 않으세요. 왕자를 두 분이나 낳으셨는데······."

"나, 괜찮아. 진짜!"

리빌라는 시민들 앞에서는 기뻐하는 척하면서도 속으로는 기분이 나빴습니다. 다섯 명을 낳은 라이벌 대 아그리피나를 따라잡으려면 아직 멀다고 생각했죠. 대 아그리피나가 인기도 더 높았고요.

황제 티베리우스는 아들과 며느리의 출산을 기념하려는 주화를 만들어 아들 부부를 황궁으로 불렀죠.

"자, 드루수스, 네 부부를 위해 주화를 발행했다. 어떠냐?"

"와, 정말 닮았습니다."

"흐음······."

'황후 자리는 내가 차지해야 해.'

드루수스는 아내가 기분이 안 좋다는 사실을 눈치챘습니다.

"부인, 무슨 생각을 하시오?"

"아, 아닙니다."

리빌라는 황제 앞에서도 불안한 기색을 감추지 못했죠. 황후가 돼야 한다는 생각으로 머릿속이 온통 가득했거든요. 불안감에 잠도 제대로 못 잤습니다. 자기는 갈수록 초췌해지는데 남편은 시누이와 황제 사이에서 중재를 명분으로 동분서주하느라 정신없었죠. 결국 누군가 내민 손길을 뿌리칠 수 없게 됩니다.

불륜

"공주님, 저 왔습니다."

"왔어요?"

남편이 자리를 비운 틈
에 어떤 남자가 몰래 리빌라
를 찾아왔습니다. 바로 티베
리우스의 친위대장 세야누
스입니다. 이미 앞에서 등장
한 대로 간교하기 짝이 없는
세야누스는 불순한 목적을
숨기고 접근했습니다. 세야
누스는 온갖 감언이설로 리
빌라를 꼬드기자 리빌라는
결국 유혹에 넘어갔죠. 리빌

프랑스 툴루즈에 있는 생 레몽 박물관에 소장된 티베리우스

라는 남편이 없을 때마다 세야누스를 불러 밀회를 나누는 지경이 됐죠.

기사 출신 친위대장 세야누스보다 황제 아들인 남편이 황위 계승
서열이 더 높았습니다. 리빌라는 왜 남편보다 세야누스에게 더 끌렸을
까요? 드루수스가 리빌라와 대 아그리피나를 두루 아낀 반면 세야누
스는 리빌라에게만 몸과 마음을 다 바쳤거든요. 무엇보다 황후가 되고
싶은 욕망을 잘 알았고요. 후계자를 출산해야 하는 의무를 벗어나 스
스로 즐거움을 느끼는 관계를 맺었죠.

"저랑 결혼을 해주시면 공주님께서 반드시 황후 자리에 오를 수 있
게 하겠습니다."

"어머, 정말요?"

"네, 그럼 제 청혼을 받아주시겠습니까?"

"물론입니다. 그대의 청혼을 받아들이겠어요."

뜨거운 욕망에 가득 부푼 리빌라는 무모한 청혼을 덥석 받아들였습니다. 사실 세야누스는 후계자들을 제치고 황제가 될 야망을 절대 드러내지 않았죠. 리빌라는 이 야망을 실현할 도구일 뿐이었고요.

세야누스는 군기 강화를 명분으로 수도에 산재한 대대를 한곳에 집결시켰는데, 군대를 사병처럼 마음대로 이용하려는 속셈이었습니다. 허물없이 이야기하면서 병사들의 환심을 사고 원로원 의원들을 자기 편으로 포섭했습니다. 티베리우스의 측근으로 한창 잘나갈 때 리빌라를 만났죠.

'여보, 보세요. 제가 어디까지 나아갈 수 있는지를.'

리빌라는 세야누스가 어떤 야망을 품고 있는지 전혀 알지 못했습니다. 그저 시누이를 편애한다는 이유로 남편을 원망하면서 황후가 될 수 있다는 희망에 부풀 뿐이었죠.

갈등

이 무렵 대 아그리피나는 티베리우스가 소 드루수스와 리빌라의 아들들을 총애한다고 의심하면서 황제의 속을 박박 긁고 있었습니다.

"저자는 악습에 빠졌다고요! 폐하!"

"폐하, 아그리피나가 흥분한 듯하니 잠시 쉬게 하면 좋겠습니다."

대 아그리피나의 편집증이 극에 다다라 소 드루수스가 악습에 빠져 있다고 모함할 정도가 되니 소 드루수스는 침착하게 아그리피나를 달랬죠. 황궁을 벗어나자마자 시누이를 위로하는 남편을 안 좋게 바라보던 리빌라는 울분을 터트렸습니다.

"당신을 모함한 자를 옹호하다니, 제정신이에요?"

"남편이 죽어서 실의에 빠진 탓이니 너무 그러지 마시오."

"당신이야말로 진짜 물러 터졌어요. 저 여자가 당신을 죽이면 어쩌려고 그래요?"

"너무 몰아세우는 것 아니오?"

"제가 지금 안 그러게 생겼어요? 저는 당신 생각하느라 잠도 못 잔다고요."

결국 리빌라는 순진한 남편에게 거짓말하는 지경에 이르렀습니다. 상황이 이런데도 소 드루수스는 리빌라를 의심하지도 원망하지도 않았습니다. 그저 두 여인이 사이가 나빠질까 봐 걱정할 뿐이었죠. 티베리우스도 마찬가지였고요. 황제는 리빌라와 아그리피나가 사이가 나쁘다는 사실을 알고 두 사람 자식들까지 갈라질까 봐 아그리피나의 아들 네로 카이사르와 리빌라의 딸 율리아를 결혼시켰습니다. 그렇지만 두 여인은 자식들이 결혼하는 와중에도 서로 어떤 꿍꿍이를 꾸미는지 의심했습니다.

"내 딸이 왜 당신 아들이랑 결혼해야 하죠?"

"제가 할 소리네요."

"설마 당신 아들하고 이상한 짓 꾸미고 있지는 않지?"

"네, 그럴 리가 있나요."

"그 말을 나더러 믿으라는 거야?"

리빌라가 먼저 시비를 걸자 아그리피나도 지지 않고 말을 내뱉었고, 리빌라는 바로 속마음을 드러냈습니다. 만날 때마다 말싸움만 하는 사람들이 사이가 좋아질 리 있을까요? 리빌라는 여기서 멈추지 않고 딸 율리아를 불렀습니다.

"율리아."

"네, 어머니."

"남편하고 잘 지내고 있느냐?"

"네, 물론이죠. 오늘도 아그리피나하고 얘기하려는 남편을 제가 말렸어요."

"그래. 남편이 뭐하는지 샅샅이 감시하거라. 싫다고 하면 적당히 설득하고."

"네, 알겠습니다."

어머니하고 만난 뒤 율리아는 남편을 찾았습니다.

"여보, 어딨어요?"

"율리아, 무슨 일이오?"

"설마 또 어머님 만났어요?"

"내가 어머니를 만나든 말든 무슨 상관이오!"

"사내대장부라면 바깥일을 해야죠. 자꾸 집구석을 들락날락하면 어떡해요?"

"아니, 이 무슨!"

율리아는 어머니가 시키는 대로 남편을 쪼아댔습니다. 아그리피나와 리빌라처럼 틈만 나면 말싸움을 했죠. 그사이 더 큰 먹구름이 덮치고 있었습니다.

로마 황실의 씨를 말리려는 세야누스

소 드루수스는 세야누스가 어떤 꿍꿍이를 꾸미고 있는지 알지 못했습니다. 정확하게 말하면 자기가 어떤 운명에 놓일지 몰랐겠죠. 어릴 적부터 제왕학 수업을 듣고 일리리쿰에서 반란을 진압하는 등 전공을 세우며 아버지하고 함께 집정관으로 활약해 정치적 입지를 쌓은 소 드루수스는 세야누스의 먹잇감이 됐습니다.

두 사람은 판노니아에서 반란이 일어날 때부터 날을 세우다가 세야누스의 결혼 작전이 실패하며 본격적으로 대립하기 시작했습니다. 세야누스가 20년 초에 자기 딸과 클라우디우스의 아들을 결혼시키려 하지만 클라우디우스의 아들이 갑자기 죽으면서 계획이 수포가 됐거든요. 결국 세야누스는 로마 황실 가문 전체의 씨를 말린 뒤 자기가 황제가 되기로 결심했습니다. 리빌라에게 접근한 시기도 결혼 계획이 물거품이 된 뒤 드루수스의 목숨을 노릴 때였죠.

세야누스는 티베리우스에게 '소시우스 라붐$^{Socius\ Laborum}$', 곧 '내 노고의 동반자'라는 칭호를 받고 법무관직에 임명됐습니다.

"허어, 세야누스가 원로원 의원이라니."

"이러다가 황제 자리까지 냉큼 삼킬지 몰라."

"쯧쯧, 저럴수록 조심해야 하거늘. 황제께서는 참."

세야누스에게 원로원 의원이 될 길까지 열어주자 많은 원로원 의원들은 황제가 지나치게 세야누스를 총애한다며 염려했죠.

"황제의 아들이 멀쩡히 살아 있는데 어찌 낯선 사람을 초대해 정부에 들이셨습니까?"

"아니, 너까지 이러느냐?"

"너까지가 아닙니다! 지금 다른 의원들도 아버지 행동에 염려하고 있다고요!"

소 드루수스도 공개 석상에서 세야누스를 견제하라고 충고하지만 티베리우스는 들은 체도 하지 않았습니다.

"감히 황제의 아들인 나한테, 퍽!"

"으악!"

평소 온화하지만 화를 내면 무서워지는 소 드루수스는 세야누스하고 입씨름하다가 주먹으로 때린 적도 있었습니다. 사실 세야누스는 소 드루수스가 자기를 경계한다는 낌새를 알아채고 일부러 리빌라에게 접근했죠. 남편하고 세야누스가 사이가 나빠지는 모습을 보고 리빌라는 남몰래 통쾌해했죠. 그동안 남편이 자기를 멀리한 대가라고 생각했거든요. 그래서 아예 세야누스 편을 들기로 결심했습니다.

'자, 어때요? 많이 괴롭죠?'

사위 네로가 무슨 일을 하든 딸 율리아가 어머니 리빌라에게 고하듯이 리빌라도 남편이 무슨 일을 하는지 꼬박꼬박 세야누스에게 일러바쳤습니다.

"남편을 잘 감시할게요. 그러니 약조를 지키세요."

"명심하겠습니다, 공주님."

세야누스는 소 드루수스가 공식 석상에서 티베리우스더러 자기를 견제하라고 충고한 일을 알게 됐습니다. 더는 두고 볼 수 없다고 생각한 세야누스는 소 드루수스를 암살하기로 결심했죠. 그렇지만 바로 시도하지는 않습니다. 그 전에 리빌라 앞에서 한쪽 무릎을 꿇고 손가락에 반지를 끼워 주며 이혼과 결혼을 약속했습니다.

"공주님하고 반드시 결혼하겠습니다."

"그대 말을 믿을게요."

"대신 제가 이혼할 때까지 기다리셔야 합니다."

"네, 얼마든지 기다릴게요."

리빌라는 세야누스의 청혼을 받아들였습니다. 이렇게 리빌라 마음 속에 그나마 남아 있던 남편 드루수스를 향한 애정이 사라졌습니다.

의심과 살인

리빌라는 남편 드루수스가 아그리피나의 아들들을 황제로 만들려 한다고 의심했습니다. 이제는 남편이 죽어야 자기가 황후가 될 수 있다 고 생각했죠. 오랫동안 앙심을 품은 리빌라는 남편 암살 계획에 동참 했습니다. 리빌라가 남편을 불렀습니다.

"부인, 갑자기 웬일이오?"

아내가 정성껏 준비한 음식들을 보고 드루수스는 놀랐습니다.

"모처럼 폐하고 함께 식사하는데 잘 준비해야죠."

"오, 고맙소."

리빌라가 드루수스하고 이야기를 주고받는 동안 세야누스는 천천 히 죽어가는, 그래서 갑작스런 병에 걸려 죽은 양 속일 수 있는 독약을 준비했습니다.

"폐하께서 언제 시간을 낼 수 있는가?"

"한번 알아보겠습니다. 잠시 기다리십시오."

그런 다음 드루수스를 보필하는 환관 리그두스를 포섭해 함께 드루수스를 언제 어디서 독살할지 계획을 세웠습니다. 마지막으로 세야누스는 티베리우스를 찾아갔죠.

"황태자 전하께서 폐하를 독살하려 기획하고 있습니다. 식사하실 때 술은 드시지 마십시오."

세야누스와 드루수스의 사이가 좋지 않다는 사실을 아는 티베리우스는 그 말을 믿었습니다. 리빌라는 티베리우스가 있는 자리에 세야누스와 드루수스를 초청했습니다. 드루수스는 아내가 극진히 대우하자 마음이 풀어진 상태였죠. 그래서 자리를 함께하는 세야누스를 경계하지 않았고요. 한창 분위기가 무르익을 때였습니다.

"자, 드십시오."

세야누스는 자기가 받은 술잔을 드루수스에게 건넸습니다. 드루수스는 아무렇지 않게 술을 들이켰죠. 23년 9월 13일, 소 드루수스는 조용히 세상을 떠났습니다.

모략과 날조

유능한 아들이 죽은 뒤 티베리우스는 상실감에 빠진 탓인지 카프리 섬에서 은거했습니다. 리빌라는 남편을 애도할 생각도 없이 드디어 세야누스하고 결혼할 수 있다고 생각할 뿐이었죠. 세야누스가 홀로 된 자기를 찾아오자 리빌라는 기뻤습니다.

"와, 드디어 우리 결혼하는 거예요?"

"조금만 기다리십시오. 폐하께 윤허를 받을 때까지."

리빌라는 세야누스가 조금 변한 듯하다고 미심쩍어했습니다. 세야누스는 그런 리빌라를 향해 웃음을 지었죠.

"걱정 마세요. 소인이 알아서 할 테니."

웃는 얼굴을 본 리빌라는 마음이 풀어졌습니다. 세야누스는 남몰래 황제를 꿈꾸고 있었죠. 그래도 약속은 지켜야 했습니다. 세야누스는 티베리우스를 만나 리빌라하고 재혼하게 해달라고 말했습니다.

"얼마 전 아내하고 이혼했습니다. 리빌라 공주 전하하고 재혼하게 해주십시오."

"어허, 말도 안 되는 소리 하지 말게."

티베리우스는 딱 잘라 거절했습니다. 황족하고 결혼하던 리빌라에게 기사 계급 남자는 적당하지 않았고, 무엇보다 사이가 좋지 않은 리빌라와 대 아그리피나 가족을 결혼 동맹으로 묶어야 했죠. 결국 티베리우스는 대 아그리피나의 아들인 네로 카이사르와 드루수스 카이사르를 후계자로 삼았습니다.

"앞으로 네로 카이사르와 드루수스 카이사르를 차기 카이사르로 임명한다."

'아니, 폐하! 잠깐만요!'

황후가 될 생각에 기쁨으로 부풀어 있던 리빌라는 최악의 가정이 현실이 되자 경악했습니다.

"자, 어서 아우구스타[†]께 가서 아그리피나에 관한 안 좋은 소문을 퍼트리세요."

[†] 고대 로마 제국과 동로마 제국에서 황후를 비롯해 황제 가문의 지배 계급 여성에게 붙인 칭호. 아우구스투스의 여성형입니다. 여기서 아우구스타는 티베리우스의 어머니 리비아 드루실라를 가리킵니다. 태후인 리비아를 포섭해 아그리피나를 몰락시키려고 했습니다.

질투해 마지않는 시누이 아들들이 후계자가 되자 리빌라는 아그리피나를 몰락시키려 중상모략을 할 사람들을 고용했습니다. 딸을 부추겨 사위 네로 카이사르를 사사건건 밀어붙이고 틈만 나면 감시하게 했습니다. 질릴대로 질린 네로 카이사르는 아내를 점차 멀리했습니다.

"제발 내게 가까이 오지 마시오!"

리빌라는 이 일을 빌미로 아그리피나를 찾아가 말싸움을 벌였죠.

"당신 딸이 제 아들을 못살게 구니까 이렇게 된 거잖아요."

"대체 누가 누구를 못살게 굴어요?"

세야누스는 아그리피나와 네로가 반역을 꾸민다는 증거를 날조해 티베리우스에게 바쳤습니다. 결국 네로와 아그리피나는 반역죄로 유배된 뒤 굶어 죽었습니다.

리빌라는 숙적이자 라이벌인 대 아그리피나를 제거한 뒤 미친 듯이 자신감이 붙었습니다.

'아무도, 아무도 나를 의심하지 않아!'

남편과 시누이, 조카가 죽은 뒤 아무도 리빌라와 세야누스를 의심하지 않았죠. 가족들의 잇단 죽음에 충격을 받은 탓인지 기뻐서 그런지 몰라도 리빌라는 미치기 시작했습니다. 황후가 되려고 저지른 악행도 멈추지 않았죠.

남은 상대는 아그리피나의 둘째 아들 드루수스 카이사르와 셋째 아들 가이우스 카이사르, 그리고 자기 친동생 클라우디우스였습니다. 리빌라와 세야누스는 아그리피나와 네로 카이사르를 제거할 때 드루수스 카이사르를 같은 편으로 끌어들였죠. 형제는 후계자 자리를 놓고 다투고 있었고요. 세야누스는 이 허점을 노렸습니다.

"그대 형이 죽으면 후계자 자리는 그대 차지가 됩니다."

"그 말을 믿어도 되는 거요?"

"설마 저를 믿지 못하시는 겁니까?"

"아니! 뭐든 말하시오!"

"실은 왕자님 어머님께서……."

드루수스 카이사르는 어머니가 형 네로를 두둔한다고 의심하고 있어서 세야누스의 사탕발림에 쉽게 넘어갔죠. 아그리피나 모자가 죽자 두 사람은 드루수스 카이사르를 토사구팽 했습니다. 세야누스는 리빌라를 포섭할 때처럼 똑같이 드루수스 카이사르의 아내를 끌어들였고, 리빌라와 드루수스 카이사르의 아내는 함께 모함에 가담했습니다. 결국 드루수스 카이사르도 지하 감옥에 유폐돼 굶어 죽었죠.

세야누스의 몰락

"우리의 세야누스여, 그대를 율리우스가의 후계자로 임명하노라."

티베리우스는 늘 '우리의 세야누스'라 부르며 세야누스를 율리우스-클라우디우스 가문의 후계자로 인정했습니다. 31년에 티베리우스는 세야누스를 집정관으로 임명했는데, 집정관은 죽은 소 드루수스와 게르마니쿠스가 오른 자리로 후계자가 될 사람이라면 누구나 거쳐야 하는 필수 코스였습니다.

"그대와 리빌라의 약혼을 허락하겠소."

티베리우스는 마침내 세야누스가 그토록 고대하던 약혼도 허락했습니다. 티베리우스는 카프리 섬에 은거하면서 세야누스에게 통치를 맡겼죠. 온 세상이 세야누스 차지가 된 듯했습니다. 리빌라도 황제가 갑자기 관대해진 이유를 의심하지 못한 채 세야누스하고 결혼할 수 있다며 기뻐했죠.

'오, 폐하. 감사합니다!'

티베리우스가 파놓은 함정이었습니다. 티베리우스는 세야누스를 후계자로 지명하기 전에 소 안토니아가 보낸 편지를 받았죠.

"제발 제 손자를 그자 손아귀에서 구해 주세요."

안토니아는 티베리우스에게 아그리피나의 아들 중 유일하게 살아남은 가이우스를 지켜 달라고 사정했습니다. 티베리우스는 세야누스를 집정관에 임명해 로마에 묶어 놓으려 했습니다. 티베리우스가 은거하면서 로마와 카프리 섬을 오가는 편지를 세야누스가 장악했는데, 로마에 발이 묶이자 그럴 수 없게 됐죠.

"미안하네. 오늘은 업무가 많아서 말일세."

티베리우스는 온갖 핑계를 대며 세야누스를 만나려 하지 않았습니다. 세야누스는 불안할 수밖에 없었죠. 이 와중에 티베리우스는 집정관을 사임했습니다. 집정관은 한 사람이 사임하면 다른 사람도 같이 사임해야 하는 구조였습니다. 세야누스는 아무런 힘도 쓰지 못하고 사임해야 했죠. 그런 뒤 세야누스를 친위대장에서 해임하고 그 자리에 마크로를 임명했습니다.

"걱정하지 말게. 자네에게 호민관 자리를 줄 테니."

세야누스가 계속 불안해하자 티베리우스는 호민관 직위를 약속하면서 의심을 풀었습니다. 10월 17일, 마크로는 티베리우스가 보낸 긴 편지를 받았습니다.

"황제의 명이다. 조용히 처리하게."

마크로는 새로 임명된 집정관 레굴루스와 소방대장 라코에게 티베리우스가 내린 명령을 남몰래 전달했습니다. 다음 날 세야누스가 친위대 병사들을 이끌고 원로원에 참석했습니다.

"그대를 오늘 호민관 직위에 임명할 테니 조금만 기다리십시오."

마크로는 세야누스를 대기시킨 뒤 집정관에게 편지를 건넸습니다. 집정관은 편지를 낭독했습니다. 처음에는 단순한 인사말과 업적 열거에서 시작하더니 점점 세야누스를 비난하는 내용으로 바뀌었죠. 상황을 눈치챈 원로원 의원들은 표정이 변하며 슬금슬금 자리를 피했습니다. 집정관은 세야누스하고 가장 친한 원로원 의원 두 명에게 유죄를 선고했습니다.

"따라서 세야누스에게 사형을 선고한다!"

"……."

"세야누스!"

"……."

"세야누스!"

"……."

"세야누스!"

"네, 네……."

마침내 집정관은 세야누스에게 사형을 선고했습니다. 한창 들떠 있던 세야누스는 상황을 눈치채지 못하다가 집정관이 세 번 이름을 부른 때에야 허탈하게 대답했습니다. 세야누스가 부축을 받으며 일어서자 의원들은 온갖 야유를 퍼부었죠. 그날 밤, 세야누스는 사형됐습니다.

기록 말살형을 받은 공주

"죽여라!"

"반역자를 처단하라!"

시민들은 폭동을 일으켜 세야누스의 시체를 짓밟고는 티베리스 강에 던졌습니다. 기록 말살형까지 내려진 탓에 세야누스의 석상도 모두 부서졌습니다.

'아, 이제 어떡하지.'

애인이 거리에서 사형되고 시민들이 석상을 깨부수는 모습을 지켜본 리빌라는 두려웠습니다. 그제야 세야누스의 진면목을 알아채고 자기도 모르는 사이에 반역에 동참한 사실을 깨달았죠. 자기 앞에 남은 미래도 밝지 않다는 사실을 눈치챘고 황제의 분노가 극에 다다른 상황이라 대처하기에는 이미 늦었습니다.

리빌라가 예상한 대로 세야누스가 죽은 뒤 티베리우스는 연좌제를 시행해 세야누스 집안을 쓸어버렸습니다. 세야누스의 아들과 숙부, 친구들까지 숙청했죠. 전처 아피타카는 아들들이 죽는 모습을 보고는 충격으로 자살했습니다.

"세야누스와 리빌라가 드루수스 황태자 전하를 독살했습니다."

아피타카는 자살하기 전에 소 드루수스가 사망한 경위를 상세히 털어놨습니다. 황제는 리빌라가 세야누스하고 간통을 저지르고 남편을 독살한 사실을 알게 됐죠. 가뜩이나 드루수스의 죽음에 의문을 품고 있던 티베리우스는 며느리가 저지른 만행을 듣고 충격을 받았습니다.

아피타카가 자살하면서 진실을 털어놓은 이유는 악행을 고발하려는 마음보다 전남편을 미워한 탓이 컸습니다. 그렇지만 티베리우스는 아피타카의 속마음까지 읽을 겨를이 없었죠.

"당장 저자들을 모두 잡아오거라!"

티베리우스는 먼저 드루수스 암살에 가담한 환관 리그두스와 리빌라의 주치의 에우데무스를 심문했습니다. 둘은 모진 고문을 버티지 못하고 자백했습니다. 리빌라는 이제 빠져나갈 구멍이 없었죠. 증오심과 배신감이 불타오른 티베리우스는 리빌라를 바로 죽이지 않았습니다. 대신 리빌라의 어머니 소 안토니아에게 보냈죠.

리빌라는 어머니 앞에서 손발이 닳도록 싹싹 빌었습니다. '설마 딸인데 죽일까' 생각하면서요. 리빌라는 마지막으로 어머니를 믿고 살려 달라고 애걸했습니다.

"어머니, 제발 살려 주세요!"

"너 때문에 죽은 목숨이 몇 명인지 아느냐!"

리빌라 탓에 사위, 큰며느리, 외손자들을 잃은 안토니아는 딸을 용서할 수 없었습니다. 리빌라를 작은 방에 가두고 물 한 모금 주지 않았죠. 결국 31년, 리빌라는 마흔셋에 굶어 죽고 말았습니다.

리빌라가 죽자 원로원은 황제에게 기록 말살형을 내리라고 요구했습니다. 공주 직위를 박탈하고 기록이나 석상 등을 모두 제거하자는 뜻이었죠. 티베리우스도 받아들였습니다. 리빌라에게 기록 말살형을 내린 뒤 놀라운 사실이 밝혀졌습니다. 리빌라는 주치의 에우데무스와 시인 마메르쿠스 아이밀리우스 스카우루스하고도 불륜을 저질렀죠.

"저는 불륜을 저지른 적이 없습니다!"

에우데무스는 아무 말 없었지만, 스카우루스는 강하게 부정했습니다. 사실 스카우루스가 〈아트레우스〉라는 시에서 군주를 비방한 적이 있는데, 티베리우스는 시에 나오는 군주가 자기를 가리킨다고 생각했죠. 그렇다고 스카우루스에게 황제 비방죄를 물으면 시민들이 비난의 화살을 자기에게 돌릴 듯해서 간통죄를 덮어씌웠다네요. 결국 스카우루스는 끊임없이 죄를 부인하다가 스스로 목숨을 끊었습니다.

욕망과 능력

리빌라는 아우구스투스의 외손녀죠. 혈통과 미모 덕에 어릴 적부터 총애를 받았습니다. 멸시, 질투, 배신, 불륜 등 악행을 끊임없이 저지르며 황후가 되려고 고군분투했습니다. 평생 수절하며 자식들을 충실히 키운 어머니하고는 정반대였죠. 리빌라가 저지른 악행은 자기가 몰아낸 세야누스의 전처가 폭로하는 바람에 세상에 드러납니다.

틀림없는 악녀로 보이는 리빌라도 그럴 만한 이유가 있었습니다. 황후가 되려는 야심이 크기는 하지만 아내나 어머니가 아니라 자기 이름을 역사에 남기려는 욕망 때문이라고 볼 수도 있겠습니다. 무조나 예카테리나 여제도 후대에 이르러 악녀에서 진취적인 여성으로 재평가됐죠. 차이도 있습니다. 무조나 예카테리나는 권력을 쟁취할 때는 잔혹하지만 결국 성공한 군주가 됐습니다. 반면 리빌라는 황후가 되지 못하고 기록 말살형이라는 불운한 결말을 맞이했죠.

리빌라는 왜 불운했을까요? 굳건한 후계자인 남편 소 드루수스를 저버린 선택 탓일까요? 세야누스가 소 드루수스를 견제하려고 리빌라에게 접근한 탓일까요? 상대를 끝까지 믿고 살면 리빌라와 소 드루수스는 순조롭게 황후와 황제에 올라 숱한 희생을 막을 수 있었을까요?

진정한 비극은 욕망과 능력이 반드시 비례하지는 않는다는 데서 비롯됩니다. 욕망은 넘치는데 현명하지 못하거나 능력이 모자란 사람을 역사에서 많이 볼 수 있죠. 악녀라서 그렇다기보다는 자기 자신을 제대로 파악하지 못한 사람이 잘못을 저지르죠. '악녀'보다 '악남'이 훨씬 많은데 악녀가 더 많은 비난에 시달립니다. 욕망에 비례해 모자란 능력을 탓해야겠습니다.

3. 가족애를 삼킨 권력욕

소 아그리피나 대 아그리피나의 딸, 1대 황제 아우구스투스의 외증손녀, 5대 황제 네로의
어머니

대 아그리피나와 리빌라가 죽고 늙은 황제 티베리우스도 세상을 떠났
습니다. 새로운 정치판이 구성됐고, 거기에서 두각을 드러낸 여인이 있
었습니다.

대 아그리피나의 딸 율리아 아그리피나(소 아그리피나)입니다. 소
아그리피나는 어머니처럼 아우구스투스의 피를 물려받아 혈통에 자부
심이 강했고, 이런 자부심을 토대로 정치에 적극적으로 개입했습니다.
세야누스와 리빌라가 벌인 모략 탓에 일찍 죽은 어머니하고 다르게 소
아그리피나는 아들이 황제가 된 모습을 지켜봤고, 아들이 성년이 된 뒤
에도 권력을 휘둘렀습니다. 소 아그리피나의 성품과 인격은 어머니 대
아그리피나보다 고모인 리빌라하고 더 비슷했죠.

치밀하고 철저한 독살

어느 날 황제 클라우디우스가 술에 취해 말했습니다.

"아내의 죄를 참다가 처벌하는 남자가 내 운명이지."

황후 소 아그리피나는 남편이 하는 말을 몰래 듣고 경악했습니다.

'당신이 나한테 어떻게?'

소 아그리피나는 남편에게 배신당한 꼴이라며 치를 떨었습니다. 원망과 증오심으로 불타오른 아그리피나는 치밀하고 철저하게 남편을 독살해야겠다고 결심했죠.

"한 치도 실수해서는 안 되네."

"명 받들겠사옵니다."

로쿠스타라는 여인을 고용해 서서히 몸을 갉아먹는 독약을 제조하게 했습니다. 할로투스라는 환관더러 버섯에 독약을 뿌리게 했습니다. 그다음 클라우디우스를 만찬에 초대했죠.

"폐하, 폐하를 위해 버섯을 준비했습니다."

"고맙소."

소 아그리피나는 전혀 떨지 않았습니다. 클라우디우스는 아무런 의심 없이 버섯을 입에 댔습니다. 그리고 시간이 흘러 54년 10월 13일, 클라우디우스는 조용히 세상을 떠났습니다. 소 아그리피나는 왜 한때 사랑한 남편을 독살했을까요? 황제를 독살한 소 아그리피나의 미래는 어떻게 흘러갔을까요?

아버지 게르마니쿠스의 죽음

훗날 어머니 대 아그리피나하고 구분해 소 아그리피나로 불리는 율리아 아그리피나는 15년에 대 아그리피나와 게르마니쿠스 사이에서 3남 3녀 중 장녀로 태어났습니다. 아버지 게르마니쿠스는 차차기 후계자로서 아우구스투스와 티베리우스에게 총애받으며 전장에서 승승장구했고, 어머니 대 아그리피나는 남편을 따라다니면서 착실히 내조하고 아이들을 충실히 키웠죠. 소 아그리피나는 게르만 원정에 나선 아버지를 따라 독일 전역을 돌아다녔겠고요.

"어머니, 저 사람들은 왜 저렇게 누워 있어요?"

"열심히 싸우고 나서 쉬는 중이지. 모두 아버지하고 함께 싸우는 병사들이란다."

"와, 신기해요."

소 아그리피나는 어머니를 따라 병사들을 직접 위문했습니다. 정확히 말하면 어머니가 위문하는 모습을 지켜봤죠.

"오셨어요?"

"아버지, 다녀오셨습니까?"

"오냐, 아그리피나. 추운데 어서 들어가야지."

해가 지자 병사들을 야영지로 보낸 게르마니쿠스는 모처럼 아그리피나 모녀를 찾아와 안부를 물었습니다. 거친 전쟁터지만 행복한 시간이었죠.

소 아그리피나가 다섯 살 되던 해 아버지 게르마니쿠스가 세상을 떠나면서 화목한 가족생활에 금이 갔습니다. 어머니 대 아그리피나는 티베리우스 황제가 자기 아들 소 드루수스를 후계자로 밀려고 남편을 독살한 범인이라 의심하면서 사사건건 대립했습니다. 아들들의 정치적 입지에 집중하느라 딸들은 뒷전이 됐죠. 할머니 소 안토니아와 증조할머니 리비아 드루실라가 소 아그리피나를 보살폈죠. 훗날 소 아그리피나가 아들 네로에 집착한 이유도 애정 결핍 때문이 아니었을까요.

혐오스러운 남편 도미티우스

28년, 소 아그리피나는 열세 살이 됐습니다. 황실에서는 신랑감을 물색하기 시작했죠. 소 아그리피나가 결혼한 상대는 그나이우스 도미티우스 아헤노바르부스였습니다. 로마 상류층 여성들은 보통 15세 전후에 결혼하기 때문에 조혼은 아니었어요. 남편 도미티우스는 소 아그리피나의 사촌으로 대대로 집정관직을 맡은 명문가 출신이었습니다. 도미티우스의 어머니는 대 안토니아로, 소 안토니아의 동복 자매이자 아우구스투스의 외조카죠.

"에휴, 저 꼴이 뭐냐."

"신부가 참 불쌍하네."

결혼식 날 사람들은 신랑과 신부를 보고 혀를 끌끌 찼습니다. 다들 어린 신부를 안타까워했죠. 나이 차도 걸리지만 신랑 성품이 가장 큰 문제였습니다. 역사가 수에토니우스에 따르면 도미티우스는 '어느 모로 보나 혐오스러운 사람'이었습니다. 수에토니우스가 도미티우스를 혹평한 이유는 도미티우스의 아버지가 율리우스 카이사르 암살에 개입한 탓인 듯합니다. 수에토니우스는 도미티우스의 아버지도 '거만하고 잔인한 사람'이라고 깎아내렸죠.

소 아그리피나하고 결혼할 때 도미티우스는 서른 살 정도였습니다. 10대 중반이던 신부하고 나이 차이가 많이 난데다가 정략결혼이라 특별한 애정은 없었겠죠. 다만 돈은 아그리피나의 욕망을 불태우기에 충분했습니다. 남편이 소유한 화려한 저택과 온갖 금화를 보고 눈이 휘둥그레졌습니다.

"와, 이게 다 뭐예요?"

"그대를 위해 준비한 선물이오."

아그리피나는 금화를 하나하나 만지며 황홀해했습니다.

"고맙습니다."

"필요한 게 있으면 언제든지 말하시오."

'꼭 이 남자하고 함께 살아야 해.'

아그리피나는 사람들이 하는 손가락질에 아랑곳하지 않았습니다. 오로지 남편 재력만 믿고 평생을 함께해야겠다고 생각했죠.

"아가씨, 잘 부탁드립니다."

"저야말로 잘 부탁드려요."

남편의 누이 도미티아 레피다하고는 훗날 악연으로 얼룩지게 되죠.

두 사람이 결혼하자마자 소 아그리피나의 어머니와 오빠들이 세야누스가 꾸민 모략 때문에 세상을 떠난 즈음, 난폭한 행실 탓에 도미티우스는 평판이 더 나빠졌습니다. 가이우스의 수행원으로 일하던 도미티우스가 잔에 술을 가득 채운 뒤 같은 자리에 있던 한 자유민(시민)에게 건넸습니다. 그 자유민은 가득 찬 술을 보고는 애써 사양했죠.

"왜 안 마시는 겐가?"

"아니, 저……."

"내가 만만해 보여?"

도미티우스는 주먹을 날렸습니다. 지시한 만큼 술을 마시지 않는다는 이유로요. 구타당한 자유민은 그 자리에서 죽고 말았습니다.

"그대를 집정관으로 임명하노라."

그런데도 32년 티베리우스는 도미티우스를 집정관으로 임명했습니다. 신하들이 말리지만 티베리우스는 귓등으로도 듣지 않았습니다. 사실 티베리우스는 죄책감에 시달리고 있었죠. 1년 전 처형한 세야누스가 그동안 저지른 만행이 만천하에 드러난 탓이었습니다. 드루수스 카이사르가 결백하다는 사실을 알게 된 티베리우스는 석방을 명령하지만 이미 드루수스는 굶어 죽었죠. 죄책감을 덜고 싶은 티베리우스는 드루수스의 매부인 도미티우스를 집정관으로 임명했습니다.

악마의 몸에서 태어난 아들 네로

아쉽게도 소 아그리피나와 남편 도미티우스 사이를 알 수 있는 단서는 없습니다. 그렇지만 37년에 중요한 두 사건이 일어납니다. 하나는 티베리우스 황제가 죽고 소 아그리피나의 오빠 가이우스가 황제가 된 일이고, 다른 하나는 아그리피나와 도미티우스 사이에 아들 루키우스 도미티우스 아헤노바르부스(네로)가 태어난 일이었죠. 가이우스는 로마의 3대 황제 칼리굴라가 되고 아그리피나의 아들은 5대 황제 네로가 되니, 두 사건 모두 아그리피나의 삶에 지대한 영향을 끼치게 됩니다.

소 아그리피나가 첫아들 네로를 낳은 때였습니다. 하녀가 아들을 아버지 품에 안겼습니다.

로마 황제가 최초의 궁전을 세운 팔라티노 언덕에서
발견된 네로의 석상, 팔라티노 박물관에 소장

"축하드립니다!"

"흐음……."

"왜 그러세요?"

"끔찍하구려."

"네?"

"이 아이는 혐오스러운 본성을 타고났소. 훗날 공공의 이익에 위협을 가할 놈이오."

"아니……. 여보!"

도미티우스는 자유민을 폭행해서 죽인 죄만 저지르지 않았습니다. 반역죄, 간통, 누이 레피다하고 저지른 근친상간 등으로 고발돼 처형을 앞둔 상태였죠.

'악마의 몸에서 태어난 불쌍한 내 아들이여.'

도미티우스는 이렇게 많은 죄를 저지른 자기를 끔찍하게 여겼고, 이런 감정을 자식에게 투영했습니다. 다들 알다시피 아버지가 한 예언대로 훗날 네로는 황제가 된 뒤 악명을 떨치죠.

남편하고 다르게 오빠 칼리굴라는 조카가 태어나 크게 기뻤습니다.

"오, 예쁜 아기!"

정말 기쁜 나머지 칼리굴라는 소 아그리피나를 포함한 누이동생들에게 특별한 영예 세 가지를 수여했습니다.

"내 누이동생 율리아 아그리피나(소 아그리피나), 율리아 드루실라, 율리아 리빌라에게 베스타 신녀의 직책을 하사하고, 로마의 경기장에서 위쪽 좌석에 앉을 영예, 짐의 얼굴을 새긴 주화 반대편에 얼굴을 새길 영예, 원로원 의원들에게 '내 생명과 내 자녀들의 생명보다 황제와 누이들의 안전을 더 중요하게 여기겠습니다'고 맹세시킬 영예를 하사하노라."

이런 특별 대우 때문에 칼리굴라와 누이동생들이 근친상간을 저지른다는 낭설이 떠돌기도 했죠. 사실 칼리굴라는 어린 나이에 부모하고 떨어져 엄격한 티베리우스 밑에서 자라느라 애정 결핍을 느꼈고, 형들이 숙청당하는 모습을 지켜보면서 자기 입지도 악화할까 봐 불안감에 떨었습니다.

'저자들이 내 누이들을 업신여겨서는 안 돼.'

자기 입지를 강화하는 데 집착하느라 누이동생들에게 특별한 영예를 하사했죠. 이런 특별 대우 덕에 아그리피나는 행복한 시간을 보낼 수 있었습니다. 그렇지만 행복은 잠시뿐이었어요.

황제가 된 오빠 칼리굴라

누이동생 드루실라가 전염병으로 세상을 떠나면서 아그리피나의 인생에 먹구름이 몰려오기 시작합니다.

"아……. 나의 누이여!"

유독 아끼던 드루실라가 죽자 칼리굴라는 미친 듯이 슬퍼했습니다. 마치 딴 사람이 된 듯 다른 누이들을 냉담하게 대했죠. 아그리피나가 황궁에 들어온 때였습니다.

"폐하, 강녕하셨습니까?"

"그래."

"안색이 안 좋으십니다."

"네가 상관할 일이 아니다."

"네, 들어가보겠나이다."

아그리피나는 쌀쌀맞게 변한 오빠를 보며 위기감을 느꼈습니다. 로마는 황제의 마음에 따라 목숨이 좌지우지된 세상이라 더 그럴 수밖에 없었죠. 결국 39년, 아그리피나는 인생을 바꿀 무모한 짓을 저질렀습니다.

게툴리쿠스라는 장군이 반란을 일으키려 군대를 동원한 소식을 들은 칼리굴라는 죽은 드루실라의 남편 마르쿠스 아이밀리우스 레피두스, 소 아그리피나, 율리아 리빌라하고 함께 게툴리쿠스가 있는 독일로 향했습니다. 그러나 독일로 향하는 도중에 엄청난 사실이 드러납니다. 레피두스와 소 아그리피나, 리빌라가 위험한 성적 관계를 맺고 있었죠.

"모함입니다! 사실이 아니에요!"

소 아그리피나는 바로 사실을 부인하며 억울해했습니다. 이미 누이에게서 마음이 떠난 칼리굴라는 세 사람을 바로 기소했습니다. 고발장이 로마 원로원으로 보내졌죠. 그런데 더 큰 폭탄이 칼리굴라를 기다리고 있었습니다. 세 사람은 레피두스를 황제로 옹립하려 칼리굴라를 암살할 계획까지 세웠죠. 이미 누이를 믿지 않고 있던 칼리굴라도 이번만큼은 경악했습니다.

"저자들이 폐하를 암살하려던 것이 확실합니다!"

"옳소! 옳소!"

"……."

모든 증거와 증인이 소 아그리피나를 가리켰습니다. 소 아그리피나도 더는 부인하지 못했죠.

들통난 음모

사건이 일어나기 전 소 아그리피나의 남편 도미티우스는 수종을 심하게 앓으면서 세상을 등지기 일보 직전이었습니다. 남편이 죽으면 많은 재산은 전부 자기 차지가 될 예정이었죠. 그런데 오빠가 내린 명령에 따라 한순간에 모든 것을 빼앗길지도 모르는 상황이 됐죠. 드루실라가 죽은 뒤 돌변한 오빠 때문에 남편 재산을 빼앗기고 신변도 위협당할까 봐 불안해했죠. 이 상황을 눈치챈 레피두스가 아그리피나에게 접근했습니다.

"부인, 제게 좋은 계책이 있습니다."

"무슨 계책입니까?"

"바로……."

아그리피나는 잠시 망설였습니다. 그렇지만 오빠의 냉담한 표정을 떠올린 뒤 레피두스를 아예 황제로 옹립하기로 결심했죠. 그 선택만이 살아남는 길이라고 여겼거든요. 또 다른 누이 율리아 리빌라까지 합세해 칼리굴라 암살 계획을 꾸몄습니다. 그런데 사전에 발각되면서 계획은 수포가 됐습니다.

"모두 사실입니다. 저와 아그리피나, 율리아 리빌라가 폐하를 암살할 계획을 세웠습니다."

"하늘을 우러러 한 점 거짓이 없는가?"

"없습니다."

재판정에서 레피두스는 범행을 시인했습니다.

"고로 레피두스에게 사형을, 아그리피나와 율리아 리빌라에게는 유배형을 내린다!"

치안 판사는 세 사람에게 유죄를 선고했습니다. 레피두스는 처형됐고 아그리피나와 율리아 리빌라는 폰치아네 제도로 유배됐죠. 칼리굴라가 가구와 보석, 노예 등 몰수한 재산을 팔아서 아그리피나는 염려한 대로 남편 재산을 빼앗기고 말았죠. 그러나 좌절하지 않았습니다. 괴로우면 괴로울수록 더 욕망을 불태웠죠.

'여기서 물러설 수는 없어.'

도리어 유배지에서 수영을 배워 탈출 기회를 노렸습니다. 마침내 남편 도미티우스와 오빠 칼리굴라가 세상을 떠나면서 아그리피나에게 기회가 찾아왔습니다.

암살된 황제

41년, 칼리굴라가 근위대장에게 암살당했습니다. 원로원은 공화정으로 돌아가려 했지만, 근위대는 게르마니쿠스의 동생이자 소 아그리피나의 숙부인 클라우디우스를 황제로 추대했죠. 마음씨 착한 클라우디우스는 형 게르마니쿠스의 혈육들을 사면하려 했습니다.

이때 게르마니쿠스의 혈육 중 생존자는 소 아그리피나뿐이었습니다. 황제가 된 클라우디우스는 소 아그리피나를 석방했죠.

"오, 폐하, 신이시여! 정녕 감사드리옵니다."

유배지에서 사면령을 받은 아그리피나는 무척 기뻐했습니다. 이미 적으로 돌아선 지 오래된 오빠가 죽은 소식을 듣고 슬퍼하지는 않았습니다. 대신 자기를 사면한 숙부에게 고마움을 느낄 뿐이었죠.

유배형에서 풀려난 아그리피나는 로마로 돌아왔습니다. 전남편 재산을 물려받고 흡족해했습니다. 그렇지만 로마에서 과부가 혼자 살기는 버거웠죠. 재산 많은 과부는 쉽게 다른 이들의 표적이 됐죠. 아그리피나는 새로운 신랑감을 물색하다가 갈바라는 남자를 발견했습니다. 마침 갈바는 아내를 잃고 홀아비가 된 상태였죠.

"갈바, 요즘 어떻게 지내세요?"

"어서 물러가시오."

"네? 저보고 물러가라고요?"

"그렇소."

소 아그리피나는 갈바에게 청혼하지만 거절당했습니다. 심지어 결혼한 여성들이 모인 사교회에서 굴욕도 겪었죠. 아그리피나가 사교회에서 갈바 이야기를 꺼내려 하자 보다 못한 갈바의 장모가 따귀를 때렸습니다. 이 사건은 황제의 귀로 들어갔죠.

"폐하, 사교회에서 다툼이 있었답니다. 아그리피나 공주님이……."

"허허, 아그리피나가 또 물의를 일으켰군."

클라우디우스가 여유로운 표정을 짓자 신하들은 경악했습니다.

"폐하, 이렇게 웃을 때가 아닙니다. 어서 대책을 마련해야 합니다."

"걱정하지 마시오. 내게 좋은 계책이 있소."

클라우디우스는 이어지는 추태를 막으려고 소 아그리피나를 가이우스 살루스티우스 크리스푸스 파시에누스하고 재혼시켰습니다. 파시에누스는 도미티아 레피다하고 결혼한 상태이지만 이혼하고 기꺼이 네로의 양아버지가 되겠다며 나섰죠. 그런데 강제로 원치 않는 결혼을 해야 하는 아그리피나는 기뻐할 수 없었습니다.

아그리피나는 결혼 생활에 만족하지 못했습니다. 47년, 결혼한 지 2년 만에 파시에누스가 죽고 말았습니다. 재산을 노린 독살이라는 소문이 퍼졌습니다. 마침 두 사람 사이에 자식이 없었죠. 아그리피나는 긍정도 부정도 하지 않았습니다. 그저 짐짝 같은 두 번째 남편이 사라져서 홀가분하게 여길 뿐이었죠.

황후 메살리나의 계략

마침 클라우디우스의 황후 메살리나는 자기 아들의 경쟁자인 네로를 암살하려고 호시탐탐 아그리피나 모자의 행방을 추적했습니다. 아그리피나는 수시로 미행을 당했습니다. 그러다가 마침내 이 위기를 거꾸로 활용하기로 결심했죠.

"아들아, 좋은 생각이 떠올랐다."

아그리피나는 네로에게 뱀 가죽을 금팔찌에 두르고 다니게 했죠. 뱀이 아들을 보호하리라 믿었거든요. 그 모습을 본 많은 로마 시민이 모자를 동정했습니다. 백년제가 열린 날 모여든 사람들은 메살리나와 브리타니쿠스보다 아그리피나와 네로에게 더 뜨거운 환호를 보냈죠.

"아그리피나 공주님과 네로 황자님이다!"

"와아!"

아그리피나는 환호하는 시민들을 보며 황제를 떠올렸습니다. 황후 메살리나보다 자기를 더 지지하는 모습에 쾌감도 느꼈습니다. 조만간 자기가 메살리나를 제치고 황후에 오르리라 믿었죠. 아그리피나가 예상한 대로 메살리나는 네로의 침실에 암살자들을 보냈습니다.

"으, 이게 뭐야."

암살자들은 불운한 낌새를 눈치채고 물러났습니다. 메살리나의 계략을 간파한 아그리피나가 뱀 가죽을 베개에 넣어 놓은 덕분이었죠. 메살리나는 암살 계획을 물렀습니다. 위기에서 겨우 벗어난 아그리피나는 남편이 남긴 재산 덕분에 안정된 생활을 했습니다. 메살리나를 향한 증오심은 옥좌에 앉은 미래의 자기 모습으로 치환했죠.

한편 여러 원로원 귀족들하고 불륜을 저지르며 난잡하게 산 탓에 평판이 나쁜 메살리나는 급기야 자기 수명을 줄이는 짓을 벌였습니다. 정부 가이우스 실리우스하고 몰래 결혼식을 올린 뒤 황제를 살해할 계획을 세웠죠.

"폐하! 폐하! 황후께서 암살 계획을 세우고 있다고 합니다!"

"대체 누구를 말이냐?"

"폐……폐하를!"

"당장 증거를 가져오거라."

측근들은 클라우디우스에게 바로 메살리나를 고발했고, 그런 과정에서 메살리나의 올바르지 못한 행실을 보여주는 증거들이 드러났습니다. 평소 아내에게 휘둘리던 황제는 놀라서 아무 조치도 취하지 못하고 우물쭈물했죠. 그 모습을 본 측근들은 황궁에서 물러나 자기들끼리 대책을 의논했습니다.

"대체 어떡해야 합니까? 황제가 아무 대책도 안 세우고 계십니다."

"이대로 두면 황제는 내일 밤에 다시 황후의 침실을 그리워하시게 됩니다."

"조용히, 우리끼리 처리합시다."

"그럽시다."

서로 입을 모은 측근들은 황제를 제치고 황후의 침실로 들어갔습니다. 그러고는 다른 음모를 꾸미지 못하게 단검으로 메살리나를 찔러 죽였습니다.

'드디어 마음 놓고 살 수 있게 됐네.'

메살리나가 죽은 소식을 전해 들은 아그리피나는 남몰래 웃음꽃을 피웠습니다.

세 번 결혼한 황후

메살리나가 죽은 뒤 측근들은 황제에게 앞다투어 황후감을 추천했습니다. 이때 아그리피나의 측근 팔라스가 나섰죠.

"폐하, 아그리피나 공주님이면 어떻겠습니까?"

"아그리피나라⋯⋯."

"네, 아그리피나 공주님은 아우구스투스 폐하의 핏줄을 물려받았습니다. 공주님하고 혼인하면 황권의 정통성이 더 확고해질 겁니다."

"그래?"

"게다가 공주님은 이미 아들을 낳은 적이 있습니다. 후계자를 무리 없이 출산할 수 있을 겁니다."

여러 황후 후보감을 두고 고민하던 클라우디우스는 팔라스가 한 말을 듣고 심연에 빠졌습니다. '반드시, 황후가 돼야 해!' 아그리피나는 기회를 놓치지 않았습니다.

"폐하, 강녕하셨습니까."

"오, 아그리피나!"

미리 팔라스하고 입을 맞춘 소 아그리피나는 클라우디우스의 처소를 찾았습니다. 황제의 조카여서 다른 사람들보다 더 쉽게 들락날락할 수 있었죠. 아무도 두 사람을 이상하게 보지 않았고요.

"폐하, 저랑 결혼하셔야 합니다."

"하하, 물론이오. 당신하고 쭉 함께하겠소."

"결혼 날짜는 제가 잡겠습니다."

클라우디우스는 자기도 모르는 사이에 고개를 끄덕이다가 결혼을 약속했죠.

"알았소. 그대만을 믿으리다."

"어머, 감사합니다."

두 사람은 숙부와 조카 사이였습니다. 로마 역사상 숙부가 조카딸을 아내로 맞이한 사례가 없어서 근친상간이나 부도덕한 결혼으로 여겨졌죠. 두 사람이 결혼한다는 소식이 알려지자 원로원과 시민들이 거세게 반발했습니다.

"폐하, 안 됩니다! 폐하!"

"다들 진정하시오!"

원로원 의원들이 야유를 퍼붓는 바람에 감찰관 루키우스 비텔리우스가 나서서 진정시켜야 했습니다.

"아그리피나 공주님이야말로 혈통으로 빛나는 인물이오. 더구나 황자를 출산한 적 있으니 후계를 이을 가능성이 충분하고, 인품도 어느 여성보다 뛰어나오. 황제께서 공주님을 황후로 택한 데는 그럴 만한 연유가 있소."

비텔리우스가 설득한 끝에 간신히 야유하는 분위기가 무마됐습니다. 두 사람은 쓰디쓴 박수를 받으며 약혼식을 치렀습니다.

번쩍번쩍한 황금 의자

황제와 결혼을 약속받아 소원을 성취한 소 아그리피나는 그림자 내조에 만족하지 않았습니다. 아들을 황제로 만들겠다는 야망을 품었죠. 그 길만이 아들에게 애정을 퍼부을 방법이라고 생각했죠.

'아들아, 꼭 황제가 되게 해주마.'

클라우디우스와 메살리나 사이에서 태어난 브리타니쿠스를 몰아내고 자기 아들을 후계자로 삼겠다고 결심했죠. 그래서 클라우디우스의 딸 옥타비아와 아들을 결혼시키려 했습니다. 그런데 옥타비아는 이미 루키우스 유니우스 실라누스 토르콰투스하고 약혼한 상태였죠.

"어머니, 저더러 옥타비아랑 혼인하라고요?"

"왜, 불만 있니?"

"옥타비아는 이미 다른 남자하고 혼인했어요!"

"걱정하지 마라. 이 어미가 내가 다 알아서 할 테니."

아들과 옥타비아를 결혼시키려면 실라누스를 몰아내야 했습니다. 그런데 실라누스는 소 율리아의 외손자이자 아우구스투스의 고손자였습니다. 게다가 치안 판사로 복무하고 브리타니아 원정에서 승리를 거두는 등 전공을 확실히 쌓으면서 클라우디우스의 총애를 받았죠.

실라누스를 몰아내는 일은 쉬워 보이지 않았습니다. 이때 감찰관 비텔리우스가 아그리피나에게 접근했습니다. 마침 실라누스의 누이동생 유니아 칼비나가 비텔리우스의 아들하고 결혼한 상태였죠.

"비텔리우스, 웬일입니까?"

"공주님, 그자를 몰아낼 좋은 계책이 있습니다."

"그래요?"

"네, 실라누스가 누이동생을 각별히 연모하는 사실을 아시죠?"

실라누스가 누이동생에게 순수하게 드러낸 애정을 비텔리우스는 근친상간으로 왜곡했습니다.

"폐하, 실라누스가 누이하고 근친상간을 저지르고 있답니다."

이미 아내의 속살거림을 듣고 있던 클라우디우스는 비텔리우스가 한 말을 쉽게 믿었습니다. 실라누스는 자기를 두고 어떤 음모가 꾸며지고 있는지 전혀 알지 못했죠. 비텔리우스가 원로원에 실라누스를 사임시키라고 고시를 내린 뒤에야 사태를 알게 됐지만, 제대로 대처하기에는 너무 늦었죠.

"당장 둘을 파혼시켜라!"

"폐하, 저는 죄를 짓지 않았사옵니다!"

"듣기 싫다!"

클라우디우스는 실라누스와 옥타비아를 파혼시켰습니다. 실라누스는 잘못을 해명하려다가 병사들 손에 끌려 나갔죠. 충격을 받아 하루하루 힘들게 연명하다가 자살로 생을 마감했고요. 아무도 실라누스의 죽음에 주목하지 않았습니다.

"축하드립니다!"

"황제 폐하, 황후 폐하, 만세!"

실라누스가 죽은 날 아그리피나와 클라우디우스는 결혼식을 치렀습니다. 아그리피나는 남편이 된 숙부를 보면서 행복에 겨웠죠.

'번쩍번쩍한 황금 의자가 눈앞에 보이는구나.'

아그리피나는 장밋빛 미래를 떠올렸습니다. 즐거워하는 사람들 웃음소리가 퍼지는 와중에 실라누스는 홀로 쓸쓸히 죽었습니다. 아그리피나와 클라우디우스의 결혼식 날짜와 실라누스의 사망일이 같다는 사실은 우연이었을까요? 아그리피나가 꾸민 계책이었을까요?

'모두 나를 주목해야 해.'

숙청은 여기에서 멈추지 않았습니다. 칼비나를 이탈리아 밖으로 추방한 다음에는 클라우디우스를 두고 경쟁을 벌인 롤리아 파울리나를 축출하려 했죠. 아그리피나는 밤중에 클라우디우스를 찾았습니다.

"폐하!"

"아그리피나, 오밤중에 무슨 일이오?"

"파울리나가 저를 죽이려고 흑주술을 부렸습니다. 어서 빨리 대책을 취하세요."

"알았소. 조금만 기다리시오."

클라우디우스는 아그리피나가 일방적으로 한 말을 곧이곧대로 들어줬습니다.

"저 여자는 재산을 몰수한 뒤 로마에서 추방해라!"

"폐하, 제발 제 말을!"

황제는 파울리나에게 해명할 기회를 주지 않은 채 재산을 몰수했습니다. 이탈리아 반도 추방령에 만족하지 못한 아그리피나는 파울리나를 몰아붙였습니다.

"설마, 당신이 아직도 살아 있을 자격이 있다고 생각해요? 나를 죽이려 하고서?"

"아닙니다! 제가 안 그랬어요!"

"증거가 모두 있는데 어디서 거짓말을 해!"

파울리나는 서둘러 로마를 떠났습니다. 그래도 아그리피나는 파울리나가 자기를 죽일지도 모른다며 계속 불안에 떨었죠. 때때로 사람을 보내어서 죽으라고 닦달했어요. 버티지 못한 파울리나가 자살했고, 아그리피나는 그 소식을 들은 뒤에야 만족했습니다.

옥타비아와 네로의 결혼

정적들을 제거한 소 아그리피나는 제국을 손아귀에 넣고 주무르기 시작했습니다. 제국 곳곳에 자기 동상을 세웠고, 주화에 얼굴도 새겼습니다. 원로원에서는 아그리피나를 추종하는 사람들이 한 자리씩 차지했고, 황제에게서 제국의 정사에 관여할 권한도 받았습니다. 아그리피나는 뒤에서 원로원 회의 때 오가는 이야기를 보고받고, 정부 문서에 서명하고, 외국 대사들을 만났습니다. 또한 오늘날 독일 쾰른 지역에 세운 로마 식민지에 '콜로니아 아그리피넨시스'라는 이름을 붙였죠. 아그리피나의 식민 도시라는 뜻이었어요.

이렇게 소 아그리피나는 남편을 돕는다는 명목으로 로마 제국을 다스렸는데, 원로원과 로마 시민에게는 월권행위로 보일 수밖에 없었습니다. 사람들이 아그리피나를 향해 쓴 소리를 내뱉기 시작했죠.

"황후가 너무 황제처럼 굴지 않소?"

"황제께서 황후에게 휘둘리다니, 쯧쯧."

'도대체 뭐라는 거야?'

아그리피나는 자기 행동이 진정 제국을 위한 길이라고 생각했습니다. 수군거리는 사람들에게 코웃음을 쳤습니다. 자기의 포부와 노고를 이해하지 못한다고 생각했죠.

실라누스를 몰아낸 아그리피나는 후계자가 될 아들이 지적 소양을 갖춰야 한다고 생각했죠. 남편이 된 황제에게 부탁해 영향력이 큰 철학자 세네카더러 네로를 지도하게 했습니다. 세네카를 포섭한 뒤 근위대장 섹스투스 아프라니우스 부루스를 자기편으로 삼았죠. 황제를 호위하는 자리가 근위대장이니 자칫하면 황제의 총애를 놓고 경쟁할 수도 있으니까요.

그런 다음 아그리피나는 브리타니쿠스를 몰아낸 뒤 네로를 후계자로 세우기로 하고 측근 팔라스더러 황제를 설득하게 했습니다.

"국가의 장래를 위해 옛날 아우구스투스와 티베리우스 때처럼 양자를 들이셔야 합니다."

"브리타니쿠스가 있는데 굳이 양자를 들이라는 말이오?"

"혈통보다 능력을 중시하는 모습을 보여야 시민들이 지지하지 않겠습니까? 인품과 전공으로 봐도 루키우스 왕자님을 따라올 자가 어디 있겠습니까?"

"음, 그대가 낸 의견을 수렴하리다."

설득에 넘어간 클라우디우스는 친아들 브리타니쿠스 대신 네로를 후계자로 세웠습니다. 루키우스 도미티우스 아헤노바르부스는 네로 클라우디우스 카이사르 드루수스 게르마니쿠스가 됐고, 53년 6월 9일 옥타비아와 네로는 결혼식을 올렸습니다.

"장하다. 내 아들!"

아그리피나는 늠름한 아들을 보고 기뻐했습니다. 네로도 어머니 덕이라면서 아그리피나를 치켜세웠죠. 아그리피나는 아들을 제국을 지배할 도구로 삼아야겠다고 생각했습니다. 네로는 황제 될 꿈을 꾸면서 어머니가 사라지기를 바랐죠. 이날 화기애애하던 모자는 훗날 이 관계가 어떤 파국을 맞을지 각자 마음속으로 예상했습니다.

브리타니쿠스, 좁아지는 입지

결혼식이 끝나자 아그리피나 모자는 더욱 탄탄한 입지를 다졌습니다. 주위에 아부하는 사람들이 늘어났죠. 아그리피나는 행복해했지만, 브리타니쿠스는 갈수록 나락으로 떨어졌습니다.

"저기, 이 식판 좀 들어 주게."

"송구하옵니다. 황후 폐하가 부르셔서……."

시중드는 노예들도 아그리피나를 의식해 브리타니쿠스를 피하기 시작했습니다. 간혹 가다 브리타니쿠스를 동정하는 자가 있으면 아그리피나는 바로 쫓아냈죠.

한번은 이런 적이 있었습니다. 브리타니쿠스와 네로가 만났죠.

"도미티우스, 안녕하신지요?"

"물론일세, 브리타니쿠스."

아그리피나는 브리타니쿠스가 네로를 개명 전 이름인 도미티우스라고 부르자 분개했습니다.

"폐하! 폐하! 어디 계십니까?"

"아니, 또 무슨 일이오?"

"브리타니쿠스 그놈은 대체 어떤 교육을 받았나요? 카이사르의 호칭을 받은 내 아들에게 감히!"

"진정하시오. 교육을 잘못한 가정 교사들에게 엄벌을 내리리다."

"제대로 처리하세요."

아그리피나는 브리타니쿠스를 똑바로 교육해야 한다며 가정 교사들을 해고하라고 부추겼습니다. 클라우디우스는 브리타니쿠스를 가르친 가정 교사들을 추방하거나 사형시켰죠.

가정 교사들이 죽어 나가는 모습을 본 아그리피나는 회심의 웃음을 지었습니다. 가정 교사들이 떠나자 측근들을 감시자 겸 가정 교사로 브리타니쿠스 주위에 심었죠.

"브리타니쿠스 전하가 그립구려."

"언제까지 저 추태를 봐야 하는지, 참."

시민들과 원로원은 아그리피나를 점점 아니꼽게 바라보며 브리타니쿠스를 동정하기 시작했습니다. 클라우디우스도 소 아그리피나하고 결혼해 네로를 후계자로 맞이한 선택을 조금씩 후회했죠.

황제를 독살한 황후

변하기 시작한 클라우디우스의 마음을 눈치챈 아그리피나는 원망과 증오심으로 불타오르던 어느 날 메살리나를 떠올렸습니다. 황제를 암살하려다가 실패하고 측근들에게 암살된 여자죠. 아그리피나는 메살리나보다 치밀하고 철저하게 남편을 독살해야겠다고 결심했습니다.

아그리피나는 클라우디우스의 측근들을 차례차례 제거했습니다.

"저자들이 나랏돈을 함부로 빼돌리고 있습니다!"

먼저 클라우디우스가 신붓감을 정할 때 다른 여자를 추천한 나르키수스와 칼리스투스를 횡령으로 몰아붙였죠.

"저 여자가 저주를 퍼부으면서……."

다음 목표는 메살리나의 친어머니이자 아그리피나의 전 시누이인 도미티아 레피다였죠. 아그리피나는 황제의 아내를 저주한 여자라면서 레피다를 죽이려 했습니다.

"폐하, 이러시면 안 됩니다!"

나르키수스는 거세게 반대하지만 레피다는 사형을 선고받고 형장의 이슬로 사라졌습니다. 지친 나르키수스는 친한 친구들에게 속마음을 털어놓았죠.

"더는 못하겠네. 어찌해야 좋을지 모르겠어."

"아직 브리타니쿠스 전하가 있지 않은가. 기운 내게."

다시 힘을 낸 나르키수스는 브리타니쿠스를 찾아갔습니다.

"어서 장성하셔서 아버지의 적들을 내쫓고 어머니를 죽인 자에게 복수하셔야 합니다."

나르키수스는 브리타니쿠스를 껴안고 격려했습니다. 브리타니쿠스는 오랜만에 따뜻한 품에 안겨 눈물을 흘렸죠. 나르키수스는 마지막 순간을 예감했고요.

대책을 모의하기 전에 벌써 지친 나르키수스는 휴양하러 로마를 떠났습니다. 아그리피나도 나르키수스와 브리타니쿠스가 만난 소식을 들었습니다. 놀라지는 않았죠. 그저 계획을 차근차근 실행할 뿐이었죠. 아그리피나는 원망과 분노를 넘어 이미 해탈한 상태였거든요.

"한 치도 실수해서는 안 되네."

"명 받들겠사옵니다."

로쿠스타라는 여인을 고용해 서서히 몸을 갉아먹는 독약을 제조한 뒤 환관 할로투스를 시켜 버섯에 그 독약을 뿌렸죠. 의심 없이 버섯을 먹은 클라우디우스는 54년 10월 13일 조용히 세상을 떠났습니다.

아무도 아그리피나를 의심하지 않았습니다. 황제를 도구로 여길지언정 그 도구를 자기 손으로 없애는 행동은 상식적으로 말이 되지 않았거든요. 아그리피나는 한때 사랑한 남편을 죽여야 하는 운명이 슬프지만 티를 내지 않았습니다. 자기가 제국을 주무르는 데 방해가 되는 자가 더는 나타나지 않으리라는 기쁨에 사로잡혔거든요.

"아들아, 시작해라."

"네, 어머니."

네로는 친위대를 이끌고 황궁에 입성했습니다. 아그리피나는 침착하게 네로를 친히 원로원에 소개했습니다.

"제 아들을 잘 부탁드립니다."

친위대 기세에 눌린 원로원은 새로운 황제를 어쩔 수 없이 승인했습니다. 클라우디우스의 장례식을 국장으로 치른 뒤 네로는 로마 제국의 5대 황제가 됐고, 소 아그리피나는 죽은 클라우디우스의 사제이자 태후가 됐습니다.

영혼을 잠식하는 불안

소 아그리피나는 태후이자 사제로서 권력의 정점에 올랐습니다. 그렇지만 정점에 오를수록 더 불안한 법. 아그리피나는 밤잠을 설치는 날이 더 잦아졌죠.

'폐하, 잘못했습니다! 폐하!'

아그리피나는 죽은 클라우디우스를 향한 죄책감에 시달리기도 하고 자기도 똑같이 살해될까 봐 두렵기도 했습니다. 종종 악몽도 꿨죠. 죄책감이나 두려움 같은 복잡한 감정 탓에 숙청을 멈추지 못했습니다.

먼저 죽은 루키우스 실라누스의 형이자 아시아 총독인 마르쿠스 유니우스 실라누스가 먹는 음식에 독을 넣어 죽였습니다. 복수를 하지 못하도록 하려는 계책이었죠.

"그대가 저지른 죄를 모두 알고 있소. 끌고 가라!"

"잠깐! 아니, 어떻게!"

그다음으로 휴양하다가 기회를 놓친 나르키수스를 불러 가둔 뒤 가혹하게 대해 자살하게 했습니다.

"폐하, 나르키수스가 죽었습니다."

"또 나를 노리는 자가 있느냐?"

"없습니다."

"거짓을 고하지 마라!"

"폐하, 계속 피를 보면 심신에 좋지 않습니다. 자중하십시오."

부루스와 세네카가 말리지 않으면 더 많은 사람을 죽였겠죠. 아그리피나는 대신 다른 데 집착하기 시작했죠.

네로는 이미 성년식을 치른 만큼 친정을 할 자격이 있지만 아그리피나는 계속 정사에 관여하려 했습니다.

"여기에 커튼을 치세요."

아그리피나는 회의장에 커튼을 치고 그 뒤에 앉았습니다.

"폐하, 제 사정을 들어 주시옵소서."

"제게 고하세요."

아르메니아 사절이 네로를 만나 호소할 때 아그리피나도 함께 사절을 접견하려 했습니다.

"주화에 내 얼굴도 새기거라."

또한 황실 주화와 조각상에 자기 얼굴을 새겨 황제인 아들하고 동등한 권력을 누렸습니다.

"폐하, 폐하는 성인이십니다. 언제까지 태후 폐하의 치마폭에 안주하시렵니까?"

"세네카 말이 옳습니다. 폐하는 친정할 자질이 충분하십니다."

"그대들이 건넨 고견을 고려하리다."

네로는 서서히 어머니를 불편하게 여기기 시작했습니다. 이 사실을 간파한 세네카와 부루스는 네로를 위하는 척하면서 갈등을 부추겼죠.

"어머니, 언제까지 제 곁에 머무르실 겁니까?"

"무슨 말을 하려는 게냐?"

"어머니가 정사에서 손을 떼는 일이 진정 로마를 위한 길입니다."

"네가 감히 낳고 기른 정을 무시하겠다는 말이냐!"

"어머니, 이제 저도 성인입니다. 나설 때와 물러날 때를 아셔야죠."

"안 된다! 안 될 일이야!"

결국 재위 1년도 안 돼 모자 관계는 험악해졌습니다. 더구나 네로는 아크테라는 여성 해방 노예하고 사랑에 빠졌죠.

'노예 주제에 감히 내 아들을!'

아그리피나는 아내를 제쳐 둔 채 해방 노예하고 사랑에 빠진 아들을 좋게 보지 않았죠.

"네로, 어미랑 얘기 좀 나누자꾸나."

"싫습니다."

아그리피나는 아들에게 잘 대하는 척하면서 관계를 회복하려 하지만 어머니의 본심을 아는 네로는 속지 않았습니다. 어머니 편에 서서 네로에게 일갈하는 팔라스도 해임했죠. 아그리피나도 아들에게 분노를 터트리고 말았습니다.

"이제 모든 일을 브리타니쿠스에게 맡길 테다! 그 아이야말로 네 아버지의 정당한 계승자다. 그 애를 데리고 친위대 병영으로 갈 테야."

홧김에 한 소리인지, 아니면 진짜 브리타니쿠스를 황제로 옹립할 계획을 세운지는 분명하지 않습니다. 그렇지만 이런 발언은 모자 사이의 갈등을 극명하게 드러내는 증거였죠.

권력 다툼에 희생된 브리타니쿠스

브리타니쿠스는 만 14세 생일을 앞두고 있었습니다. 이날 성인식을 치르면 공공장소에서 네로하고 동등한 자리에 설 자격이 주어지죠. 네로는 어머니가 무슨 짓을 저지를지 몰라 불안했습니다. 얼마 전 일을 떠올렸습니다. 사투르누스 축제 날 네로는 친구들하고 임금님 놀이를 했습니다.

"브리타니쿠스! 노래를 부르게."

친구들에게 뭐든 시키면서 하는 놀이였는데, 네로는 브리타니쿠스에게 노래를 부르라고 명령했습니다. 평소 친구들 사이에 따돌림 받은 브리타니쿠스라 연회에 참석할 기회가 좀처럼 없어서 노래를 시키면 망신당하겠거니 생각했죠.

'참 재미있는 광경이 펼쳐지겠어.'

"그리운 아버지여······."

브리타니쿠스는 구슬픈 목소리로 아버지에게 버림받은 심정을 노래했죠. 노래를 들은 많은 사람이 브리타니쿠스를 동정했습니다.

'일부러 저러는구나.'

네로는 브리타니쿠스가 자기에게 원한을 품고 있다는 사실을 알고 분노로 치를 떨었습니다. 어머니 몰래 독살 계획을 세웠죠. 네로는 어머니가 아버지를 독살할 때 쓴 방법을 모방했습니다. 아버지 독살에 개입한 로쿠스타를 고용해 독약을 준비했죠.

먼저 식사 자리에서 시식자에게 독을 넣지 않은 뜨거운 음료를 마시게 했습니다.

"마시게."

"악! 너무 뜨겁습니다."

"걱정하지 말게. 내가 식혀서 줄 테니."

네로는 독이 든 냉수를 퍼부은 뒤 브리타니쿠스에게 건넸습니다. 음료를 마신 브리타니쿠스는 아무 말도 못 하고 경련을 일으키다가 숨을 거뒀습니다.

"아니, 브리타니쿠스!"

아그리피나는 경악했습니다. 요즈음 사이가 나빠진 상태이지만 원래 고분고분하던 아들이라 갑작스러운 행동에 놀랄 수밖에 없었죠. 처음 반격을 당한 아그리피나는 당황해서 어쩔 줄 몰랐죠.

네로는 이 틈을 타 어머니를 호위하는 게르마니아인 경비병들을 철수시켰습니다. 아그리피나는 한순간에 사람들에게서 버림받았죠.

"사비나, 그대하고 반드시 결혼하리다."

"오로지 폐하만 믿을게요."

네로는 아크테하고 헤어진 뒤 포파이아 사비나라는 여인을 만났는데, 사비나에게는 오토라는 남편이 있었습니다. 네로는 사비나하고 결혼하기 위해 이혼하려 했죠.

"아들아, 제발 정신 차려라! 어떻게 어미 마음을 이렇게 새까맣게 태우니?"

아그리피나는 클라우디우스의 핏줄을 물려받은 옥타비아하고 이혼하려는 아들을 결사반대했습니다. 자기가 주선한 결혼을 함부로 무르는 행동에 분노하기도 했지만, 클라우디우스 가문하고 인척 관계여야 그나마 황제의 정통성을 살릴 수 있기 때문이었죠. 힘을 잃은 상태에서도 자기에게 저항하는 어머니를 본 네로도 증오심에 불탔습니다.

"여기에서 네로가 태어났다"

"설마 어머니 눈치를 보는 거예요? 계속 이러려면 저를 다시 오토랑 결혼시키세요!"

이혼한 사비나는 네로에게 언제 결혼할 수 있냐고, 어머니 때문에 머뭇거리느냐고 질책했습니다. 갈수록 어머니를 향한 증오심이 커지던 네로는 이 말을 듣고 정신이 번쩍 들었죠.

'이제 어쩔 수 없구나.'

네로는 기어코 어머니를 암살하기로 결심했습니다. 어떻게 해야 계획을 잘 실행할지 머리를 굴렸습니다. 처음에는 독살을 떠올리지만 이미 브리타니쿠스를 독살한 전적이 있는 만큼 틀림없이 의심을 받겠죠.

"어머니를 배에 태우세요. 그런 다음 그 배를 침몰시키면 아무도 모를 거예요."

"알겠어."

아니케투스라는 해방 노예가 배를 침몰시키는 방법을 제안했습니다. 네로는 그 제안을 받아들였죠. 마침 로마에서 열리는 미네르바 축제에 어머니를 초대했습니다. 화해를 구실로 내세웠죠. 아들에게 밀려나서 위기감을 느낀 아그리피나는 이성이 흐려진 상태였습니다. 아무런 의심 없이 초대에 응했죠. 아들이 어떤 꿍꿍이를 꾸미는지 전혀 모르는 채로요.

두 사람은 저녁 식사를 하며 화기애애한 시간을 보냈습니다. 식사를 마친 뒤 네로는 아그리피나를 배에 태웠죠. 아들의 낯선 모습에 한 차례 놀란 적 있는 아그리피나는 하자는 대로 순순히 따랐죠.

"어머니, 그럼 안녕히."

네로는 어머니를 배웅하며 떠나는 모습을 끝까지 지켜봤습니다.

"탕!"

배는 어둠을 뚫고 앞으로 나아갔습니다. 신호가 들리자 무거운 납덩이가 천장을 내리쳤죠. 무게를 견디지 못한 천장이 바닥으로 떨어졌고요. 아그리피나는 침대에 숨어 간신히 목숨을 건졌습니다.

"어푸! 어푸!"

아그리피나는 유배지에서 배운 수영 실력을 발휘해 배에서 탈출했습니다. 겨우 섬까지 헤엄쳐 올라간 뒤 뻗고 말았죠. 우연히 발견한 어부에게 구조된 뒤 배를 얻어 타고 별장으로 향했습니다. 아그리피나는 아들이 자기에게 저지른 짓을 깨달았어요. 배신감으로 치를 떤 시간도 잠시뿐, 이제 아들이 두려워졌죠. 괴물을 키운 엄마라는 후회도 몰려왔고요. 아들이 또 암살자를 보낼까 봐 이렇게 말했습니다.

"하느님의 은혜와 네로 덕분에 목숨을 부지할 수 있었다. 오지 말아다오. 휴식이 필요하니까."

네로는 이 말을 전해 듣고 펄쩍 뛰었습니다.

"뭐라! 어머니가 살아 있어?"

"그렇사옵니다."

"부루스! 세네카! 둘을 당장 데려오게!"

부루스와 세네카는 잠결에 급히 일어나 황제를 알현했습니다.

"폐하, 어인 일이십니까?"

"태후께서 사자를 보내셨…….."

"으악!"

네로는 아그리피나가 보낸 사자에게 바로 칼을 던졌습니다. 자기를 먼저 공격해서 어쩔 수 없이 방어용으로 칼을 던진 양 보이게 하려는 의도였죠.

"폐하, 괜찮으십니까?"

"아그리피나! 그 여자가 나를 죽이려 했어! 당장 근위대를 보내! 다 잡아들여! 당장!"

"아이고……."

근위대는 별장으로 달려가 노예들을 모조리 체포했습니다. 그러고는 침실에 칼을 들고 달려들었죠.

상황을 눈치챈 아그리피나는 조용히 기다리고 있었습니다. 예전에 자기 손으로 숙청한 사람들, 특히 남편 클라우디우스를 떠올렸죠. 악몽이 현실이 된 순간이지만 마음은 오히려 차분했습니다.

"황제가 내리신 명이오!"

근위대가 방으로 들어와 소리쳤습니다.

"내 배를 찔러라. 여기에서 네로가 태어났다."

아그리피나는 근위대에게 배를 내밀었습니다. 한때 황후이자 이제 황제의 어머니인 사람으로서 마지막 자존심을 세우고 싶었겠죠. 59년 3월 23일, 아그리피나는 마흔세 살에 칼에 찔려 세상을 떠났습니다.

능력 있는 악녀

살벌한 정치에 뛰어들어 '악녀'라는 오명을 쓴 여성들이 재평가되는 오늘날에도 소 아그리피나를 보는 시선은 여전히 차갑습니다. 고모인 리빌라에 비견되는, 아니 리빌라를 뛰어넘는 세기의 악녀로 손꼽히죠.

후계자 세 명을 죽인 리빌라에 견줘 숙청 규모가 크고, 리빌라가 세야누스에게 의존한 반면 아그리피나는 자기가 앞장선 탓이죠.

뒤집어 보면 아그리피나가 어머니나 고모보다 더 큰 능력을 발휘한 셈입니다. 황후가 되지 못한 어머니 대 아그리피나와 리빌라에 견줘 소 아그리피나는 황후뿐 아니라 태후까지 됐고, 단순히 내조에 머무르지 않은 채 정치에 직접 관여했죠. 사절 접대하기, 회의 몰래 듣기, 도시에 자기 이름을 새겨 넣기 등 황제만 할 수 있는 행동까지 하면서요.

아그리피나도 할 말은 있습니다. 어릴 적 어머니가 곁에 없는 탓에 애정 결핍에 시달렸고, 커서는 오빠가 배신하는 바람에 불안감에 떨어야 했으니까요. 게다가 남편들이 계속 불행하게 죽어 스스로 힘을 기를 수밖에 없었습니다. 이런 개인적 체험이 권력을 향한 집착으로 이어졌죠. 아들과 남편까지 권력 장악 도구로 이용하면서 말입니다. 물론 면죄부가 될 수는 없죠. 불행이 악행으로 이어지는 사람은 그다지 많지 않거든요. 오히려 아들을 폭군으로 키운 책임을 묻는다면 모르겠지만요. 훗날 네로가 직면한 비참한 운명은 어쩌면 어머니 때문에 겪게 된 개인적 체험 탓일 테니까 말이죠.

소 아그리피나가 세상을 떠난 뒤 네로는 원로원에서 '국가의 적'으로 선포되고 고립된 채 자살로 생을 마감합니다. 원로원은 네로가 지은 숱한 죄를 언급하는데, 그중 하나가 어머니 암살이었습니다. 어머니에게 휘둘린 성장 과정 탓에 어머니를 암살하게 된 과거가 자기를 겨누는 화살로 되돌아온 셈이죠.

아그리피나는 정사에 자주 관여할지언정 제국의 기반을 흔들거나 로마 시민을 직접 착취한 적은 없었습니다. 어쩌면 황제가 아니라 황후나 태후에 머문 탓에 나쁘게 보일 수도 있어요. '통치'는 어디까지나 황제의 영역이었으니까요. 차라리 좀더 포부를 키워 무조나 예카테리나처럼 여제 자리에 올라 통치를 했다면, 로마 역사도 달라지고 아그리피나를 향한 세간의 평이 바뀔 수도 있지 않았을까요.

2부

폭군 네로와
비운의 자매

몰타 도무스 로마나 박물관에 소장된
클라우디아 안토니아
© Marie-Lan Nguyen

4. 정절은 목숨보다 소중하다

클라우디아 안토니아 4대 황제 클라우디우스의 딸

31년, 리빌라가 목숨을 잃고 2년 뒤 대 아그리피나도 뒤따라 세상을 등졌습니다. 이 둘이 죽을 무렵 태어난 여인이 있으니 바로 클라우디우스 1세의 딸 클라우디아 안토니아입니다. 큰어머니 대 아그리피나처럼 성품과 인격이 훌륭한데다가 남편을 진심으로 사랑해서 남편이 죽은 뒤 강인한 면모를 드러냅니다. 그리고 비극적인 결말을 맞이했죠. 그렇지만 큰어머니하고 다르게 자식이 일찍 죽어서 정치에 적극적으로 개입하지 않았고, 훗날 황제의 어머니로 추앙받지도 못했습니다.

강제 이혼

"와! 죽여라!"

"와장창……."

"푹! 으악!"

"살려 주세요! 엉엉……."

31년 10월 18일, 궁정을 넘어 로마 시내까지 비명 소리가 끊이지 않았습니다. 로마 제국의 이인자로 황실을 쥐락펴락한 루키우스 아엘리우스 세야누스가 처형된 날이었죠. 세야누스는 자기가 황제가 되려고 다른 황족들의 씨를 말렸고, 이 사실을 뒤늦게 안 티베리우스 황제는 세야누스에게 사형을 명령했습니다.

황제의 칼날은 세야누스만을 향하지 않았습니다. 세야누스의 전처가 소 드루수스를 덮친 죽음의 전말을 밝히고 자살한 뒤 티베리우스는 남녀노소 가리지 않고 세야누스에 연관된 인물이면 모두 잔혹하게 사형시켰죠. 루키우스 아엘리우스 세야누스의 의붓남매 아일리아 파이티나는 집 안에 머물면서도 로마를 휘감은 살벌한 분위기를 느꼈습니다. 아일리아 파이티나의 품에는 막 태어난 딸 클라우디아 안토니아가 안겨 있었죠. 노예들도 분위기를 감지하고 서로 쉬쉬했고요.

"부인, 걱정하지 마시오."

"여보."

식은땀 흘리는 파이티나를 남편 클라우디우스가 위로했습니다.

"내가 어떻게든 대처를 하리다. 아이를 생각하며 힘냅시다."

"여보, 지금 다 죽고 있어요."

"말만 좋아 가족이지 그자하고 교류 한 번 한 적 없지 않소? 걱정하지 마시오. 황제께서 자비를 베푸시겠지."

클라우디우스와 파이티나 부부는 세야누스 사태가 터지기 1년 전에 딸을 낳았습니다. 파이티나는 클라우디우스의 두 번째 아내였죠. 클

라우디우스는 첫 아내 우르굴라니아가 불륜을 저지르자 이혼했는데, 아이 둘은 클라우디우스가 아니라 자유민 보테르의 자식이라는 소문이 무성했습니다.

"저 아이들은 보테르의 자식입니다. 폐하의 자식이 아니에요! 부디 통촉하여 주시옵소서."

신하들이 반대해 결국 파이티나가 낳은 자식만 친자로 인정받았습니다. 이때 클라우디우스는 스물여덟 살이었죠.

재혼이지만 클라우디우스와 파이티나 부부는 행복하게 살았습니다. 그러나 파이티나의 의붓남매인 세야누스가 몰락하면서 위기가 찾아왔죠. 클라우디우스는 티베리우스를 찾아가 아내에게 자비를 베풀라고 간청했습니다. 티베리우스는 청천벽력 같은 조건을 내걸었죠.

"아내는 세야누스하고 줄곧 남처럼 지냈습니다. 한 번만이라도 자비를 베푸십시오."

"그대 청을 받아들이겠네. 다만 조건이 있네."

"무엇입니까?"

"이혼을 하게."

"안 됩니다. 저는 아내를 몹시……."

"그럼 역적 가문을 처가로 둔 자라는 꼬리표를 붙이고 살 텐가?"

"아, 아닙니다."

31년, 클라우디우스와 파이티나 부부는 어쩔 수 없이 이혼했죠. 클라우디우스는 파이티나 앞에서 눈물을 흘렸습니다.

"부인, 미안하오."

"괜찮습니다. 이 아이를 잘 키우세요."

황제가 된 아버지

파이티나하고 이혼하면서 클라우디우스는 어머니 소 안토니아에게 클라우디아를 맡겼습니다. 소 안토니아는 남편 대 드루수스를 젊은 나이에 잃은 뒤 홀로 자식과 손자들을 키운 정숙하고 착실한 여성이었죠. 어린 클라우디아 안토니아는 할머니와 아버지의 보살핌을 받으며 자랐습니다. 소 안토니아가 엄격한 성품이어서 클라우디아는 할머니를 존경하면서도 늘 예의를 차렸습니다. 엄격한 할머니보다 살가운 아버지를 더 잘 따랐죠. 애교도 자주 부렸고요.

"아버지!"

"안토니아, 그래. 보고 싶었다."

"아버지, 저 베틀 다 짰어요. 잘했죠?"

"네가 뭘 하든 좋지. 참 여여쁘구나, 내 딸."

행복한 시간은 오래가지 못했습니다. 티베리우스가 죽고 클라우디아의 사촌 오빠 가이우스(칼리굴라)가 황제가 된 뒤 티베리우스의 친손자 게멜루스를 반역죄로 처형하는 비극이 벌어졌습니다. 할머니 소 안토니아는 처형을 필사적으로 막으려 하지만 실패했죠. 결국 소 안토니아는 화병으로 일흔두 살에 사망하고 말았습니다.

일곱 살이 된 클라우디아는 아버지 곁에서 눈물을 흘리며 할머니 장례식을 지켜봤습니다. 할머니는 물론 얼굴 한 번 본 적 없는 어머니를 그리워하기 시작했죠. 이럴 때마다 클라우디우스는 딸을 사근사근 달랬습니다.

"엉엉, 할머니."

"걱정 말거라. 내가 있잖니."

"네, 아버지."

'아버지, 정말 아무 일도 없을까요.'

어린 나이에 두 차례나 피바람을 겪은 클라우디아는 앞으로 닥칠 불길한 운명을 직감했습니다.

41년 칼리굴라가 근위대장에게 암살된 뒤 아버지 클라우디우스는 황제가 됐습니다. 근위대가 추대한 덕분에 황제 자리에 오른 클라우디우스는 로마 황실의 정궁인 팔라티노 황궁으로 거처를 옮겼죠. 열한 살이 된 클라우디아도 아버지하고 함께 황궁에서 살게 됐는데, 3년 전에 아버지가 메살리나하고 재혼하면서 브리타니쿠스와 클라우디아 옥타비아라는 이복동생들이 생겼죠. 특히 옥타비아는 거처를 황궁으로 옮기자마자 태어나 더 주목받았죠.

어린 클라우디아는 소외감을 느낄 만도 하지만 나이에 걸맞지 않게 의젓하게 성장했죠. 율리우스-클라우디우스 집안의 아이답게 미모도 탁월했고요. 늘 클라우디아에게 미안함과 고마움을 느끼던 클라우디우스는 딸에게 괜찮은 짝을 찾아야겠다고 생각했죠. 그렇게 점찍은 남자는 그나이우스 폼페이우스 마그누스로, 전직 집정관의 아들이자 백여 년 전 카이사르하고 함께 제1차 삼두 정치의 한 축을 떠맡은 폼페이우스의 머나먼 후손이었습니다. 클라우디아는 결혼식 날 아버지 손을 잡고 작별 인사를 했습니다. 아버지의 손을 떠나서 남편의 손을 잡는 의식이었죠.

"아버지, 그동안 감사했습니다."

"딸아, 부디 건강히, 행복하게 살아야 한다."

클라우디아 부녀는 서로 바라보며 눈물을 글썽거렸죠. 안타깝게도 클라우디아는 결혼 생활이 원만하지 못했습니다. 남편이 클라우디아에게 좀체 관심을 주지 않았거든요. 시간이 꽤 흐른 뒤에야 이유가 밝혀집니다.

47년, 클라우디아가 결혼한 지 4년째 되는 해였습니다. 어느 날 클라우디아는 알 수 없는 불길함을 느꼈습니다.

"여보, 오늘도 밖에서 주무세요?"

"그렇소."

"저……."

"왜, 문제라도 있소?"

"아닙니다."

클라우디아는 차마 남편을 만류하지 못했습니다. 왜 불안한지, 이 불안감을 어떻게 설명해야 할지 알 수 없었거든요. 그리고 그날 폼페이우스는 남자 애인하고 침대에서 뒹굴었습니다. 충격받은 클라우디아는 아무 말도 하지 못했습니다. 그때 로마에는 동성애가 만연하고 있었죠. 아버지 클라우디우스가 방탕한 분위기하고 거리가 먼 사람이라

클라우디아는 이런 사실을 잘 몰랐습니다.

"푹!"

"으악!"

클라우디아가 불안에 휩싸여 자리에서 꼼짝도 못하는 사이 폼페이우스는 암살자가 휘두른 칼에 등을 찔렸습니다. 피가 사방으로 튀고 폼페이우스는 비명을 지르며 숨을 거뒀죠.

"여보!"

클라우디아는 정신을 차리자마자 남편을 둘러싼 이상한 소문에 맞서 싸워야 했죠. 사람들은 폼페이우스가 브리타니쿠스의 경쟁자여서 뒷날을 염려한 메살리나가 사주한 암살이라고 수군거렸죠.

"허튼 소리일 뿐이다. 뜬소문을 퍼트리는 자를 엄히 다스려라."

메살리나를 믿은 클라우디우스는 사람들 입을 틀어막으려 했습니다. 죄 없는 딸이 피해를 입지 않게 하고 싶었죠. 클라우디우스는 사랑하는 딸을 홀대하고 소년들을 가까이한 폼페이우스를 못마땅하게 여겼고, 소문을 잠재운 뒤 사랑하는 딸하고 재혼할 신랑감을 물색하는 데 몰두했습니다.

인품이 훌륭한 술라 펠릭스

폼페이우스가 죽은 해 클라우디우스는 딸이 재혼할 신랑감을 찾았습니다. 메살리나가 자기 죄를 덮으려고 서둘러 좋은 신랑감을 추천했습니다. 바로 자기의 이부동생이자 브리타니쿠스의 외삼촌인 파우스투스 코르넬리우스 술라 펠릭스였습니다. 먼 옛날 로마 공화정 시대 때

독재자 루키우스 코르넬리우스 술라의 후손이기도 했죠. 술라 펠릭스는 혈통뿐 아니라 인품이 훌륭하고 사생활도 깨끗했습니다. 메살리나와 클라우디우스에게도 훌륭한 사윗감이었죠. 클라우디우스는 장례식을 치르자마자 클라우디아와 술라 펠릭스를 결혼시켰습니다.

정략결혼이기는 해도 두 사람은 사이가 좋았습니다. 클라우디아는 자기보다 여덟 살 많은 남편에게 충실했고 술라 펠릭스도 한눈을 팔지 않았습니다. 그 덕에 클라우디아는 아이도 얻었죠. 클라우디우스는 무척 기뻐했어요.

"아이고, 귀여운 내 손자!"

"아버지, 그렇게 기쁘세요?"

클라우디우스는 갓 태어난 손자를 안았습니다. 간신히 몸을 일으킨 클라우디아는 기뻐하는 아버지를 보면서 흐뭇하게 웃었습니다. 이렇게 부녀는 다시 돈독한 시간을 보냈죠. 클라우디우스는 외손자 탄생을 기리는 축전을 열었고, 로마 시민들은 황손의 탄생을 기뻐했습니다.

"폐하, 감축드립니다."

클라우디우스는 환호하는 시민들을 바라보며 곁에 있는 원로원 의원들에게 말했습니다.

"모두 내 딸과 사위 덕택일세."

"아닙니다, 아버님."

클라우디아는 얼굴을 붉히고 술라 펠릭스도 칭찬을 애써 사양했죠. 클라우디우스는 원로원 의원들에게 웃으면서 말했습니다.

"어서 새로 태어난 손자에게 축복을 해주게."

"네, 명 받들겠습니다."

보고 싶은 엄마

불행은 클라우디아 부녀를 가만히 두지 않았습니다. 메살리나가 난잡한 사생활과 황제 살해 계획 때문에 암살당하자 클라우디아 부부는 실의에 빠졌죠. 막 두 살 된 아들이 세상을 떠났거든요.

"아……불쌍한 내 아들아."

"부인, 울지 마시오."

클라우디아는 싸늘하게 식은 아들을 끌어안고 눈물을 흘렸습니다. 술라 펠릭스는 슬퍼하는 아내의 어깨에 손을 얹으며 조용히 위로했습니다. 불그스름한 노을에 비친 두 사람은 한 폭의 그림 같았죠.

클라우디우스가 딸과 사위를 위로하러 왔습니다.

"아버지, 오셨어요?"

"클라우디아, 괜찮아졌느냐?"

"아버지, 아버지는 어머니를 잃어버릴 때 심정이 어떠셨나요?"

클라우디아는 아버지에게 난생처음으로 어머니 이야기를 꺼냈습니다. 왠지 모르게 얼굴 한 번 보지 못한 어머니가 그리웠죠.

"어머니가 보고 싶으냐?"

"제가 어머니를 뵐 수 있나요?"

"사실은 말이다……."

클라우디우스는 딸에게 어머니를 만나고 헤어진 과정을 들려줬습니다. 클라우디아는 어머니가 살아 있다는 사실과 아버지가 재혼할 상대로 꼽힌다는 사실을 알게 됐죠. 클라우디아는 어머니 파이티나가 아버지 재혼 상대가 돼 돌아오기 바랐습니다.

클라우디우스는 황제였습니다. 클라우디아와 파이티나가 마음에 걸리지만 부성애보다는 정통성과 후계자 출산을 고려해 소 아그리피나를 새 황후로 선택했죠. 이렇게 해서 클라우디아는 어머니를 만날 기회를 잃고 말았고요. 아들을 잃은 슬픔을 겪은 지 얼마 안 된 클라우디아는 아버지가 사촌 언니하고 결혼하는 모습을 지켜봤습니다. 소 아그리피나와 그 아들 네로 때문에 더 큰 비극이 닥치리라고 예측하지 못한 채로요.

새어머니 소 아그리피나와 네로

소 아그리피나는 아들 네로를 황제로 만들고 싶었죠. 실라누스를 몰아낸 뒤 클라우디우스의 딸 옥타비아하고 결혼시켰습니다. 경쟁 상대이던 롤리아 파울리나 등도 숙청했죠. 브리타니쿠스는 후계자 자격을 박탈당했고요.

클라우디우스도 점차 새 황후가 저지르는 온갖 만행에 질리기 시작했습니다. 결국 클라우디우스는 술에 흠뻑 취한 채 사적인 자리에서 속내를 털어놨죠.

"아내의 죄를 참다가 처벌하는 남자가 내 운명이지."

클라우디아는 평소 새어머니에게 휘둘리기만 하던 아버지가 푸념한 사실에 놀랐습니다. 그러고는 머지않아 슬퍼졌죠. 어머니하고 강제로 이혼하고 다른 새어머니들 때문에 남몰래 마음고생을 한 아버지가 떠올랐거든요.

'아, 불쌍한 아버지.'

정신이 번쩍 든 클라우디아는 불안한 예감에 아버지를 찾았습니다.

"아버지, 어디 계세요?"

"폐하께서는 황후 폐하하고 함께 계십니다."

"아버지!"

불행하게도 한발 늦었습니다. 클라우디우스는 이미 소 아그리피나가 준 독이 든 버섯을 먹었죠. 클라우디아는 홀로 쓰러져 있는 아버지를 발견했습니다. 노예들을 불러 조용히 아버지를 처소로 옮겼죠. 그렇지만 이미 늦었습니다.

클라우디우스는 시름시름 앓다가 54년 10월 13일에 세상을 떠났습니다. 클라우디아의 극진한 간호를 받으면서 클라우디우스는 조용히 눈을 감았죠. 클라우디아 부부는 눈물을 삼키며 황제의 임종을 지켜봤습니다.

네로는 어머니 말을 듣고는 바로 근위대를 이끌고 들어가 황궁을 점령했습니다. 클라우디아는 아버지 장례식을 치르기도 전에 아버지를 죽인 자의 아들이 황제가 되는 모습을 지켜봤죠. 아그리피나 모자가 황제를 죽인 장본인이라는 소문이 떠돌아도 확실한 증거가 없으니 소용없었습니다.

'아니야. 이럴 리가 없어.'

클라우디아도 사촌 언니인 새어머니와 조카가 암살범이라는 소문을 믿고 싶지 않았습니다. 그 소문이 사실이라면 아버지가 너무 안쓰러우니까 그랬겠죠.

사촌 언니와 조카를 원망한 지 몇 년이 흘렀습니다. 아무리 심성 고운 클라우디아이지만 아버지를 괴롭히다가 독살한 주범을 좋게 보기는 어려웠죠. 더 최악은 따로 있었죠.

"모오나리mooonari!† 하하하!"

"과찬이십니다, 폐하!"

황제가 된 네로는 세네카하고 함께 선황 클라우디우스를 비웃느라 시간을 보냈습니다. 클라우디우스가 몸이 불편하고 말을 더듬은 약점을 들먹이며 틈만 나면 조롱했죠. 네로는 심지어 버섯을 '신들의 음식'이라 불렀는데, 클라우디우스가 버섯을 먹고 죽은 사실을 알고 일부러 그랬죠. 클라우디아는 조카와 사촌 언니가 벌인 행태를 떠올리고 치를 떨었지만, 저항할 힘이 없었습니다. 클라우디아 가족을 중심으로 대대적인 숙청이 시작됐거든요.

미친 황제와 술라 펠릭스의 죽음

네로가 황제로 즉위한 뒤 숙청이 끊이지 않았습니다. 클라우디아의 이복동생 옥타비아의 남편 실라누스부터, 아그리피나하고 황후 자리를 놓고 경쟁한 롤리아 파울리나, 클라우디아의 이복동생 브리타니쿠스까지 독살당하거나 자살을 권유받았습니다. 클라우디아는 새로운 황제가 가족들을 몰살하는 모습을 묵묵히 지켜보는 일 말고 아무것도 할 수 없었죠.

아버지와 자식을 잃은 클라우디아 곁에는 남편 술라 펠릭스뿐이었습니다. 평소 내조에만 충실한 클라우디아이지만 남편을 사랑하는 만큼 흉흉한 황실 분위기를 감지하지 않을 수 없었죠.

---

† 원래 'monari'로, 길게 머문다는 뜻으로 말을 더듬던 클라우디우스를 비웃는 말이었습니다.

"여보, 부디 몸조심하세요."

"부인, 설마 황제께서 내게 엄벌을 내릴까 봐 걱정하시오? 폐하는 내 사촌이오."

"황제는 지금 미쳐 있어요. 제 동생들까지 죽였다고요. 당신도……."

"걱정하지 마시오. 밉보일 짓은 안 할 테니."

말이야 이렇게 하지만 술라 펠릭스는 내심 불안해했습니다. 브리타니쿠스가 죽은 뒤 네로는 술라 펠릭스를 의심하고 질투했거든요.

"술라의 후손이 어디를 가겠어. 저자를 잘 지켜보거라."

네로는 펠릭스가 독재자 코르넬리우스 술라의 후손이라는 사실을 상기하면서 근위대장 티겔리누스를 붙여 호시탐탐 감시했습니다. 희끗희끗한 머리칼을 보고 대머리라며 놀리기도 했는데, 펠릭스를 자극해서 역모를 꾸미게 유도하려는 속셈이었죠. 인품이 고아하고 두뇌가 명석한 펠릭스는 얕은 술수에 넘어가지 않고 귀족답게 품위를 지키려 노력했습니다.

'술라를 반드시 처리해야 한다.'

55년, 소 아그리피나와 네로 사이의 갈등이 절정에 다다를 무렵이었습니다. 아그리피나는 브리타니쿠스를 암살한 네로를 보며 증오를 퍼부었죠. 약이 오른 네로는 티겔리누스와 파이투스를 시켜 어머니의 측근인 팔라스와 전직 근위대장 부루스를 고발하게 했습니다.

"팔라스와 부루스가 폐하를 몰아내고 파우스투스 코르넬리우스 술라 펠릭스를 옥좌에 앉히려 했습니다. 어서 대책을 마련해야 합니다."

"오냐, 물러가거라."

네로는 이참에 눈엣가시 술라 펠릭스도 함께 무너트리기로 결심했죠. 황제는 재판정에 세 사람을 반역죄로 기소했습니다. 그렇지만 애초 두 사람하고 펠릭스는 친분이 없는 사이라 별다른 증거가 나오지 않았고, 결국 파이투스가 날조한 사건으로 밝혀졌습니다. 공모자로 해방 노예 몇 명이 드러나지만 팔라스는 오만하게 굴었습니다.

"나는 노예들에게 고개를 끄덕이거나 손짓할 뿐이오. 많은 내용을 지시할 때는 글로 쓰고."

팔라스를 포함한 세 사람은 무죄로 판정됐고, 도리어 고발자가 추방형을 선고받았습니다. 네로는 소식을 듣고 분노로 이를 갈았죠.

"짐이 황제이거늘 어찌 황제 명을 따르지 않는다는 말인가!"

"폐하, 통촉하시옵소서."

"내가 진정하게 생겼어?"

네로는 술라를 향한 의심이 절정으로 치달았죠. 이때 공교롭게도 네로 입맛에 맞는 사건이 일어났습니다. 네로는 환락가로 유명한 물비우스 다리를 종종 지나다녔죠. 하루는 황제를 노린 암살자들이 매복하고 있었는데, 다행히 네로가 다른 다리를 건너 위기를 모면했죠. 그런데 티베리우스 때부터 줄곧 여러 황제를 보좌한 늙은이 그라프투스가 뜬금없이 외쳤습니다.

"술라가 이 함정을 팠습니다!"

이 말을 듣고 네로는 술라의 주변 인물, 노예, 부하들을 샅샅이 심문했습니다.

"억울합니다."

"부디 자비를 베푸십시오!"

아무런 증거도 발견되지 않았습니다. 술라 펠릭스는 인품이 훌륭하며 주군에게 허튼짓을 하지 않을 사람이라는 사실을 네로도 알고 있었죠. 그런데도 술라를 로마에서 추방해 갈리아에 자리한 마실리아† 성 안에 가두라고 명령했습니다. 이때가 59년이었습니다.

사랑하는 남편하고 헤어져야 하는 클라우디아는 통곡했습니다. 술라는 슬픔을 억누르고 아내를 달랬죠.

"여보, 이번만큼은 제발 가지 말아요!"

"부인, 울지 마시오."

"아, 이럴 줄 알았어요. 황제, 황제가!"

"내가 누구요. 한때 로마를 호령한 술라의 후손 아니오. 언젠가 돌아올 테니, 눈물을 거두시오."

클라우디아는 멀리 떠나는 남편을 보며 곧 다시 만날 수 있으리라고 기대했습니다. 그러나 술라는 끝내 아내 곁으로 돌아오지 못했습니다. 네로가 어머니 소 아그리피나를 죽이고 스승 세네카를 몰아내자 근위대장 티켈리누스가 네로에게 술라를 참소했죠.

"술라는 지금 게르만 군대 곁에서 살고 있습니다. 언제든 폭동을 일으킬 자인데 저렇게 멀리 있으니 제가 어떻게 진압할 수 있겠습니까? 갈리아인들은 술라라는 독재자의 이름을 들으면 분명히 용기를 얻고 궐기할 겁니다."

네로는 이 말을 듣고 곧바로 마실리아로 자객을 보냈습니다. 식사를 하고 쉬던 술라는 아무 이유도 듣지 못한 채 칼에 찔려 세상을 떠났습니다. 62년, 술라 펠릭스는 마흔 살이었습니다.

---

† 오늘날 프랑스 마르세유입니다.

"여보! 이렇게 가면……."

클라우디아는 남편이 비참하게 세상을 떠난 소식을 듣고 눈물을 흘렸습니다. 슬프기도 슬프지만 불안하고 막막했습니다. 이제 곁에는 아무도 없었거든요. 황제뿐 아니라 로마 제국 전체를 휩쓸 거대한 음모가 덮칠 준비를 하고 있었죠. 클라우디아는 혼자 이 음모를 헤쳐 나가야 했습니다.

자기도 모르게 가담한 역모

64년, 로마에 대화재가 일어났습니다. 이레 넘게 불길이 타올랐는데, 14개 구 중 3개 구가 파괴되고 7개 구가 심각한 피해를 입었습니다. 황제가 일부러 불을 지르고 노래 〈트로이의 함락〉을 부르더라는 소문이 떠돌았죠. 황제는 이 소문을 기독교인들에게 뒤집어씌우려 했죠. 불을 지른 범인이라며 기독교인을 마구잡이로 학살했습니다.

불에 탄 로마를 재건한다며 막대한 세금과 조공을 거두어들이자 로마 시민과 속주민들이 거세게 반발했습니다. 네로는 이렇게 모은 돈을 로마를 재건하는 데 쓰지 않고 사치하는 데 흥청망청 허비했죠. 결국 측근들이 동요하면서 새로운 황제를 추대해야 한다는 소리가 나오기 시작했습니다.

"나라가 이 모양 이 꼴인데 황제는 대체 뭘 하는 겁니까? 또 리라 켜고 있어요?"

"언제까지 두고 봐야 합니까? 겨우 살아남은 로마 시민들도 굶어 죽을 판이에요!"

"황제가 황제답지 못하면 판을 갈아야죠."

근위대 부관 수브리우스 플라부스와 백인대장[†] 술피키우스 아스페르, 세네카의 조카 마르쿠스 안나이우스 루카누스는 황제를 교체할 음모를 논의했습니다.

"적당한 인물이 있을까요?"

음모자들은 황제로 옹립할 인물로 가이우스 칼푸르니우스 피소를 택했습니다. 대 아그리피나의 남편을 암살한 범인으로 의심받은 피소의 손자죠. 피소 부부는 비참하게 세상을 떠나지만 후손들은 막대한 재산을 바탕으로 원로원에 진출해 두터운 신망을 얻고 있었습니다. 세 사람 말고도 플라우티우스 라테라누스, 파이니우스 루푸스 등 수십 명이 피소 곁으로 모여들었습니다.

남편을 잃은 뒤 추모하는 데 집중하던 클라우디아는 음모자들하고 거리를 두려 노력했습니다. 그렇지만 꼬리가 길면 잡히는 법, 음모는 실행되기도 전에 밖으로 새어 나갔죠. 에피카리스라는 여자가 분견선 함장 프로쿨루스를 끌어들이려고 음모의 내막을 알렸습니다. 프로쿨루스는 한패가 되지 않고 곧바로 네로에게 달려가 밀고했죠.

네로는 에피카리스를 으스러지게 고문하며 음모자가 누구인지 추궁했습니다. 에피카리스는 끝내 입을 열지 않았지만, 음모자들은 공포감에 휩싸였죠. 본격적으로 네로 암살 계획을 세웠습니다. 계획은 5단계였습니다.

[†] 100명으로 구성된 부대의 대장이라는 뜻으로, 라틴어로 켄투리오(centurio)입니다.

1. 라테라누스가 원조를 요청하는 척하며 황제를 끈질기게 따라다니다가 엎드려서 발을 붙잡는다.
2. 황제가 땅에 나자빠지면 방심한 틈을 타 공모자들이 네로를 칼로 찔러 죽인다.
3. 이때 스카이비누스가 칼을 들고 가장 먼저 나선다.
4. 그사이 피소는 신전에서 기다리다가 친위대 병영의 호위를 받고 현장에 도착해 황제로 추대된다.
5. 이때 로마 시민들의 지지를 얻기 위해 클라우디아 안토니아를 함께 현장으로 데려간다.

집 안에 머물면서 황제 암살 음모가 돌아가는 상황을 듣고만 있던 클라우디아는 자기도 모르는 사이에 가담자가 된 사실을 알고는 깜짝 놀랐습니다.

"아니, 뭐라고? 내가?"

"공주님, 공주님은 선황의 따님입니다. 많은 로마 백성이 공주님을 존경하고 있답니다."

클라우디아가 당황하자 옆에서 노예가 설득했습니다.

"그래서 나더러 피소하고 같이 가라고?"

노예는 황제가 술라를 죽인 원수라는 사실을 기억하라고, 민심이 바닥으로 떨어진 지금이 새로운 황제를 추대할 절호의 기회라고 설득했습니다. 클라우디아는 그 말을 듣고 잠자코 있었죠.

파국

이번에도 배신자가 나왔습니다. 바로 스카이비누스 집안의 해방 노예 밀리쿠스였습니다. 스카이비누스는 노예들을 불러 호화롭게 연회를 벌이면서 긴장감을 감추려 노력했죠. 연회가 끝나자 스카이비누스는 밀리쿠스에게 상처를 싸매는 붕대와 지혈제를 준비한 뒤 단검을 갈고 닦으라고 명령했습니다. 밀리쿠스가 명령을 받고 단검을 닦는데 아내가 다가왔습니다.

"여보, 왜 떨어요?"

"아무것도 아니오."

"다 알고 있어요. 황제를 암살하려는……?"

"조용히 하시오!"

"계속 떨지 말고 어서 밀고해요. 포상금은 가장 먼저 밀고하는 사람한테 주니까요."

밀리쿠스는 아내가 하는 말을 듣고 마음을 바꿨습니다. 네로가 거느린 해방 노예 에파프로디투스를 찾아가 자기가 알고 있는 사실을 털어놓았죠. 증좌인 단검을 바치면서요. 에파프로디투스는 네로에게 모든 사실을 알렸고, 네로는 티겔리누스를 보내 스카이비누스를 잡아들였습니다. 황제 앞에 끌려온 스카이비누스는 이렇게 해명했습니다.

"저 칼은 조상 대대로 전해지는 가보입니다. 틀림없이 저 해방 노예가 칼을 훔쳐서 계략을 세운 겁니다."

"아닙니다! 저자는 안토니우스 나탈리스하고 오래 이야기했어요."

"당장 나탈리스를 잡아 와라!"

황제 앞에 소환된 나탈리스와 스카이비누스는 무시무시한 고문을 당한 뒤 바로 자백했습니다. 루카누스 세네카가 관여한 사실도 털어놨는데, 세네카도 공모자 이름을 밝히면서 수십 명이 사탕처럼 줄줄이 끌려 나왔습니다. 다시 소환된 에피카리스는 자백하지 않고 허리띠로 목을 졸라 자결했습니다. 피소도 소환돼 자살 명령을 받고 스스로 목숨을 끊었습니다. 한때 네로를 가르친 스승 세네카도 조카가 죽은 모습에 더는 가망이 없다고 느껴 욕조에서 자결했습니다.

결국 클라우디아를 제외한 모든 공모자가 사형당하거나 자살을 명령받거나 로마에서 추방됐습니다. 고발된 사람 41명 중에 여성은 4명이었는데, 황족 여성은 클라우디아 안토니아 하나뿐이었죠.

이미 음모자들이 모두 자백한 만큼 클라우디아도 가담자라는 사실이 황제에게 알려진 상황은 안 봐도 뻔했습니다. 게다가 클라우디아는 선황의 딸이자 아우구스투스의 유일한 후손으로서 황제 권력에 충분히 위협이 될 수 있었죠. 클라우디아는 자기를 죽이지 않는 황제가 오히려 이상했습니다.

'그이를 그렇게 죽이고서 나한테는 왜?'

담담하게 죽음을 받아들인 공주

네로는 세월이 흐를수록 정사를 돌보지 않고 전차 경주나 향락으로 시간을 보내는 날이 잦아졌습니다. 아우구스타 포파이아 사비나는 이런 네로에게 간언했습니다.

"폐하, 정사를 돌보셔야 합니다. 요즘 경주장에서 긴 시간을 보내고 계신다는 사실을 아십니까?"

"뭐라? 당신까지?"

화난 네로가 사비나의 배를 발로 찼습니다. 임신 중이던 사비나는 시름시름 앓다가 65년에 세상을 떠났습니다. 네로는 크게 슬퍼하며 국장을 치렀습니다. 그렇지만 네로는 공과 사를 철저히 구분할 줄 아는 인물이었습니다. 예전부터 클라우디아를 공적으로, 그리고 사적으로 마음에 두고 있었죠. 장례식이 끝나자마자 네로는 클라우디아를 처소로 불러들이려 했습니다.

"클라우디아, 부디 내게 와주시오. 와서……."

클라우디아는 네로보다 일곱 살 많은 오촌 이모였죠. 무엇보다 클라우디아는 사랑하는 아버지와 남편, 동생들을 네로가 비참하게 죽인 사실을 잘 알고 있었고요.

"송구하옵니다. 폐하의 청을 받아들일 수 없습니다."

슬픔과 원망이 솟구친 클라우디아는 사랑하는 이들을 떠올리며 네로가 한 부탁을 거부했습니다. 마지막 힘을 내 용기를 끌어 올렸죠.

"감히 나를 거부해? 반역자 년이?"

네로는 클라우디아가 피소하고 함께 개선식을 벌일 계획을 세운 일을 떠올렸습니다. 그리고 그토록 증오한 술라 펠릭스의 아내이자 아우구스투스의 후손이라는 사실을 되새겼죠. 클라우디아가 자기 신분을 내세워 자존심을 부린다고 생각했습니다. 네로는 클라우디아를 반역자로 몰아 기소했습니다. 결국 클라우디아는 밧줄에 묶인 채 처형장으로 끌려갔죠.

'아버지, 여보……저는 후회하지 않습니다.'

클라우디아는 이 잔인한 세상에 더는 미련이 없었습니다. 담담하게 죽음을 받아들이기로 했죠. 66년, 클라우디아 안토니아는 서른여섯 나이에 처형됐습니다.

아우구스투스의 마지막 후손이라는 자부심

클라우디아 안토니아는 큰어머니 대 아그리피나하고 성품이 비슷했습니다. 성품이 고와서 인망이 두터웠고, 남편을 비롯한 가족들에게 헌신적이면서 진심으로 사랑했습니다. 다만 남편이 죽은 뒤 정치에 적극적으로 뛰어든 큰어머니에 견주면 수동적으로 보일 수 있는데, 클라우디아에게 자식이 없는 탓이 컸습니다. 아무래도 로마뿐 아니라 전통사회 상류층 여성은 남편과 자식의 지위에 따라 삶이 결정되는 사례가 많았으니까요.

클라우디아는 로마 황실에서 중요한 인물이었습니다. 마지막으로 살아남은 아우구스투스의 후손이자 황제의 딸이었으니까요. 그래서 황제 제거 계획에 자기도 모르는 사이에 이름이 올랐고, 네로에게서 구혼까지 받았습니다. 사실 티베리우스 때에 견줘 클라우디우스나 네로 때 숙청이 더 대규모였죠. 클라우디아는 숙청의 피바람 속에서 꿋꿋이 살아남았습니다. 두려움 속에서 네로가 건넨 유혹을 거부했고요.

이렇게 정절을 지키는 모습은 시대의 한계를 벗어나지 못한 전통적 여성상으로 비칠 수 있겠죠. 그렇지만 로마는 여성이 자유롭게 재혼하는 나라였습니다. 클라우디아는 왜 그랬을까요? 죽은 아버지와 남편을 사랑하기 때문이었을까요? 아우구스투스의 마지막 후손으로서 자존심을 지키려는 몸부림이었을까요? 진실을 알기는 어렵습니다. 다만 혈통에 기반한 자부심을 더욱 튼튼하게 다질 도덕적 정당성이 중요하다는 사실을 교육을 거쳐서, 그리고 본능적으로 깨달은 여성이라는 점은 분명해 보입니다. '제왕학'에 비견할 '공주학'이라 할 만합니다.

5. 사랑 없는 결혼, 비극 부른 추앙

클라우디아 옥타비아 4대 황제 클라우디우스의 딸, 5대 황제 네로의 황후

로마 공주들은 자기가 원하든 원하지 않든 정치에 개입했습니다. 금단의 영역에 뛰어든 탓일까요? 그 덕에 공주들의 삶은 파란만장해졌고, 파란만장하기 때문에 사람들 입에 오르내렸습니다. 이 여성들이 역사에 기록된 이유겠죠.

그런데 먼 곳에서 보면 희극이지만 가까운 곳에서 보면 비극이라는 말이 있습니다. 굴곡진 삶을 산 공주들의 마음 속은 문드러졌겠죠. 그러나 인생이 아무리 비참하다고 해도 클라우디아 옥타비아에 견줄 수는 없을 겁니다. 클라우디아 옥타비아는 말년뿐 아니라 평생을 불행하게 살았고, 지금껏 우리가 만난 로마 공주 중 가장 극적인 결말을 맞이했죠.

"폐하께서 밤에 처소에 머무르시기만 해도 이런 일은 없었죠!"

"뭐라고!"

클라우디아 옥타비아는 남편 네로에게 거세게 대항했습니다. 네로는 이런 모습에 화를 참지 못하고 목을 졸랐습니다.

"제발 저를 탓할 시간에……으윽!"

"조용히 해!"

옥타비아는 정숙하고 남편 말을 잘 따르는 여성이었습니다. 그러나 네로는 옥타비아를 무시하고 함부로 대했죠. 참고 참던 옥타비아도 이 날만큼은 참지 못했습니다. 옥타비아는 왜 남편에게 박대를 당했을까요? '폐하께서 밤에 처소에 머무르시기만 해도'는 무슨 뜻일까요? 옥타비아는 왜 이날 남편에게 처음으로 대항했을까요?

황제가 된 아버지

39년(또는 40년), 클라우디우스가 황제가 되기 2년(또는 1년) 전, 딸 클라우디아 옥타비아가 태어났습니다. 클라우디우스와 발레리아 메살리나가 결혼한 해가 38년이니까 허니문 베이비죠. 클라우디우스가 전처 사이에 얻은 클라우디아 안토니아가 있었지만, 아무래도 정식 황제 부부에게 태어난 만큼 옥타비아를 총애할 수밖에 없었습니다.

"어여쁜 아기, 네 이름은 앞으로 옥타비아다."

옥타비아라는 이름은 아우구스투스의 누나이자 클라우디우스의 외할머니 소 옥타비아(옥타비아 투리나)의 이름에서 본떴습니다. 소 옥타비아는 신분과 혈통을 넘어 인자하고 정숙한 어머니이자 아내로 명성이 높았습니다. 모든 로마 상류층 여성의 본보기이자 로망이었죠. 클라우디우스는 외증조할머니처럼 자라기를 바라며 딸 이름을 옥타비아라고 지었죠. 원래 어머니 이름을 딸에게 물려 주는 방식이 황실 내부 규칙이지만 클라우디우스는 따르지 않았습니다.

옥타비아는 클라우디우스가 기대한 대로 마음씨 고우면서 의젓한 아이로 성장했습니다. 언니 안토니아보다 얼굴도 평범하고 어리광 부릴 때가 잦기는 해도 나이에 견줘 조숙했죠. 그런데 클라우디우스에게 걱정거리가 생겼습니다.

"아버지, 안녕히 주무셨어요?"

"옥타비아, 잘 잤니?"

"네, 저는 잘 잤어요. 근데 아버지 눈 밑이……."

"아, 아무것도 아니다. 들어가서 쉬거라."

"네, 아버지."

시녀가 부축해 딸이 황궁에서 나가자 시종이 클라우디우스를 찾았습니다. 황제는 황후 메살리나의 근황을 들었죠.

"폐하, 폐하!"

"무슨 일이냐?"

"황후께서 황궁 밖을 나가……."

"또 남자를 만난다는 이야기면 그만두거라."

"그렇지만……."

"어서 물러가게!"

메살리나는 선대 황제 칼리굴라가 주선해 10대 나이에 40대 후반인 클라우디우스하고 결혼했습니다. 클라우디우스는 이 점을 미안하게 여겨 메살리나의 비위를 맞추면서 잘 대했죠. 클라우디우스의 배려에 기세등등해진 메살리나는 지위를 활용해 많은 원로원 의원들하고 불륜을 저질렀습니다. 불륜으로 모자라 밤마다 황궁 밖 매음굴에서 창녀 노릇을 하며 아무 남자하고 관계를 맺었습니다. 공무에 시달리던 클라우디우스가 메살리나의 부정한 행위를 눈감아 주자 원로원에서는 황제가 아내에게 휘둘린다며 아니꼬운 시선으로 바라봤습니다.

"폐하, 폐하 사람인 폴리비우스가 황후의 청을 거부해서 죽은 일이 생각 안 나십니까? 아시아티쿠스는 어떻고요?"

"아시아티쿠스는 사비나하고 불륜을 저질렀어. 게다가 동성애까지 저지른 자이니 그 죄는 충분히 치러야 했네."

"황후께서 아시아티쿠스의 정원을 빼앗은 뒤 그곳에서 어떤 짓을 벌이는지 모른다는 말씀입니까?"

"……."

"알았네. 내가 알아서 처리하겠네."

클라우디우스는 딸들, 특히 메살리나의 피를 물려받은 옥타비아가 방탕한 어머니를 닮을까 봐 걱정했습니다. 딸이 지금처럼 의젓하게 자라기를 바랐죠. 사랑하는 아내를 차마 내치지 못했고요.

그렇게 방치하는 틈에 메살리나는 아들 브리타니쿠스의 권력에 위협이 되는 자들을 모함해 유배 보내거나 처형했습니다. 칼리굴라의 막내 여동생 율리아 리빌라를 세네카하고 간통을 저지른다는 혐의를 씌워 죽이고 세네카[†]도 추방했습니다. 저명한 원로원 의원 아피우스 실라누스도 유혹을 거절하자 모함해 죽게 만들었죠. 클라우디우스가 말한

[†] 훗날 네로 황제의 측근이 됩니다. 메살리나 때문에 추방당했던 세네카는 소 아그리피나가 정권을 잡자 로마로 돌아옵니다.

아시아티쿠스도 마찬가지였고요.

또한 칼리굴라의 또 다른 여동생 소 아그리피나와 아들 네로를 죽이려고 호시탐탐 감시했죠. 그런데 정작 클라우디우스를 놀라게 하고 훗날 옥타비아에게 악영향을 끼치는 악행은 따로 있었습니다.

역적이 된 어머니 메살리나

메살리나는 가이우스 실리우스라는 아름다운 청년을 만났습니다. 실리우스는 유니아 실리나를 아내로 둔 유부남이었죠. 메살리나는 두 사람을 억지로 헤어지게 한 뒤 실리우스를 자기 남자로 만들었어요. 주위 눈치를 보지 않고 당당하게 실리우스 집을 드나들었습니다. 황실 가보도 아무렇지 않게 건넸죠. 클라우디우스는 이런 사실을 까맣게 몰랐고요.

어느 날 실리우스가 메살리나에게 말했습니다.

"황제가 늙어 죽기를 언제까지 기다려야 합니까? 나중에 파렴치한 죄를 저지르면 추악한 방법을 써야 합니다. 그러니 먼저 시작합시다. 우리끼리!"

메살리나는 이 제안을 승낙했습니다. 두 사람은 몰래 결혼식을 올린 뒤 황제를 살해할 계획을 세웠죠. 황제가 티베르 강 하구 오스티아에 가느라 로마를 비운 틈을 타 두 사람은 하객까지 불러 모아 결혼식을 올렸어요.

이 광경을 본 클라우디우스의 측근 나르키수스는 오스티아로 달려가 메살리나가 저지른 만행을 고했고, 황제는 경악했습니다. 당장 로마로 달려간 황제는 근위대를 시켜 실리우스가 사는 집을 샅샅이 수색했습니다. 예상대로 클라우디우스의 조상들이 남긴 가보가 숱하게 발견됐죠. 클라우디우스는 메살리나에게 따져 물었습니다.

"부인, 어떻게 된 일이오?"

"폐하, 저런 말을 믿으시는 겁니까? 부디 옥타비아와 브리타니쿠스를 낳은 어머니가 하는 말에 먼저 귀 기울이세요."

"실리우스하고 결혼까지 해놓고 무슨 소리를 하는 겁니까?"

메살리나가 클라우디우스를 붙들고 애원하자 옆에서 지켜보던 나르키수스가 소리를 질렀습니다. 아내한테 휘둘리던 클라우디우스는 두 사람 사이에서 어떻게 해야 할지 몰라 우물쭈물했죠.

그런 모습을 본 측근들은 다른 음모를 꾸미지 못하게 하려고 단검으로 찔러 메살리나를 죽였습니다. 48년, 스물여덟 살(또는 서른한 살)이었습니다. 클라우디우스는 아내가 죽은 소식에 아무런 표정도 짓지 않았습니다. 그저 이렇게 말할 뿐이었죠.

"메살리나를 기록 말살형에 처한다."

이렇게 메살리나는 아우구스타 최초로 기록 말살형을 받았습니다. 비문과 주화에서 흔적을 도려내고 조각품들이 박살났죠. 장례식을 치를 수도 없고 공식 석상에서 추모할 수도 없었습니다. 아직 열 살이 넘지 않은 옥타비아는 어머니가 당한 불명예스러운 죽음을 실감했습니다. 어머니가 어떤 인물인지 어렴풋이 듣고는 울지도 웃지도 않았습니다. 클라우디우스는 어린 딸을 조용히 안았죠.

"아버지, 이제 어머니를 만날 수 없어요?"

"그래."

의젓하던 딸이 어머니 이야기를 꺼내자 클라우디우스는 마음 한쪽이 무너져 내렸습니다. 아버지 표정을 보고 상황을 눈치챈 옥타비아는 서둘러 자리를 떴습니다. 클라우디우스는 멀어지는 딸을 보면서 혼잣말을 했습니다.

"미안하다. 어쩔 수 없었단다. 부디 어머니를 닮지 않기를."

클라우디우스는 남몰래 눈물을 삼켰습니다.

정숙하고 헌신적인 여인

클라우디우스가 바라던 대로 옥타비아는 정숙하고 헌신적인 여인으로 성장했습니다. 어머니하고는 달랐어요. 클라우디우스는 잘 자라준 딸을 보면서 늘 흐뭇해했습니다. 옥타비아도 마음씨 좋은 아버지를 잘 따랐죠.

"아버지, 강녕하셨습니까."

"그래. 옥타비아. 할 말이 있어 불렀다."

"무슨 일이세요?"

"이제 너도 클 만큼 컸다. 결혼을 해야지."

"아, 아버지랑 헤어져야 하나요?"

"옥타비아, 걱정하지 마라. 내가 좋은 남자를 소개하마."

클라우디우스가 신분도 높고 인품도 좋은 신랑감을 찾는다는 소식을 듣고 구혼자가 몰려들었습니다. 클라우디우스는 딸을 아우구스투스의 방계 황족인 루키우스 유니우스 실라누스 토르콰투스하고 약혼시켰습니다. 실라누스는 딸보다 신분이 낮지만 치안 판사로 복무하고 브리타니아 원정에서 승리를 거두는 등 전공을 확실히 쌓아 클라우디우스의 신임을 얻었죠.

"내 딸을 잘 부탁하네."

"맡겨만 주십시오, 폐하."

실라누스는 클라우디우스에게 절을 한 뒤 옥타비아를 만났습니다. 옥타비아는 아무 말 하지 않고 조용히 바라봤습니다. 약혼한 두 사람의 삶을 기록한 사료는 없습니다. 정략결혼이라도 두 사람은 사이가 좋았습니다.[†] 옥타비아와 실라누스 둘 다 품위가 있었거든요. 아마 이 때가 옥타비아의 삶에서 그나마 행복한 순간인 듯합니다.

아버지 클라우디우스가 소 아그리피나하고 재혼하면서 옥타비아는 불행해지기 시작했죠. 소 아그리피나는 아들 루키우스 도미티우스 아헤노바르부스를 후계자로 만들고 싶었죠. 그러려면 실라누스하고 약혼한 옥타비아를 아들하고 결혼시켜야 했습니다. 소 아그리피나는 감찰관 루키우스 비텔리우스하고 함께 실라누스를 몰아낼 계책을 세웠습니다. 마침 실라누스의 누이동생 유니아 칼비나가 비텔리우스의 아들하고 결혼했거든요. 실라누스에게는 정말 참담하기 그지없는 상황이었죠.

[†] 《타키투스 연대기》에서 실라누스는 '개선 장군 현장을 주고 구경거리로서 성대한 검투사 시합을 자기 이름으로 증여한 덕에 민중의 인기가 높았다'며 긍정적으로 평가받습니다. 이 기록을 바탕으로 옥타비아 못지않게 실라누스의 인품도 좋다고 봤습니다.

근친상간이라는 누명

"유니아, 오늘 잘 지냈느냐?"

실라누스는 평소처럼 누이동생 유니아를 찾았습니다. 안부를 물으러 온 길이었죠. 그런데 유니아가 표정이 어두웠습니다.

"오빠랑 제가 그렇게 사이가 좋아 보일까요?"

"왜 그러느냐?"

"아버님께서 그러네요. 저랑 오빠가 근친상간을 저지른다고."

"뭐라고?"

"당분간 안 오시면 좋겠어요."

"유니아……."

실라누스는 근심 가득한 얼굴로 옥타비아를 찾았습니다. 옥타비아는 상황이 심상치 않다고 직감했죠.

"실라누스, 누가 또 당신을 괴롭히나요?"

"어떻게 알았소?"

"황후 폐하가 당신을 안 좋게 보잖아요. 저도 알아요."

"미안하오."

"제가 아버지께 말씀드릴게요. 걱정하지 말아요."

옥타비아는 아버지가 자기를 사랑하니 애원하면 들어주리라 믿었습니다. 그렇지만 클라우디우스는 이미 아그리피나가 한 참언에 넘어간 뒤였습니다.

"옥타비아, 내가 조만간 좀더 좋은 신랑감을 찾으마. 차분히 기다리거라."

"아버지, 실라누스보다 더 좋은 남자가 어디에 있습니까?"

"루키우스가 있지 않느냐. 황후의 자식이니 너를 든든하게 보호할 수 있겠지."

"아버지!"

사촌 언니 소 아그리피나와 루키우스 모자의 본성을 아는 옥타비아로서는 경악할 수밖에 없었죠. 사랑하는 아버지가 변한 사실을 깨닫고 실망하지만 무기력할 뿐이었습니다. 이미 비텔리우스가 원로원에 실라누스를 사임시키라는 고시를 내린 뒤였거든요. 원로원은 실라누스를 변호할 증거를 찾지 못해 유죄를 선언했습니다.

"당장 둘을 파혼시켜라!"

"폐하, 저는 죄를 짓지 않았습니다!"

"듣기 싫다!"

클라우디우스는 실라누스와 옥타비아를 파혼시켰습니다. 억울하다고 해명하려던 실라누스는 병사들 손에 이끌려 쫓겨났죠.

"아, 폐하, 어떻게 제게 이러실 수 있습니까. 옥타비아, 보고 싶소."

실라누스는 술에 찌들어 홀로 쓸쓸하게 연명하다가 자살로 생을 마감했습니다. 그날 공교롭게도 클라우디우스와 소 아그리피나가 결혼식을 올렸죠. 옥타비아는 아버지와 사촌 언니가 부부가 되는 결혼식에 참석한 덕분에 약혼자이자 한때 사랑한 실라누스가 비참하게 죽는 장면을 목격하지 못했죠.

"실라누스, 어찌 이렇게!"

옥타비아는 결혼식이 끝난 뒤 실라누스가 세상을 뜬 소식을 듣고 홀로 눈물을 흘렸습니다. 이때만 해도 메살리나에게 시달리느라 숨죽여 사는 소 아그리피나를 동정하는 여론이 강했습니다. 다들 결혼식을 축하하느라 바빴습니다. 소 아그리피나 모자의 본성을 아는 사람은 옥타비아뿐, 아무도 그 심정에 공감하지 못했죠.

사랑 없는 결혼

53년 6월 9일, 옥타비아와 네로가 결혼했습니다. 단순한 결혼식이 아니었죠. 원래 후계자인 클라우디우스의 친아들 브리타니쿠스를 제치고 네로가 단숨에 후계자로 등장한 사실을 알리는 의식이었죠. 옥타비아와 네로는 이복남매라 결혼할 수 없었습니다. 후계자인 네로가 입양될 수는 없으니 옥타비아가 다른 집안으로 형식상 입양을 가야 했죠. 옥타비아는 사랑하는 아버지와 동생하고 남남이 돼야 했고요.

"아버지, 브리타니쿠스, 참으로 송구하옵니다."

옥타비아는 약혼자를 쓸쓸히 죽게 만들고 남동생을 후계자 직위에서 물러나게 한 장본인하고 결혼해야 했습니다. 옥타비아는 이왕 결혼한 만큼 남편에게 헌신하려 노력했죠. 그러나 루키우스, 아니 이제 네로 클라우디우스 카이사르 드루수스 게르마니쿠스로 개명한 남편은 정숙하고 얼굴도 평범한 옥타비아를 따분하게 여겼습니다. 집안 살림을 책임지는 옥타비아를 외면했죠. 억지로 결혼한 만큼 사이가 좋을 리 없었고, 외박도 잦았습니다.

"여보, 부디 오늘은 집에 있어요."

"또 시작이네."

"계속 이러시면 어머님께서……."

"아, 그놈의 어머니! 애도 못 낳으면서!"

계속 후계자를 낳지 못해 소 아그리피나에게 구박받던 옥타비아는 날이 갈수록 한숨이 늘었습니다. 사랑 없는 결혼 생활에 점차 질렸죠. 이렇게 힘들게 살던 옥타비아에게 여태 겪은 일에 견줄 수 없는 비극이 찾아옵니다.

클라우디우스하고 결혼한 소 아그리피나는 황제의 아내를 넘어서는 권력을 누렸습니다. 원로원과 로마 시민들은 황제보다 더 큰 권력을 누리는 아그리피나 모자를 차차 아니꼽게 바라보면서 브리타니쿠스에게 동정 어린 시선을 보냈죠. 클라우디우스도 점점 자기 행동을 후회하기 시작했고요.

그 사실은 로마 황궁을 벗어나 알음알음으로 퍼졌습니다. 옥타비아는 아버지가 새어머니에게서 벗어나 자상한 사람으로 돌아오기를 바랐죠. 이런 바람은 실현되지 못했습니다. 소 아그리피나가 준 독이든 버섯을 먹은 클라우디우스가 세상을 떠났거든요.

옥타비아는 아버지의 죽음을 대놓고 슬퍼하지도 못했죠. 네로가 곧바로 어머니를 둘러싼 불길한 소문을 잠재우고 원로원 승인을 거쳐 황제로 즉위했고, 소 아그리피나는 로마의 사제이자 태후가 됐거든요.

옥타비아는 약혼자와 아버지를 죽게 만든 장본인들 곁에서 숨죽여 살아야 했습니다. 비극은 남편이 황제가 된 뒤에도 끝나지 않았죠.

마지막 혈육마저 죽인 남편 네로

황제가 되기 전부터 추문이 끊이지 않은 네로는 아내 옥타비아를 무시한 채 포파이아 사비나라는 여인을 만나기 시작했습니다. 사비나도 유부녀였죠. 네로는 사비나에게 남편 오토하고 이혼하라 종용하고 있었습니다.

옥타비아에게 잠시 희망이 찾아왔을까요? 소 아그리피나가 부쩍 친절해졌거든요. 네로는 성인이 된 뒤 어머니 소 아그리피나하고 사이가 안 좋아졌죠. 이 사실을 아는 옥타비아는 시어머니가 내보이는 친절한 태도를 어색하게 여기지 않았습니다.

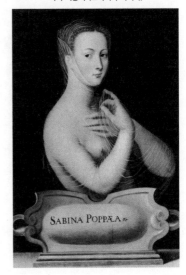

SABINA POPPÆA

"황제가 또 못살게 구니?"

"아니에요."

"솔직히 말해라."

"그이가 집에 안 들어온 지 며칠 지났어요."

옥타비아는 선황 클라우디우스의 딸이자 황실의 피가 섞이지 않은 네로를 정식 후계자로 인정받게 해준 장본인이었습니다. 또한 정숙하고 헌신적인 성품에 덕까지 겸비해 로마 시민의 존경을 받고 있었죠. 시민들은 황제가 욕정에 휩쓸려 황후 대신 다른 여인을 가까이하는 모습을 좋게 보지 않았어요. 이런 현실을 잘 아는 소 아그리피나는 네로에게 사비나를 멀리하고 옥타비아에게 잘 대하라고 권유합니다.

소 아그리피나가 네로에게 울분을 터트리기도 하지만 네로는 이미 힘이 약해진 어머니 말을 듣지 않았습니다. 시어머니와 남편이 다툰 소식을 들은 옥타비아는 순식간에 불안해졌죠.

'설마, 아니야. 그럴 리 없어. 걔는 아직 어리다고.'

네로가 측근인 세네카와 부루스의 말을 듣고 자기를 멀리하자 아그리피나는 옥타비아의 동생 브리타니쿠스를 다시 후계자로 삼으려 했죠. 어머니가 아버지를 죽인 사실을 아는 네로는 그때 어머니가 쓴 방식을 모방해 브리타니쿠스를 독살했습니다. 55년, 브리타니쿠스는 열세 살이었죠.

하나 남은 혈육까지 또다시 남편 손에 잃은 옥타비아는 슬퍼했습니다. 꽃도 피우지 못하고 스러진 어린 동생이 몹시 안타까웠죠.

"브리타니쿠스, 너마저 이렇게 가면 어떻게 한다는 말이냐!"

"울지 마시오. 간질 때문에 죽은 아이니."

옥타비아가 슬퍼할 때마다 네로는 껄껄 웃으면서 이렇게 말했습니다. 남편이 싫지만 한편으로 무섭기도 한 옥타비아는 아무런 대응도 하지 못했죠. 그저 감정을 꽁꽁 숨기는 방법을 익힐 뿐이었어요.

'괜찮아. 언젠가 나아질 거야.'

옥타비아는 남편이 구박하고 외면할 때마다 울분을 삼키며 스스로 '끝없는 희망'을 품었습니다. 결국 남편이 변하리라고 기대하면서 말이죠. 이런 희망이라도 품지 않으면 고통스러워 살 수가 없었겠죠.

사실 옥타비아는 결혼할 때 형식상 다른 가문으로 입양된 탓에 브리타니쿠스를 거의 못 봤습니다. 브리타니쿠스가 후계자 직위에서 밀려나 노예들에게도 무시당할 때 옥타비아는 아무런 행동도 하지 못했습니다. 아버지 클라우디우스도 아들을 동정하는 마음을 내비친 탓에 독살당했으니까요. 시어머니도 브리타니쿠스가 죽은 뒤 예전만큼 힘을 발휘하지 못했고, 지금은 잘해주는 시어머니조차 언제 돌변할지 몰라서 불안해했습니다. 그런데 네로는 옥타비아가 상상하지도 못한 패륜을 저지르죠.

황제인 남편에게 주눅 들어 대항하지 못하는 옥타비아를 대변해소 아그리피나가 외도하는 네로를 말렸습니다. 포파이아 사비나는 네로에게 결혼하자고 재촉했죠. 두 여자에게 시달린 네로는 사비나 쪽으로 기울어 어머니를 암살하고 맙니다.

이혼과 추방

옥타비아는 그나마 자기편을 들어준 시어머니를 잃고 충격에 빠졌습니다. 아버지와 약혼자를 죽인 장본인이지만 다시 사이가 좋아지기도 했고, 혈육이 다 세상을 떠나고 혼자 남은 처지에 기댈 사람은 시어머니뿐이었죠. 아들이 어머니를 죽이는 패륜을 저지르리라는 생각은 차마 하지도 못했고요.

네로는 못생긴 여자라거나 아이를 못 낳는다면서 옥타비아를 학대했습니다. 옥타비아는 남편 비위를 맞추느라 순종하고 인내했지만, 그러면 그럴수록 학대는 더 심해졌습니다. 옥타비아는 그저 스스로 희망고문을 하며 감정을 조절할 뿐이었죠. 이름만 남은 황후여서 황제의 손에 목숨이 좌지우지되는 상황이었거든요.

"나는 이 나라 로마의 황후다. 아무도 나를 해칠 수 없어."

옥타비아는 불안을 잠재우며 마음을 다잡았습니다. 그러나 불안은 현실이 됐죠. 네로는 포파이아 사비나하고 다시 결혼하려고 이혼하려 했습니다. 측근인 부루스는 이혼을 만류했죠. 부루스는 세네카하고 함께 소 아그리피나와 네로 사이에서 갈등을 부추긴 인물인데도 이혼은 명분이 없다고 생각한 듯합니다.

"폐하, 황후는 선황의 따님이십니다. 폐하의 버팀목이니 신중하게……."

"뭐야, 나 혼자서는 아무것도 못한다는 뜻이야?"

네로는 화를 버럭 냈습니다. 소 아그리피나를 제거한 만큼 두려울 일이 없었습니다. 62년, 네로는 부루스를 독살했습니다.[†] 근위대에 둘러싸여 감시당한 세네카는 네로가 점점 난폭해지자 눈치를 보다가 빠르게 은퇴했죠. 그리고 부루스가 죽고 얼마 지나지 않아 포파이아 사비나가 임신을 했습니다.

측근들까지 몰아낸 네로는 옥타비아에게 시선을 돌렸습니다. 옥타비아는 선황 클라우디우스의 명성과 정숙한 성품 덕에 인기를 한 몸에 얻었고, 네로는 이런 상황이 불편할 수밖에 없었습니다. 특히 포파이아에게 푹 빠진 뒤로 더 그랬죠. 노예들이 보는 앞에서 옥타비아를 포파이아하고 비교하며 망신을 주고 아이를 못 낳는다면서 이혼을 요구했습니다. 불안감이 현실이 되자 두려워진 옥타비아는 황제에게 처음으로 저항했죠.

"이렇게 빈둥거릴 시간에 아이 낳을 궁리를 하시오!"

[†] 보리스 란코브 런던 대학교 교수가 쓴 《근위대(The Praetorian Guard)》(1994)에 따르면 네로가 부루스를 독살했답니다. 다른 자료에는 부루스가 죽은 사실만 나오지만, 소 아그리피나가 사망한 뒤 네로가 측근들을 대하는 모습을 보면 이런 견해가 더 설득력이 있습니다.

"……."

"싫으면 이혼하든가. 포파이아는 빨리 임신하는데 당신은 대체 왜 못하는 거요?"

"폐하께서 밤에 처소에 머무르시기만 해도 이런 일은 없었죠!"

"뭐라고!"

아내가 대항하는 모습을 처음 본 네로는 몹시 화를 냈습니다.

"제발 저를 탓할 시간에……으윽!"

"조용히 해!"

순한 아내가 예상 밖으로 저항하자 네로는 자기도 모르게 옥타비아의 목에 손을 댔습니다. 그러고는 세게 목을 졸랐죠.[†] 옥타비아는 아무런 저항도 못 하고 컥컥댈 뿐이었습니다. 다시 힘없는 옥타비아로 되돌아갔죠.

포파이아는 네로의 하인을 꼬드겨 알렉산드리아 태생 음악가 에우카이루스하고 간통한 혐의로 옥타비아를 참소하게 했습니다. 네로는 기회를 놓치지 않았죠. 간통 누명을 씌우려고 옥타비아를 따르는 시녀와 노예들을 모질게 심문했습니다.

"바른 대로 고하지 못할까!"

"폐하!"

근위대장 티겔리누스는 계속 자백을 강요했습니다.

"옥타비아가 알렉산드리아 출신 음악가 에우카이루스를 만나 간통

[†] 수에토니우스는 네로가 옥타비아의 목을 여러 차례 조른 사실을 기록했습니다. 네로가 아내 목을 조른 때는 이때가 처음이 아닌 듯합니다.

한 사실이 있느냐?"

"황후는 당신 입보다 깨끗합니다!"

대부분은 고문에 시달리면서도 자백하지 않았지만 피티아스라는 시녀가 많은 사실을 거짓으로 털어놓으면서 옥타비아는 누명을 쓰게 됐습니다. 결국 캄파니아 섬으로 유배를 가야 했죠. 죽은 부루스와 루벨리우스 플라우투스의 재산 일부를 위자료로 받았는데, 옥타비아는 이 돈 때문에 더 불안해했습니다.

'일부러? 대체 왜 나한테 계속……'

부루스와 플라우투스는 모두 네로가 죽인 사람들이었거든요.

비참하고 잔인한 죽음

"황제는 죄 없는 황후를 풀어 줘라!"

"황후는 간통을 저지르지 않았다!"

"간통을 저지른 자가 누군데 왜 황후에게 이럽니까!"

시민들은 황제가 이혼한다는 소식에 반발했습니다. 간통은 누명이라는 사실을 모두 알고 있었죠. 옥타비아는 시민들에게 고마움을 느끼는 한편으로 불안했습니다. 네로가 분노하면 더 극단적인 조치를 취할 수도 있었으니까요.

황제가 옥타비아를 다시 황후로 맞이한다는 거짓 소문이 떠돌았습니다. 그러자 시민들은 환호하며 포파이아의 상을 쓰러트리고 옥타비아의 상을 신전에 세웠죠. 근위대는 채찍질하며 시민들을 몰아냈습니다. 그리고 네로는 옥타비아에게 새로운 누명을 씌웁니다. 네로가 어머

조반니 무치올리가 1876년에 그린 〈옥타비아의 머리를 네로에게 가져오는 포파이아〉

니를 해치울 때 이용한 아니케투스라는 사람하고 옥타비아가 간통한 뒤 낙태한 적이 있다는 누명이었죠. 한때 옥타비아가 아이를 못 낳는다고 비난한 사실은 까맣게 잊은 채 말이죠. 그러고는 옥타비아에게 판다테리아 섬으로 이동하라고 명령했죠.

"황후 폐하! 폐하!"

"아이고······."

시민들은 옥타비아가 떠나는 모습을 보면서 통곡했습니다. 옥타비아는 밧줄에 묶여 앞을 보면서 걷가다가 눈을 감았습니다. 두 볼을 타고 눈물이 흘러내렸죠.

옥타비아는 판다테리아 섬에서 삼엄한 감시를 받으며 살았습니다. 예전에 대 아그리피나가 죽기 직전에 유배된 곳이죠. 죽음의 손길이 느껴지지만 옥타비아는 슬퍼하지 않았습니다. 아버지, 약혼자, 동생, 시어머니를 잃고 황후 지위까지 빼앗긴 뒤 삶의 희망을 잃었으니까요.

'어서 나도 그이들 곁으로 갈 수 있기를.'

옥타비아는 죽음이라는 안식이 찾아오기를 바랐습니다. 며칠 뒤 병사들이 찾아와 옥타비아에게 사형 명령을 전달했습니다. 이미 시종과 노예들은 병사들에게 죽은 뒤라 섬에는 옥타비아 홀로 있었죠. 마지막 이라도 황후로서 품위를 지키려고 옥타비아는 저항했습니다.

"나는 황제의 아내가 아니다. 누이일 뿐이다."

이제 네로의 아내가 아니라, 네로의 이복누이, 곧 클라우디우스의 딸이라는 뜻이었습니다. 옥타비아는 아버지를 포함한 게르마니쿠스 가문의 조상들 이름을 나열한 뒤 마지막으로 시어머니 소 아그리피나 의 이름을 외쳤습니다. 그다음 밧줄에 묶였죠.

병사들은 밧줄에 묶인 옥타비아의 사지 혈맥을 모두 절단했습니다. 대역 죄인을 처벌할 때 쓰는 잔인한 형벌이었죠. 그렇지만 옥타비아는 죽지 않았습니다. 피를 뚝뚝 흘리며 고통을 감내할 뿐이었어요. 욕실로 옮겨져 엄청나게 뜨거운 증기를 들이마신 뒤에야 숨을 거뒀죠. 이날은 62년 6월 9일로, 옥타비아는 스물세 살(또는 스물두 살)이었습니다. 옥 타비아는 목이 잘린 채 네로 앞에 도착했습니다.

"하하하, 수고했네! 황후, 이것을 보시오."

"어머, 이것이 뭡니까?"

네로와 포파이아는 옥타비아의 잘린 목을 보고 매우 기뻐했습니다. 생전에 저항 한 번 제대로 하지 못한 옥타비아의 눈이 네로를 향하고 있었죠.

잔인한 시대와 인물들 속에서

클라우디우스는 방탕한 아내 메살리나가 아니라 아우구스투스의 누나 소 옥타비아를 닮기를 바라는 마음에서 딸 이름을 옥타비아라고 지었습니다. 옥타비아는 아버지가 소망한 대로 소 옥타비아처럼 의젓하고 정숙한 여인으로 자랐습니다. 그렇지만 그 대가는 너무나 혹독했습니다. 황제의 딸이라는 고귀한 지위를 지녔지만, 그 고귀한 지위 때문에 사랑하는 약혼자를 잃고 네로하고 강제로 혼인해야 했습니다. 결혼 생활은 행복하지 못했고, 결국 비참하게 버려진 채 짧은 삶을 마감해야 했죠.

옥타비아는 어린 나이에 어머니를 잃어 버팀목이 부족할 뿐 아니라 비슷한 시대를 산 소 아그리피나에 견주면 권모술수에 능하지 못했습니다. 그렇다고 해서 옥타비아를 비판할 수는 없는 노릇입니다. 그저 당대 전통 사회의 여성관에 맞게 내조에 충실한 여인으로 자란 옥타비아를 시대가, 그리고 사람들이 내버려 두지 않은 탓이니까요.

로마 시민들도 이 사실을 알기 때문에 옥타비아를 추앙하고 네로와 포파이아를 질책했습니다. 그렇지만 지나친 인기는 도리어 시기심을 불러일으켜 옥타비아를 불행에 빠트렸습니다. 마치 영국 튜더 왕조 때 백성들이 동정한 캐서린은 이혼당한 뒤 비참하게 살지만 헨리 8세와 앤 불린은 재혼한 일하고 비슷하죠.

3부

서로마의 황혼에 물든 파란만장한 삶

프랑스 국립 도서관 박물관에 소장된 갈라 플라키디아를 새긴 금화 솔리두스 © Clio20

6. 황제의 딸, 황제의 아내, 황제의 어머니

갈라 플라키디아 50대 황제 테오도시우스의 딸, 52대 황제 콘스탄티우스의 아내, 53대 황제 발렌티니아누스의 어머니

아그리피나 모녀와 리빌라, 클라우디아 자매의 후예들은 비슷한 삶을 살았습니다. 살아남으려, 또는 자기 야망을 실현하려 정치에 개입하거나 조용히 살려다가 의도하지 않게 사건에 휘말리기도 했습니다. 갈라 플라키디아도 그랬습니다. 갈라는 정치판에 휘말린 적도 있고 직접 개입하기도 합니다. 다른 공주들하고 다른 점은 야망이나 생존이 아니라 몰락하는 제국을 살려야 한다는 대의를 위해 자기 능력을 아낌없이 발휘한 데 있습니다.

　수백여 년 동안 영화를 누린 로마 제국은 세월이 흘러 쇠퇴하기 시작했습니다. 반란과 전쟁, 암살 등이 계속되면서 제국은 분할과 통합을 반복했죠. 왕조도 자주 교체됐습니다. 갈라는 테오도시우스 황제의 딸입니다. 테오도시우스 황제는 죽으면서 두 아들에게 동로마와 서로마를 나눠 맡으라고 합니다. 서로마가 쇠락할 조짐이 보이자 게르만족이

자주 침입하면서 제국은 몰락의 길을 걷게 됩니다.

쓸쓸한 결혼식

"국왕 폐하와 공주 전하께 예를 갖추시오."

"아이고, 어쩌다가……."

"공주님! 공주님!"

갈색 머리칼과 하얀 피부, 파란 눈과 덥수룩한 수염을 지닌 키 큰 신랑이 먼저 식장에 자리 잡자 긴 머리를 늘어뜨리고 볼에 홍조를 띠고 눈동자가 검은 여인이 입장했습니다. 여인은 손잡은 아버지 없이 홀로 신랑을 만났죠. 거친 옷을 입은 우락부락한 신랑 쪽 가족들이 신부를 바라봤고요. 신부 쪽 하객석은 텅 비어 있었죠. 대신 결혼식장 바깥에서 몰래 눈물을 훔치는 사람들과 로마 황실이 보낸 화려한 예물을 든 노예들만 보였죠.

414년 1월, 이탈리아 포를리. 신랑은 서고트 왕국 아타울프 왕이고 신부는 서로마 공주 갈라 플라키디아였습니다. 갈라의 가족들은 모두 뿔뿔이 흩어져 있었습니다. 이민족이 침입한 탓에 서로마의 실질적 수도가 된 라벤나와 동로마의 콘스탄티노폴리스 황궁에 말이죠.

갈라 곁에는 로마 장교복을 입은 이민족 신랑이 서 있었죠. 갈라는 혼인 서약을 하기 전 아무도 없는 하객석을 둘러본 뒤 고개를 들어 아타울프를 올려다봤습니다. 신부를 지그시 바라보는 아타울프의 파란 눈동자만이 빛날 뿐이었죠. 갈라는 서툴게 고국 로마의 옷을 입은 신랑을 보면서 위안을 받았습니다. 어떻게 이 자리에 서게 되고 가족이 결혼식에 참석하지 않은 이유는 뭔지 과거를 되짚었죠.

무능한 오빠, 호노리우스 황제

"로마, 이리 와!"

"꼬꼬댁, 꼬꼬……."

서로마 황제 호노리우스는 라벤나 황궁에서 애완닭하고 놀며 평화로운 시간을 보내고 있었습니다. 그때 전령이 다급하게 달려왔습니다.

"폐하! 큰일이 났사옵니다!"

"무슨 일이냐?"

"로마, 로마가!"

"뭐야, 로마가 죽었다고?"

호노리우스는 재빨리 곁에 있던 애완닭 로마를 쳐다봤죠.

"안 돼. 내 로마……."

로마는 푸드덕거리며 호노리우스를 바라볼 뿐이었죠. 갑갑해진 전령이 큰 소리로 외쳤습니다.

"폐하, 로마가 함락됐습니다! 수도 로마가!"

"몰라! 너희가 알아서 해."[†]

호노리우스는 닭의 대가리를 쓰다듬었습니다. 전령을 비롯해 주위에 선 노예들은 화가 나다 못해 황당해서 허공만 바라봤죠. 이날은

[†] 영국 화가 존 윌리엄 워터하우스가 그린 〈호노리우스 황제가 좋아하는 것들〉(1883)의 모티브가 된 이야기입니다.

410년 8월 24일, 제국의 수도 로마가 800여 년 만에 적에게 약탈당한 날이었죠. 주인공은 서고트 왕 알라리크였습니다.

로마를 살릴 기회는 예전에 있었습니다. 5세기 전후 로마는 고트족, 알란족, 수에비족 등 여러 게르만 부족들에 시달렸습니다. 무능한 호노리우스 황제는 이민족이 이탈리아 본토까지 침입하자 불안해하며 로마를 버리고 라벤나로 황실을 옮겼습니다. 알라리크는 408년부터 로마를 포위했고, 매번 호노리우스에게 항복을 요구했습니다. 로마가 약탈당하기 직전 원로원 내각을 이끈 귀족 요비우스는 협상을 해야 한다고 주장했죠.

"폐하, 어떻게 하시렵니까?"

"그게……."

"로마 시민들이 굶주리고 있습니다. 굴욕적일지라도 협상을 하셔야……."

"안 된다! 나는 로마 제국 황제다."

"폐하, 통촉하여……."

"시끄럽다! 모두 물러가라!"

호노리우스는 원로원 의원들을 강제로 물러나게 한 뒤 알라리크에게 모욕적 언사가 담긴 편지를 보내 협상을 거부했습니다. 북아프리카에서 활약한 총독 헤라클리아누스가 로마로 건너와 서고트족을 잘 막아주리라 기대했죠.

"감히 내 협상을 거부해?"

알라리크는 전령이 건넨 편지를 찢었습니다. 곧장 군사를 모아 로마를 포위했죠. 호노리우스는 바로 협상단을 보냈고, 두 사람은 라벤

나에서 12킬로미터 떨어진 지점에서 만나기로 했습니다. 그렇지만 호노리우스는 사루스더러 기습하라고 남몰래 명령했습니다. 기습 공격에서 간신히 살아남은 알라리크는 로마를 닥치는 대로 약탈했죠. 사루스에게 모두 맡긴 채 안심한 호노리우스는 라벤나 궁정에서 애완 닭하고 편안한 시간을 보내고 있었고요.

서고트족에게 끌려가는 로마 공주

로마에서 차마 탈출하지 못한 갈라는 서고트족 군대가 닥치는 대로 고대 로마 유물을 부수면서 남자는 죽이고 여자는 강간하는 모습을 지켜봤습니다. 갈라의 팔은 고트족 병사들이 붙들고 있었죠. 로마 공주답게 발목까지 내려오는 스톨라 위에 팔라를 두른 뒤 남은 자락으로 머리까지 덮어썼죠. 갈라는 팔라 밑으로 내려와 휘날리는 머리카락을 느끼며 세상을 떠난 아버지 테오도시우스 1세를 떠올렸습니다.

"갈라, 이리 오거라."

테오도시우스 황제는 갈라진 로마 제국을 통일하고 고트족 등 게르만족을 당근과 채찍을 활용해 이주시키거나 물리치면서 제국을 안정시켰습니다. 또한 기독교를 국교로 인정하고, 세금을 감면하고, 통화 고정 정책을 폐지해 폭넓은 지지를 받았죠. 그렇지만 유능한 황제도 제국의 몰락을 막을 수는 없었고, 오랜 시간 격무에 시달린 몸은 점점 약해졌습니다. 병상에 누워 지내는 날이 잦아졌죠. 눈치 빠른 일곱 살 갈라는 아버지 상태를 직감했습니다.

"아버지, 몸은 어떠십니까?"

"괜찮다. 오빠들이 너를 괴롭히지 않니?"

"네, 오빠들이 잘 해줘요."

"그래. 오빠들 말 잘 듣고. 특히 호노리우스는 부족한 구석이 많으니 네가 잘 챙겨라."

"네, 아버지."

알라리크가 로마를 침략한 때 갈라는 아버지가 세상을 뜬 뒤 각각 동로마 황제와 서로마 황제가 된 오빠들을 대신해서 로마를 시찰하던 중이었죠.

"아이고, 공주님!"

"공주 전하! 가지 마세요!"

"네놈들! 공주님을 풀어 줘라!"

로마 시민들은 포로가 돼 끌려가는 갈라를 보면서 통곡했습니다. 고귀한 공주를 이민족에게 보낼 수 없다며 분개하기도 했죠. 황제인 오빠들은 물론이고 황족이나 원로원 의원들은 안 나타났습니다.

"호노리우스는 부족한 구석이 많으니 네가 잘 챙겨라."

갈라는 아버지가 남긴 말을 떠올리며 황폐해진 로마와 쓰러진 시민들, 울고 있는 사람들을 둘러봤습니다. 갈라는 서고트족 병사들하고 함께 로마에서 갈리아까지 직접 걸어갔습니다. 멀고도 험난한 길이었죠. 그렇지만 슬픈 표정은 짓지 않았습니다. 죽어가는 포로들을 목격했거든요. 포로가 안고 있는 아기를 보자 몸에 두르라며 긴 팔라 자락을 잘라줬습니다.

"공주 전하, 황공하옵니다."

"자, 어서 일어나게."

갈라는 포로들을 다독이며 행군을 계속했습니다. 병사들 사이에는 알라리크를 따라 참전한 아타울프가 있었습니다.

원래 알라리크는 로마를 약탈한 뒤 시칠리아를 침공하러 캄파니아로 남하하려 했습니다. 남하하는 길에 알라리크는 칼라브리아에서 열병으로 쓰러져 세상을 떠났습니다. 아타울프는 갈리아에서 멈춘 뒤 만장일치로 추대받아 서고트 왕국 2대 왕으로 선출됐습니다. 아타울프는 왕관을 쓰고 주위를 둘러봤습니다.

"모두 폐하께 예를 갖추시오."

"국왕 폐하 만세! 만만세!"

옷이 나뭇가지에 긁히고 신발도 낡아 초췌한 갈라는 병사들 사이에서 왕관을 받는 남자를 멍하니 바라봤습니다. 이때만 해도 갈라는 이민족 나라에 몇 년이나 머무르리라고, 눈앞에서 거친 손을 흔들며 사람들을 향해 웃고 있는 남자하고 결혼하리라고 예상하지 못했습니다.

로마 문화를 동경한 아타울프

명목상 서고트 왕국을 세우지만 서고트족은 정착할 땅이 없었습니다. 아타울프는 캄파니아를 비롯한 이탈리아 일대를 약탈하면서 시간을 보냈습니다. 그렇게 허송세월하다가 알프스 산맥 너머 갈리아 일대에 정착했죠.

"폐하, 선왕께서는 북아프리카 일대를 정벌하라고 유지를 남기셨습니다."

아타울프는 로마 문화를 동경했습니다. 유럽에 정착해 로마 문화를 받아들이고 싶어서 전쟁보다는 협상을 바랐죠. 그래서 갈라에게 접근했습니다. 평생 전쟁터에서 사느라 여자 한 번 제대로 만난 적 없는 아타울프는 불그스름 홍조를 띤 갈라를 보고 얼굴이 달아올랐습니다. 갈라가 낡은 옷을 입은 사실을 눈치채자마자 로마 공주가 어울릴 만한 옷을 만들라고 부하들을 닦달했죠. 서고트족이 가진 로마 옷은 남자 옷뿐이었거든요.

병사들이 서둘러 새로운 로마식 스톨라와 팔라를 만들어 바치자 아타울프는 로마식 토가를 두른 뒤 포로들 곁에 있던 갈라에게 한 손으로 내던지듯 건넸습니다.

"자, 입으시오."

"갈아입지 않겠소이다."

"아니, 어째서?"

"함께 온 시민들이 헐벗고 굶주리는데 어떻게 혼자 영화를 누릴 수 있겠소?"

갈라는 그 자리에서 꿈쩍도 하지 않았습니다. 화가 난 아타울프는 갈라를 쳐다보지도 않고 옷을 내버려둔 뒤 일어섰습니다. 갈리아를 차지한 채 황제에게 반기를 든 반란자 요비누스를 상대로 정착지 협상을 하기로 했거든요.

협상은 바로 무산됐습니다. 갈리아의 로마인들은 수도 로마를 포함한 이탈리아를 황폐하게 한 서고트족의 악명을 익히 들은 뒤라 정착을 반대했습니다. 무엇보다 요비누스는 알라리크와 아타울프에게 패배한 사루스를 통해 공인되지 않은 서로마 황제로 옹립된 처지였거든요. 그렇지만 이런 굴욕적인 처지를 입 밖으로 꺼낼 수 없었죠.

"야만인† 주제에! 감히 나하고 합석하려 해?"

"뭐라고!"

요비누스가 식탁에서 찻잔을 깨며 소리쳤습니다. 아타울프는 바로 칼을 뽑아들었죠. 두려워진 요비누스는 본색을 드러내고 말았죠.

"내 동생 세바스티아누스를 공동 황제로 즉위하게 할 테니 그렇게 아시오!"

한순간에 낙동강 오리알 신세가 된 아타울프는 식탁을 들어 엎으려고 했습니다. 이때 갈라가 문을 박차고 자기 허벅지만 한 아타울프의 팔을 붙잡으며 싸움을 말렸죠.

"그만하세요!"

"두고 보시오. 다음에는 그대 모가지를 내놓게 할 테요."

아타울프는 사랑하는 여인까지 나서자 칼을 칼집에 꽂았습니다. 식

---

† 사료에 '야만인(babarian)'이라는 호칭이 종종 나옵니다. 서로마 시대에 로마를 침공한 이민족인 프랑크족, 반달족, 고트족, 훈족 등을 가리킵니다. 인종 차별적 단어이지만 당대 로마인의 생각을 좀더 생동감 있게 드러내려고 대화에서는 그대로 썼습니다.

탁을 물리자 갈라는 아타울프만 있는 자리에서 제안했습니다.

"저자의 목을 황제에게 바치시오."

"아무리 그래도……."

평소 다혈질인 아타울프이지만 막 칼을 내려놓은 참이라 갑작스러운 제안에 당황할 수밖에 없었죠.

"폐하께 반역자의 목을 바치면 흔쾌히 정착지를 하사하실 겁니다."

"공주 전하, 명을 따르겠습니다."

아타울프는 서툴게 무릎 한쪽을 꿇고 예를 올렸습니다. 그러고는 곧바로 전령을 보내 호노리우스에게 협상을 요구했습니다. 반란을 일으킨 사루스와 요비누스의 목을 바치는 대신 아키텐에 정착할 땅을 주고 먹고살 수 있도록 식량도 달라고 했죠. 그런데 호노리우스는 협상할 생각이 없었습니다. 아타울프가 로마 약탈을 끝낸 뒤 이탈리아 반도를 초토화한 사실도 모른 채 연회를 벌이면서 동로마로 도피할 준비를 하고 있었죠.

고트족 말을 배운 갈라

아타울프가 보낸 사절은 콘스탄티우스 장군을 만났습니다. 콘스탄티우스는 아타울프가 내건 요구를 흔쾌히 받아들였죠.

"폐하, 협상을 마치고 사절을 돌려보냈습니다."

"수고했다. 물러가라."

'참 훌륭하군. 저놈이 내 매부가 되면 좋겠어.'

호노리우스는 용맹하면서 주군에게 충성을 바치고 병사들에게도 유쾌하고 친절한 콘스탄티우스를 갈라의 남편감으로 점찍었죠. 한편 아타울프는 호노리우스가 하는 생각은 까맣게 모른 채 1만 명을 이끌고 요비누스와 세바스티아누스, 사루스를 무찔렀습니다. 세 사람의 목을 직접 벤 뒤 피도 닦지 않고 바로 상자에 넣어 서로마 라벤나 궁정으로 보냈습니다.

이때 북아프리카 총독 헤라클리아누스가 반란을 일으켰습니다. 북아프리카는 로마 제국에 곡물을 공급하는 곡창 지대였죠. 헤라클리아누스가 곡물 수송로를 봉쇄하는 통에 서로마는 서고트에 약속한 식량을 제공하지 못했습니다. 그렇지만 호노리우스는 아타울프에게 사과하기는커녕 여동생을 끌고 간 일을 들먹이며 뒤늦게 분노할 뿐이었습니다. 413년, 호노리우스는 서고트에 사절을 보내 명령했습니다.

"어서 내 누이를 돌려보내라! 갈라는 조만간 로마에서 결혼식을 올려야 한다."

"지금껏 아무 말도 하지 않다가 왜 이제 와서?"

충성스러우면서 믿음직한 콘스탄티우스와 갈라를 결혼시키려는 생각이었죠. 아타울프는 약속도 안 지키면서 여동생을 내놓으라 명령하는 황제를 보고 화를 냈습니다. 호노리우스의 적반하장식 태도에 분노하기도 했지만, 무엇보다 현명하고 아름다운 갈라하고 결혼할 남자는 자기라고 생각했거든요.

아타울프가 거절하자 호노리우스는 당장 군대를 보냈습니다. 아타울프는 라벤나 궁정에서 좀더 멀리 떨어진 곳으로 가야겠다고 결심하고 대서양 연안을 가로질러 보르도로 향했습니다. 갈라는 아타울프가 갈리아에 있을 때처럼 곤욕을 치르지 않게 보르도 성벽에 대고 시민들을 설득했습니다.

"성문을 여시오. 내가 그대들을 피 한 방울 흘리지 않게 하리다."

보르도 시민들은 아타울프가 이끄는 서고트족을 환호했습니다. 무혈 입성한 아타울프는 갈라에게 고마워했죠.

"모두 그대 덕분이오."

"그저 할 일을 할 뿐이오."

어느덧 갈라는 고트족 언어를 내뱉기 시작했죠. 아타울프는 진작 라틴어를 배워 유창하게 할 줄 알았고요.

초토화되는 로마 제국

고트족은 고트족과 로마인 포로들이 살 수 있는 정착지를 구하려 지중해 연안을 따라 1000킬로미터를 85일 간 걸었습니다. 그 과정에서 나르본과 톨로사†를 점령한 뒤 마르세유를 공격했죠. 갈라는 아타울프의 병사들이 로마 제국의 영토를 초토화하는 모습을 줄곧 지켜봐야 했고요. 갈라가 설득해 안전을 보장하려 해도 칼 든 병사들을 모두 막을 수는 없었습니다. 갈라는 천막에서 홀로 눈물을 흘렸고, 그럴 때마다 아타울프는 조용히 지켜볼 수밖에 없었죠.

한편 아타울프가 갈라를 돌려보내지 않고 마르세유를 공격한 사실을 안 호노리우스는 보니파키우스에게 로마군을 맡겼습니다. 보니파키우스는 아타울프를 직접 공격해 부상을 입혔죠. 갈라는 부축을 받고

---

† 지금은 프랑스의 툴루즈입니다.

복귀하는 아타울프를 맞이하러 진영 밖으로 나갔습니다. 피를 줄줄 흘리는 아타울프를 보자 당황해서 병사들을 다그쳤죠. 평소처럼 품위를 지킬 여유가 없었어요.

"폐하께서 이 지경이 될 때까지 대체 뭘 했소?"

"공주님, 송구합니다."

병사들이 거구인 아타울프를 천막까지 옮기자 갈라는 바닥에 간신히 누워 있는 부상자를 간호했죠. 상처 부위를 직접 헝겊으로 묶고 지혈을 했죠. 어느덧 해가 밝았습니다. 갈라는 험상궂은 아타울프가 힘없이 눈을 감은 모습을 보니 마음이 아팠습니다. 곁에서 밤을 샌 갈라를 본 아타울프는 당황했습니다.

"아직까지 자지 않고 있었소?"

"아픈 당신을 두고 나더러 자라는 말이오?"

갈라는 자기도 모르게 본색을 드러내고 말았죠. 내색하지 않던 아타울프도 이참에 속마음을 털어놨고요. 호노리우스가 갈라를 돌려보내라고 명령한 사실과 이 명령을 거부한 사실을 알렸죠. 갈라는 자기에게 의사를 묻지 않은 아타울프를 원망스럽게 쳐다봤죠. 아타울프는 아랑곳하지 않고 외쳤어요.

"절대 그대를 다른 남자 곁으로 보낼 수 없소!"

갈라는 오빠가 정한 얼굴 모르는 남자하고 결혼할지, 눈앞에 있는 우락부락한 남자하고 결혼할지 망설였습니다. 아버지 테오도시우스가 남긴 말과 불쌍한 포로들을 떠올렸습니다. 오빠인 황제가 버린 백성들이죠. 고국으로 돌아가기는 너무 늦은 만큼 이곳에서 적응해 살 수 있도록 최선을 다해야 한다고 생각했습니다. 잠시 침묵한 뒤 갈라는 천천히 고백했죠.

"아타울프, 당신하고 결혼하겠습니다."

아타울프는 곧바로 고백을 받아들이고 조용히 갈라의 손을 잡았죠.

"감히! 갈라, 네가 감히!"

"폐하, 제게 군사를 주시면 포를리로 출정하겠사옵니다."

콘스탄티우스가 날뛰는 황제를 달래려 해도 말이 안 통했습니다.

"절대, 아무도 포를리로 가면 안 된다! 내 명을 어기는 자는 남녀노소 막론하고 모두 목을 베겠다!"

"그렇다면 예물은 제가 보내겠사옵니다."

콘스탄티우스는 황제를 진정시킨 뒤 황녀 결혼식에 걸맞은 화려한 예물을 준비했죠. 414년, 아타울프와 갈라는 포를리에서 결혼을 치렀습니다. 신부 하객석에 사람 한 명 앉지 않은 채로요. 두 사람은 조용한 곳에서 서로 바라보며 행복한 미래를 기원했습니다.

낯선 땅에서 보내는 험난한 삶

414년 말, 로마 군대를 피해 바르셀로나로 이동한 갈라와 아타울프는 아들을 낳았습니다. 아타울프는 자기의 파란 눈동자와 갈라의 검은 머리칼을 지닌 아기를 뻔히 바라봤습니다. 갈라가 간신히 눈을 뜨자 아타울프는 아기를 안으려다 말고 아내 얼굴을 쓰다듬었죠.

"부인, 괜찮소?"

"테오도시우스."

"테오……?"

"아이 이름입니다. 앞으로 테오도시우스라고 부르세요."

"부인 말대로 하겠소."

갈라는 제국을 안정적으로 다스린 아버지 테오도시우스를 떠올렸습니다. 막 태어난 아기가 그런 명군이 되기를 바라는 마음에서 아버지 이름을 물려줬죠. 아타울프도 명성을 익히 들은 터라 흔쾌히 따랐습니다.

행복한 시간은 오래가지 못했습니다. 이 결혼은 서고트 왕국에 힘을 싣기는커녕 짐이 됐거든요. 갈라가 결혼까지 하자 배신자라고 생각한 호노리우스는 서고트족이 무단으로 로마 제국의 영역을 점령하고 있다고 선언한 뒤 전쟁을 선포했습니다. 그러나 아타울프는 갈라를 내치지 않았죠. 서둘러 프리스쿠스 아탈루스를 호노리우스에 맞서 로마 황제로 내세웠습니다. 이참에 한곳에 뿌리를 내려야겠다고 생각하고는 보르도를 점령해 정착지로 삼았습니다.

콘스탄티우스는 보복으로 보르도를 봉쇄하고 교역을 금지했습니다. 오랜 기간 봉쇄가 이어지면서 보르도 시민들은 굶주렸죠. 이때 아들 테오도시우스가 죽고 말았죠. 갈라는 눈물 한 방울 흘리지 않고 죽은 아들을 은색 관에 넣어 묻을 뿐이었습니다.

결국 아타울프는 보르도를 탈출하기로 결심합니다. 갈라와 서고트족을 이끌고 바르셀로나로 도망쳤죠. 콘스탄티우스는 끝까지 쫓아가 봉쇄했고요.

"폐하, 이집트 연안으로 가면 어떻겠습니까? 선왕께서 남긴 유지를 따라서요."

"맞습니다. 그래야 굶주린 백성들 배를 채울 수 있습니다."

"안 되네. 로마 그늘에 깃들어야 살 수 있는 법이야."

고트족 귀족들이 한 제안을 로마 문화권에서 살고 싶어한 아타울프는 거절했습니다. 결국 민심이 흉흉해지기 시작하면서 백성들은 갈라에게 호소했습니다.

"부디 폐하를 설득하세요."

갈라는 백성들이 터트리는 통곡을 듣고 아타울프를 찾았습니다.

"폐하, 로마의 아우구스투스하고 다시 협상을 진행하십시오. 더는 방도가 없습니다. 아우구스투스는 제가 설득하겠습니다."

협상할 기회는 오지 않았습니다. 415년 8월, 아타울프는 회의를 마치고 욕실에서 목욕하고 있었습니다. 오랫동안 이를 갈던 한 하인이 아타울프의 등을 찔렀습니다. 아타울프가 죽인 사루스의 추종자였죠. 아타울프는 유언 하나 남기지 못한 채 죽고 말았습니다.

시게리크가 서고트의 새로운 왕이 됐습니다. 시게리크는 아타울프를 죽인 하인을 처벌하지 않았죠. 아타울프가 채택한 로마 우대 정책을 경멸하는 귀족이었거든요. 갈라는 슬퍼할 겨를이 없었습니다. 새로운 왕에게 로마를 상대로 하는 협상을 마저 추진하라고 설득해야 했죠.

"북아프리카는 곡창 지대입니다. 그곳을 공격하면 또 공격을 받게 됩니다. 그러니까 유럽에서 로마를 상대로 협상하는 방안이……."

"네년이 아직도 왕비인 줄 알아?"

사루스의 형제인 시게리크는 사루스를 죽인 데 원한을 품고서 아타울프가 채택한 정책들을 뒤엎고 과부가 된 갈라를 학대했습니다. 갈라에게 포로들하고 함께 말을 탄 자기 뒤를 따르라고 명령했습니다. 도시에서 20킬로미터 떨어진 거리를 걸어야 했는데, 지난날 갈라가 알라리크에게 포로로 끌려갈 때 모습을 재현한 이벤트였습니다. 갈라에게 굴욕을 심어 로마 공주라는 콧대를 꺾으려는 의도였죠. 그렇지만 갈라는 좌절하지 않고 새로운 돌파구를 찾았습니다.

갈라는 예전에 아타울프를 추종한 서고트 귀족들을 만났습니다.

"부인, 괜찮으십니까?"

"나는 무사하오. 그대들에게 부탁이 있소."

갈라는 이야기를 마친 뒤 조용히 물러섰습니다. 시게리크는 왕위에 오른 지 겨우 7일 만에 귀족들에게 암살됐습니다. 암살을 감행한 귀족 중 왈리아가 왕으로 추대됐습니다. 마침 북아프리카로 이동하는 수송 함대가 폭풍에 휩쓸려 부서지는 사태가 벌어졌죠. 왈리아는 협상만이 식량을 구할 길이라고 생각했고요. 고트족은 416년 호노리우스를 상대로 협상을 진행했습니다. 사절단으로 나선 사람은 콘스탄티우스였습니다. 콘스탄티우스는 호노리우스 황제가 점찍은 매부감이 자기라는 사실을 알고 있었습니다. 머리칼을 반듯하게 다듬고 수염을 깎은 콘스탄티우스는 그토록 고대한 소원을 요구했습니다.

"황제의 누이를 로마로 돌려보내시오."

"알겠소이다. 대신 고트족이 먹고살 수 있는 식량을 주시오."

왈리아는 선왕의 왕비이자 로마 공주인 갈라에게 예를 갖춰 작별 인사를 했습니다. 왈리아는 한쪽 무릎을 꿇고 갈라의 손에 키스했죠. 갈라는 그 모습을 보고 로마 문물을 받아들이려 애쓴 아타울프를 떠올렸습니다.

"부인, 제가 동행할 사람을 보내겠습니다."

"아닙니다. 혼자 가겠습니다."

작별 인사를 마친 갈라는 남은 포로들을 데리고 드넓은 산을 뒤로한 채 고국 이탈리아로 떠났습니다.

콘스탄티우스의 황후가 된 갈라

"갈라, 어서 결혼 준비를 하거라. 내가 다 준비했다."

417년 1월, 호노리우스는 갈라에게 콘스탄티우스하고 결혼하라고 요구했습니다. 콘스탄티우스도 미모와 지성, 재력을 갖춘 갈라를 마음에 두고 있었죠. 죽은 전남편을 그리워한 갈라는 오빠가 정한 신랑감이 탐탁지 않았지만 진짜 속마음을 오빠에게 내비칠 수는 없었죠.

"로마로 돌아온 지 얼마 안 되니 안정을 취하고 싶습니다."

"이미 3년이나 지나지 않았느냐."

"요새 이민족들이 자주 침입해 나라가 혼란스러우니 결혼식을 미루면 어떻겠습니까?"

평소 정사에 눈치가 없는 호노리우스이지만 누이에게는 머리가 빠르게 돌아갔습니다. 갈라가 재혼을 거부하는 이유를 알아챘죠.

"아직도 그자를 마음에 두고 있느냐?"

"……."

로마를 지키려고 침입자들에 맞서 줄곧 싸운 콘스탄티우스가 서운해하며 갈라를 설득했습니다.

"전하, 폐하께서는 몸이 좋지 않아 새 황후를 맞이할 여력이 없습니다. 전하께서 훗날 이 제국을 이끌 후계자를 낳으셔야 합니다."

갈라는 능력이 부족한 오빠 호노리우스를 챙기라는 아버지 말씀을 떠올렸습니다. 그러고는 콘스탄티우스하고 결혼하기로 했죠. 콘스탄티우스는 전쟁터에서 갈라를 그리워한 시절을 돌아보며 결혼식장에서 기쁨을 감추지 못했고요.

갈라는 외모가 정갈하고 애써 밝게 웃는 콘스탄티우스를 보고는 마음이 풀어졌습니다. 제국을 이끌 후계자를 낳아야 한다는 사실도 잘 알았죠. 훗날의 황후로서 새 남편에게 최선을 다하기로 결심했습니다.

갈라와 콘스탄티우스의 결혼 생활은 원만했습니다. 두 사람은 1년 간격으로 아이를 낳았습니다. 첫째는 딸 호노리아이고 둘째는 아들 발렌티니아누스였습니다. 이제 갈라는 어엿한 로마 공주이자 차기 황후였습니다. 거칠고 비바람 들이치는 천막이 아니라 따뜻하고 온기 넘치는 침실에서 아이를 낳을 수 있었죠. 오빠와 남편은 물론이고 황실 사람들과 원로원도 축하 선물을 보냈습니다. 그렇지만 갈라는 평화롭게 아이들을 돌볼 여력이 없었습니다. 교회 문제를 놓고 두 교황이 다투는 통에 중재를 해야 했거든요.

교황 선출을 둘러싼 싸움

418년 12월 26일, 교황 조시무스가 세상을 떠나자 새로운 교황 선출을 놓고 두 파벌로 나뉘었습니다. 한쪽은 에울랄리우스를, 다른 쪽은 보니파시오를 내세웠죠. 두 세력이 로마 시내에서 공공연하게 싸우자 보다 못한 시민들이 라벤나에 있는 황제에게 탄원서를 보냈습니다.

"폐하, 부디 이 문제를 해결하십시오."

"아, 대체 어떻게 하라는 말이냐."

심마코스라는 총독도 편지를 보냈습니다. 갈라는 에울랄리우스를 선택하라고 황제에게 권했습니다.

"에울랄리우스가 어떻겠습니까? 심마코스가 말한대로 하세요."

"네 뜻을 고려하겠다."

호노리우스는 갈라가 한 말대로 에울랄리우스를 교황으로 택했습니다. 반대 파벌이 거세게 저항했죠. 그러자 호노리우스는 주교들을 소집했습니다. 주교들이 궁정에 도착하자 419년 2월부터 3월까지 교회 회의를 진행했습니다. 자기들끼리 다투느라 제대로 된 합의가 나오지 못했죠.

"모르겠다. 둘 다 여기서 나가!"

호노리우스는 두 교황을 모두 로마에서 추방했습니다. 곧 부활절이 다가왔고, 에울랄리우스는 3월 18일에 자기를 지지하는 갈라를 믿고 산 조반니 인 라테라노 대성당을 습격했습니다.

"폐하, 저를 추대하시더니 어째서 저더러 물러가라 하셨습니까?"

"네가 뭔데 폐하가 내린 명을 어겨!"

두 교황이 벌이는 싸움에 지쳐 있던 로마 시민들은 에울랄리우스가 돌아오자마자 폭동을 일으켰습니다. 갈라는 에울랄리우스를 편들지 않고 심마코스에게 편지를 보냈습니다.

"어서 사태를 진정시키시오."

심마코스는 폭동을 진압하고 라테라노 대성당을 점거한 뒤 에울랄리우스를 붙잡아서 근위대더러 잘 감시하게 했습니다. 호노리우스는 로마에서 온 소식을 듣고 나서 4월 3일에 보니파시오를 교황으로 임명했습니다. 이때 의견을 구하려고 북아프리카 주교 7명을 초청하는 편지를 쓴 사람이 갈라였습니다.

"내 혈육인 황제께서 보낸 편지를 이미 받았겠지만, 그대의 신성이 바로 도착하기를 바라는 마음으로 이 편지를 썼소. 성스러운 주인이자 존경스러운 사제인 여러분의 능력이 절실히 필요하니 모든 문제를 제치고 황제가 내린 명을 따르기를 권하오."

4월에서 5월 사이에 2차 교회 회의가 열려 에울랄리우스 폐위에 찬성한다는 결론이 나왔습니다. 에울랄리우스는 캄파니아로 보내졌죠. 갈라가 오빠를 도와 정치에 개입할 동안 콘스탄티우스는 프랑크족 등 다른 이민족을 제압하고 서고트족을 상대로 협상해 정착지를 제공하는 등 전쟁 관련 정무를 보고 있었습니다. 갈라를 도운 서고트 왕에게 고마움을 전하기도 했죠.

"지난 호의에 사례하려 하니 크게 부담 느끼지 마시오."

콘스탄티우스는 이미 집정관으로 임명받아 후계자 길을 착실히 걸었습니다. 419년에 낳은 아들 발렌티니아누스도 차차기 후계자로 인정받았죠. 421년 자식이 없던 호노리우스는 콘스탄티우스를 어쩔 수 없이 공동 황제로 임명했습니다. 갈라도 황후가 됐죠. 그런데 콘스탄티우스는 황제가 되자 변하기 시작했습니다. 황제만 입을 수 있는 보라색 토가를 두른 채 늘 술을 끼고 지내면서 불평을 늘어놓았습니다. 보라색 토가를 거추장스럽게 여겼죠.

"어째서 이 좁은 궁정에만 틀어박혀 있어야 한다는 말인가? 싸우지도 못하고 경기를 보지도 못하니 원……."

"폐하, 집무실을 벗어나 뭘 하십니까?"

갈라는 콘스탄티우스에게 정무를 돌보라고 간언했습니다. 남편이 황제가 된 뒤 궁정 생활에 적응하지 못하고 주색에 빠져든 탓이었죠. 연회비를 마련하느라 시민들 재산을 강제로 몰수하는 통에 불만도 높아졌고요.

"폐하, 술잔을 내려놓고 국정을 돌보세요!"

"황후면 황후답게 후계자 관리부터 신경 쓰시오."

콘스탄티우스는 오랫동안 숨겨 둔 자격지심을 아내에게 드러냈죠. 갈라는 변한 남편에게 정이 떨어져 이혼을 고민하지만 행동으로 이어지지 못했습니다. 콘스탄티우스가 황제가 된 지 9개월 만에 세상을 떠났거든요.

갈라는 슬퍼하지 않았습니다. 눈물을 흘리지도 애도하지도 않았죠.

또다시 서로마를 떠나는 갈라

호노리우스는 갈라를 위로하러 종종 누이를 찾았습니다.

"갈라, 어이하여 울지 않느냐?"

"한 나라의 국모가 어찌 눈물을 흘리겠습니까."

"아니다. 울 때는 울어야지."

호노리우스는 갈라의 손을 어루만졌습니다. 그러고는 얼굴을 끌어

당겨 키스하려 했죠. 깜짝 놀란 갈라는 재빨리 자리를 피했습니다.

"폐하, 저는 폐하의 누이이지 애인이 아닙니다. 어서 처소로 돌아가세요."

"감히 나를 거부한다는 말이냐?"

갈라는 이상해지는 오빠를 보면서 갑자기 죽은 남편이 독살을 당하지 않았는지 의심이 들었습니다. 콘스탄티우스의 재산을 노린 자들은 호노리우스와 갈라 사이를 이간질했죠.

"폐하, 황후께서 다른 마음을 품으신 듯합니다."

"콘스탄티우스가 황제의 책임을 다하지 않다가 죽은 만큼 황후에게 책임을 물으시옵소서."

갈라에게 분노를 품은 호노리우스는 이런 말을 듣고 갈라의 아우구스타 칭호를 박탈했습니다. 근위대를 보내 갈라를 체포하려 했죠.

"어서!"

라벤나 한복판에서 근위병들이 갈라를 우악스레 붙잡았습니다.

"황후께 무슨 짓들이냐?"

갈라를 호위하는 군인들이 근위대하고 충돌했습니다. 423년 초, 생명의 위협을 느낀 갈라는 남편 재산까지 빼앗기기 전에 어린 자식들을 데리고 큰오빠 아르카디우스가 있는 동로마 콘스탄티노폴리스로 향했습니다.

갈라 가족이 콘스탄티노폴리스에 도착하자 동로마 황제 테오도시우스 2세가 환대했습니다. 테오도시우스는 오빠 아르카디우스의 아들로 갈라에게는 조카였죠. 갈라는 그해 8월에 호노리우스가 세상을 떠난 소식을 들었습니다. 원래 후계자인 발렌티니아누스가 서로마 황제가 돼야 했죠. 그런데 문서 관리인 요안네스가 황제에 오른 소식이 들렸습니다. 테오도시우스가 발렌티니아누스를 콘스탄티노폴리스로 돌려보내 서로마 황제로 만들지 말지 고민하다가 시간을 끈 탓이었습니다. 사촌이 너무 어렸거든요.

"감히……. 아우구스타가 허락하지도 않은 황제를 옹립했다고?"

화가 난 갈라는 어린 발렌티니아누스가 후계자의 길을 걸을 수 있도록 테오도시우스에게 사돈을 맺자고 요청했습니다.

"요안네스가 참칭하도록 내버려 두면 테오도시우스 가문의 입지가 위험해집니다. 사돈 관계를 맺어 힘을 합쳐야 합니다."

명망 있는 귀족도 아니고 황제하고 혈연이나 결혼으로 맺어지지도 않은 사람이 황제 자리에 오른 사태를 용납하지 못한 테오도시우스도 요청을 받아들였습니다. 424년 테오도시우스의 딸 리키니아 에우독시아와 발렌티니아누스가 약혼했죠. 리키니아는 두 살, 발렌티니아누스는 네 살이었습니다. 순전히 갈라와 테오도시우스의 동맹을 약조하려는 의도였죠. 갈라와 자식들은 떠날 준비를 했습니다. 테오도시우스는 아스파르에게 군대를 맡겨 서로마로 출정시켰습니다.

서로마의 태후, 섭정을 시작하다

"내 사촌이 무사히 아우구스투스가 될 수 있도록 해주게."

"맡겨만 주십시오."

갈라는 요안네스가 이탈리아, 갈리아, 히스파니아를 점령한 상황이지만 보니파티우스가 북아프리카에서 요안네스에 맞서 싸운다는 소식을 접했습니다. 갈라는 보니파티우스를 포섭했습니다.

"내 아들이 황제가 될 수 있도록 힘을 써주기 바라오."

보니파티우스는 테오도시우스 2세를 지지한다는 뜻을 드러냈습니다. 곧 북아프리카에서 오는 공물 공급을 끊어 요안네스에게 대항했습니다.

"반역자 요안네스에게 맞서 테오도시우스 황제께 충성을 맹세하겠습니다."

한편 갈라와 자식들은 아스파르 원정군에 합류했습니다. 아스파르는 아드리아 해 연안을 따라 북부 이탈리아로 향했습니다. 10월 23일에는 테오도시우스 황제가 한 명령에 따라 배 위에서 발렌티니아누스를 카이사르로 선포했습니다.

"모두 아우구스투스께 예를 갖추시오."

"폐하, 경하드리옵니다."

병사들이 갈라를 향해 절을 올렸습니다. 갈라는 어린 아들을 안고 있었죠. 갈라는 아버지 말을 따르고 싶지만 자기를 배신한 오빠와 정무를 제대로 돌보지 않고 죽은 남편을 원망했습니다. 품속에 안긴 아들을 바라보며 속으로 다짐했죠.

'반드시, 내 제국을 지킬 테야.'

요안네스는 이 소식을 듣고 깜짝 놀랐습니다.

"테오도시우스가 어린놈을 황제로 삼아? 나를 두고?"

요안네스는 플라비우스 아에티우스를 훈족에게 보내 용병을 요청했습니다. 아에티우스는 어릴 때부터 오랫동안 훈족 밑에서 생활해 훈족과 안면이 있었거든요. 아에티우스가 라벤나를 떠난 뒤 아스파르는 아퀼레이아로 군대를 진군시켜 라벤나를 기습했습니다. 마침 문지기들을 매수한 뒤라 별다른 저항 없이 성문이 열렸습니다. 한 목동이 아스파르에게 손짓했죠. 아스파르가 조용히 명령하니 성이 포위됐고, 요안네스는 손쉽게 포로가 됐습니다.

"하하, 저기를 봐."

"손이 없네, 손이."

요안네스는 한쪽 손이 잘린 채 당나귀에 강제로 올라타 아퀼레이아로 호송됐습니다. 거리도 행진해야 했죠. 시민들은 꾀죄죄한 요안네스를 보고 비웃었습니다. 425년 5월, 요안네스는 공개 장소에서 처형됐습니다.

5개월 뒤 발렌티니아누스는 로마로 가서 정식으로 즉위식을 올렸습니다. 겨우 여섯 살이었습니다. 몸에 맞춰 만든 보라색 토가도 아직 헐렁했습니다. 갈라가 태후로 섭정을 맡아야 했죠.

"황제 폐하 만세! 만만세!"

이민족이 침입해 황폐해지고 방치된 로마가 잠시나마 제국의 수도다운 활기를 띠었습니다. '부디 제국에 빛이 돌아오기를.' 갈라는 환호하는 시민들을 보면서 희미하게 웃었습니다.

마기스테르 밀리툼

한편 아에티우스는 훈족 6만 대군을 이끌고 와 라벤나 성문을 에워쌌습니다. 아스파르는 군대를 정렬시킨 뒤 훈족에 맞섰습니다. 시가지에서 교전이 벌어지자 기껏 안정을 찾은 라벤나가 다시 황폐해질 위기에 놓였죠. 더 많은 피를 흘리기 전에 섭정 권한을 쥔 갈라가 나서야 했습니다. 갈라는 아에티우스에게 전령을 보냈죠.

"발렌티니아누스는 이미 동로마 황제와 원로원의 승인을 받고 즉위식을 마쳤소. 요안네스는 역적으로 인정돼 처형됐소. 요안네스의 죄를 그대에게 물릴 수 없다는 사실을 잘 알고 있소. 그러니 칼을 내려놓고 군대를 물리시오."

주인을 잃고 낙동강 오리알 신세가 된 채로 싸워야 하는 아에티우스는 로마 땅에 정착하고 싶을 뿐 동로마 군대에 맞서 싸울 생각은 없었죠. 군사를 물리는 조건으로 군사령관 직위를 요구했습니다.

"저를 마기스테르 밀리툼으로 임명하시면 태후께서 명하신 대로 행하리다."

갈라가 승낙하자 아에티우스는 훈족 군대를 물렸고, 갈라는 약속대로 군사령관 직위를 줬죠. 이렇게 서로마 황실을 뒤흔든 혼란이 멈추는 듯했습니다.

군사령관 직위를 받은 아에티우스는 갈라에게 충성을 맹세한 펠릭스를 이용해 자기보다 더 신임받는 보니파티우스를 몰아낼 계략을 꾸몄습니다. 갈라는 요안네스 때부터 충성을 바친 보니파티우스를 더 믿어서 북아프리카 총독 직위를 주고 곡창 지대를 관리하게 했습니다.

아에티우스는 펠릭스에게 몰래 전령을 보내 보니파티우스에 관련된 거짓 정보를 흘렸습니다.

'보니파티우스가 폐하를 몰아내려고 반달족 군대를 끌어들이고 있으니 어서 가서 진압하시오.'

그다음 북아프리카에 머물고 있는 보니파티우스에게도 전령을 보내 이간질했죠.

'태후께서 그대를 역적으로 선포하고 소환을 준비하고 있으니 대비하시오.'

마지막으로 갈라에게 보니파티우스가 북아프리카에서 반란을 꾀하고 있다는 거짓말을 고했습니다.

"어서 그자를 생포하거라!"

거짓말을 믿은 갈라는 보니파티우스에게 근위대를 보냈고, 보니파티우스는 반달족 군대를 끌어들여 맞부딪혔습니다. 그렇지만 펠릭스는 보니파티우스에게 패했죠. 펠릭스를 또 속여 라벤나로 오게 한 아에티우스는 도망자가 한숨 돌리는 사이에 암살단을 보냈습니다.

430년 5월, 펠릭스는 허망하게 세상을 떠났습니다. 아에티우스는 펠릭스가 자기에게 대항해 음모를 꾸민 죄 때문이라고 고했습니다. 갈라는 의아했죠. 펠릭스가 라벤나에 있는 아에티우스를 죽이려고 갑자기 북아프리카로 가서 군사를 일으키려 한 사실이 말입니다.

'대체 어떤 음모가 도사리고 있는 걸까.'

그제야 갈라는 아에티우스가 계략을 꾸민 사실을 깨닫고 전모를 파악하게 됩니다. 보니파티우스도 자세한 내막을 설명하려 라벤나로 돌아왔습니다. 그런데 보니파티우스를 돕는다는 명분으로 반달족 왕 가이세리크가 북아프리카를 침략한 소식이 들렸습니다. 결국 권력을 잡으려는 아에티우스가 짠 계략 때문에 이민족이 침입하게 됐죠. 반달족은 북아프리카 전역을 돌아다니며 약탈과 살인을 일삼았습니다. 보니파티우스는 가이세리크를 설득하려 했죠.

"가이세리크, 부디 군대를 히스파니아†로 물리시오. 통행비는 내가 지원하리다."

"지금이 아니면 언제 내 백성들의 배를 채울 수 있겠소?"

그렇게 가이세리크는 보니파티우스의 손을 떠났습니다. 보니파티우스는 반달족하고 동맹을 맺은 일을 후회하면서 칼을 빼 들었죠. 430년 초, 칼라마에서 반달족과 로마군이 맞닥트렸습니다. 보니파티우스는 완벽히 패배했죠.

칼라마를 비롯한 북아프리카 일대 사람들은 이미 반달족하고 같은 종교인 도나투스파를 믿어서 로마군을 돕지 않았습니다. 5월에서 6월 사이 가이세리크는 히포 레기우스라는 도시도 포위했고, 14개월 동안 공성전을 벌인 끝에 결국 점령했습니다. 결국 보니파티우스는 군대를 물릴 수밖에 없었고, 북아프리카 곡창 지대는 반달 왕국 수중으로 들어갔습니다.

"폐하, 송구하옵니다."

"아니오. 그대가 쏟은 노고를 알고 있소."

갈라는 라벤나로 돌아온 보니파티우스를 환대했습니다. 그렇지만 계략을 꾸며 자기하고 보니파티우스 사이를 갈라놓은 아에티우스를 몰아내고 싶어도 아에티우스가 갈리아의 군권을 쥐고 있어서 손을 쓰지 못했습니다. 대신 보니파티우스에게 군사령관 직위를 줘 아에티우스를 견제했습니다.

"수고했소. 이제 그대에게 군 통수권을 맡기겠소."

"황공하옵니다."

---

† 유럽 대륙의 남서부 끝 대서양과 지중해 사이에 있는 이베리아 반도입니다.

갈리아에서 국경을 방어하던 아에티우스는 군 통수권이 보니파티우스에게 넘어간 소식을 듣고 분개했습니다.

"야만인에게 손도 못 쓰고 패배한 놈에게 우리 목숨을 맡긴다고?"

"태후가 장군에게 거리를 두려는 듯하옵니다. 어서 손을 쓰시죠."

"라벤나로 출정할 준비를 하라!"

아에티우스는 제국에 헌신한 자기를 황실이 배신한다고 생각하면서 라벤나로 출정했습니다. 갈라는 보니파티우스에게 아에티우스를 막아 달라고 요청했죠.

"그대를 계속 고생시켜 미안하오."

"저는 군인의 임무를 다할 뿐이옵니다."

432년, 아에티우스와 보니파티우스는 이탈리아 북부 리미니에서 맞닥트렸습니다. 전투는 보니파티우스가 승리하지만 아에티우스가 최후의 반격을 할 때 보니파티우스도 큰 부상을 입었죠.

"안 돼. 이렇게 죽을 수는 없어."

보니파티우스는 시름시름 앓다가 2년 뒤 세상을 떠났습니다. 갈라는 용맹하고 충성스러운 신하를 애도했습니다. 이때도 눈물을 흘리지는 않았습니다. 훈족이 자리한 도나우 강 오른쪽 판노니아로 달아난 아에티우스에 대비해야 했거든요.

섭정에서 물러나 뒷방으로

갈라는 보니파티우스의 사위 세바스티아누스를 군사령관으로 임명했습니다. 단둘이 있을 때 세바스티아누스에게 비밀 명령을 내렸죠.

"이 검을 들고 그자를 찾아가게. 한 치도 실수해서는 안 되네."

"맡겨만 주십시오, 폐하."

세바스티아누스는 아에티우스를 암살하려고 단검과 암살범을 보냈습니다. 그러나 아에티우스하고 함께 있는 훈족 병사들에게 제압됐죠. 아에티우스는 세바스티아누스를 이탈리아에서 추방했습니다. 세바스티아누스의 재산을 빼앗은 뒤 보니파티우스의 아내 펠라지아하고 결혼식까지 올렸죠.

"결혼을 축하하오. 그대를 마기스테르 밀리툼으로 임명하리다."

"폐하, 그자들 대신 폐하를 보호하겠습니다."

자포자기한 갈라는 아에티우스를 군사령관으로 임명했습니다. 쫓겨난 세바스티아누스는 장인 보니파티우스만 한 능력이 없어서 군대와 원로원의 지지를 받지 못했죠. 아에티우스는 궁정에 자기 사람들을 심었고, 갈라에게 충성을 바치는 장군들은 죽거나 망명을 떠났습니다.

갈라는 어린 시절 유능해서 원로원과 군대가 보내는 지지를 한 몸에 받은 아버지를 떠올렸습니다. 그러는 동안 태후의 심정은 갈기갈기 찢어졌습니다. 오빠는 배신하고, 충신들은 죽거나 추방되고, 주위에는 황제를 호시탐탐 노리는 권신과 이민족들뿐이었으니까요.

갈라는 아들을 떠올렸습니다. 12년 동안 아들을 지키는 보호자를 자처한 자기 모습과 지금 아에티우스의 모습이 겹쳐 보였죠. 토가가 커서 헐렁하던 여섯 살 아들은 어느덧 열여덟 살 성인이 됐습니다. 갈라도 흰머리 성성한 초로가 됐죠. 갈라는 원로원 의원들이 모인 자리에서 아들을 불러들였습니다. 발렌티니아누스가 문을 열고 회의장으로 들어섰습니다.

발렌티니아누스가 친정을 맡은 뒤 갈라는 정사에 개입하지 않고 조용히 지냈습니다. 제국은 고트족, 반달족, 훈족 같은 이민족들에 시달렸습니다. 450년, 13년간 뒷방에서 살던 갈라는 죽기 직전 마지막으로 활약합니다. 아에티우스가 훈족 왕 아틸라에 맞서 싸우는 동안 딸 호노리아가 아틸라에게 어마어마한 짓을 벌였습니다(어떤 행동인지는 7장 호노리아 편에서 밝혀집니다).

"호노리아를 당장 내 앞으로 끌고 와라! 어서!"

발렌티니아누스는 호노리아를 반역죄로 처형하려 했습니다. 갈라는 노구를 이끌고 황제 앞에 나섰죠.

"안 된다! 호노리아는 네 누이다. 한 번만 자비를 베풀거라."

황제는 나이 든 어머니가 측은했죠. 어머니 말대로 누이 목숨을 살려줬습니다. 나중에 아틸라가 호노리아를 구한다는 명분으로 침입하면서 제국이 혼란에 휩싸이지만, 갈라는 그 모습을 보지 못했습니다. 450년 11월에 예순두 살 나이로 세상을 떠났거든요.

무능한 황제들 대신 제국을 구한 공주

갈라 플라키디아는 마지막으로 제국을 통일한 테오도시우스 1세의 딸이었습니다. 자기 혈통에 자부심을 느꼈죠. 이런 자부심을 자만심으로 변질시키지 않으면서 자기에게 닥친 위기를 극복하고 몰락하는 제국을 구하는 데 지혜롭게 활용했습니다. 시민들은 테오도시우스 사후에 등극한 무능한 황제들 대신 갈라를 칭송했습니다. 명군의 능력을 물려받은 딸이라면서요. 그래도 갈라는 아버지에게 의존하지 않고 스

이탈리에 라벤나에 있는 갈라 플리키디아의 영묘에 그려진 모자이크 그림

스로 삶을 개척했고, 덕분에 황제의 아내나 어머니를 넘어 자기 이름을
역사에 남겼죠.

갈라는 로마 황실 최초로 적군하고 결혼한 여성이었습니다. 우리로
치면 조선 왕조 의순공주와 덕혜옹주가 비슷하죠. 나라에 힘이 없을 때
적국 사람하고 반강제로 결혼해야 했죠. 의순공주와 덕혜옹주가 남편
이 죽은 뒤나 이혼당한 뒤 고국으로 돌아와 비참하게 산 반면, 갈라는
황후이자 태후로서 의욕 없는 남편과 어린 아들을 대신해 정치를 주도
했습니다. 같은 공주들인데 왜 이렇게 삶이 극과 극으로 다를까요? 사
회상이 다르고 공주 개인의 입지도 차이가 나기 때문입니다.

로마 황실은 여성의 재혼을 인정하고 정조 관념에 관대했지만, 조
선 왕실은 그렇지 못했죠. 종친이나 후궁의 자식인 조선 공주들에 견줘
정실 황후의 자식인 갈라가 지닌 입지도 차이가 있겠고요. 무엇보다 갈
라가 우여곡절 끝에 고국으로 돌아온 뒤 금녀 영역인 정치에 개입한 이
유는 개인에게 닥친 불행을 운명으로 끝내지 않고 나라를 사랑하는 마
음으로 승화시킨 덕택입니다.

이탈리아 산타 줄리아 박물관에 소장된 갈라 플라키디아(가운데), 발렌티니아누스(왼쪽), 호노리아로 추정

7. 로마 공주, 야만인의 첩이 되다

유스타 그라타 호노리아 갈라 플라키디아의 딸, 53대 황제 발렌티니아누스의 누나

갈라 플라키디아를 비롯한 테오도시우스 가문의 여인들은 시조 테오도시우스 1세를 닮아 적극적이고 매사에 주도적이었습니다. 호노리우스, 아르카디우스, 발렌티니아누스처럼 남에게 휘둘리고 위기에 제대로 대처하지 못한 남자 황족들에 대조됐죠. 그렇다고 해서 테오도시우스 가문에서 태어난 공주들이 모두 평판이 좋지는 않았습니다. 갈라가 '명군의 능력을 물려받은 딸'로 칭송받은 반면 갈라의 딸 호노리아는 황실 이름에 먹칠을 해서 비난받았죠. 호노리아는 왜 비난에 시달렸을까요? 어머니 갈라에 견줘 능력을 발휘하지 못한 탓일까요?

한밤중에 생긴 일

호노리아는 한밤중에 자기 처소로 환관을 불렀습니다.

"부르셨습니까?"

"자, 이 편지를 보내세요."

호노리아는 급히 휘날려 쓴 편지와 반지를 환관에게 건넸습니다.

"공주님, 뭡니까?"

"쉿, 조용히 하고 어서 가요!"

"누구한테 말입니까?"

호노리아는 숨을 죽인 뒤 조용히 입을 뗐습니다.

"훈족 왕 아틸라."

방 안에 싸한 정적이 감돌았습니다. 서로마 제국을 뒤흔들 청혼이 시작된 순간이었죠.

황제가 된 남동생 발렌티니아누스

"황제 폐하 만세! 만만세!"

425년 10월, 호노리아의 동생 발렌티니아누스가 로마에서 즉위식을 올렸습니다. 여섯 살짜리 남자아이는 헐렁한 보라색 토가를 입고 시민과 원로원 의원들이 보내는 환호를 받았습니다. 발렌티니아누스보다 한 살 더 많은 호노리아는 동생을, 그리고 곁에 있는 어머니를 쳐다봤죠.

"왜 쟤는 저기 있어?"

"아기씨, 아우구스투스께 예를 갖추셔야 합니다."

"내가 왜?"

호노리아는 특별 대우를 받는 동생이 내심 부러운지 괜한 심통을

부렸습니다. 보다 못한 시녀가 손으로 눌러 강제로 고개를 숙이게 했죠. 반역자 요안네스가 처형된 뒤 새로운 황제가 즉위한 역사적인 순간이었어요.

즉위식 1년 뒤 호노리아의 얼굴을 새긴 주화가 발행됐죠. 호노리아의 지위를 확고히 하는 작업이었는데, 이때부터 호노리아는 황제의 누이이자 서로마 제국의 아우구스타로 인정받았습니다. 아우구스타는 황후뿐 아니라 황족 여성에게 폭넓게 내려진 호칭이었죠.

"예쁘다."

어린 호노리아는 자기 얼굴을 새긴 주화를 보며 신기해했습니다.

"만지면 안 됩니다."

"칫, 알았어."

호노리아는 이때만 해도 순수한 아이다웠죠.

남동생을 몰아낼 계략

호노리아가 황실에서 자랄 무렵 서로마는 밖으로 훈족, 고트족, 반달족에 시달리고 안으로 보니파티우스와 아에티우스 사이의 정쟁으로 시끄러웠습니다. 적군에 맞서 힘을 합쳐야 할 장군들 사이를 중재하는 사람은 어머니 갈라였습니다. 호노리아는 어머니가 정치에 적극 개입하는 모습을 보면서 대단하다고 생각했죠.

'나도 어머니를 닮고 싶어.'

열여섯 살 호노리아는 속사정도 모른 채 이런 의문을 품었습니다.

'왜 어머니는 저렇게 뛰어난데도 아우구스투스가 되지 못할까?'

어린 남동생은 옥좌에만 앉아 있고 어머니가 뒤에서 원로원 의원들하고 정무를 돌보는 상황이 의아했죠. 아무것도 안 하는 남동생을 무시하기도 했어요.

'내가 더 잘할 수 있을 텐데.'

동생 대신 자기가 여제가 돼야겠다고 생각했습니다. 그렇지만 호노리아 혼자서는 남동생을 몰아낼 명분이 없으니 여제가 될 수도 없었고, 어떻게 여제가 된다고 해서 원로원과 근위대의 지지를 받을 수도 없었죠. 원로원과 근위대를 설득할 실력도 부족했고요. 그래서 시종장 에우게니우스를 침소로 불러들였습니다.

"전하, 부르셨습니까?"

에우게니우스가 깍듯하게 예를 갖췄습니다. 호노리아가 촛불을 켜자 에우게니우스는 깜짝 놀랐습니다. 호노리아는 스톨라와 팔라가 아니라 토가를 입고 있었거든요. 토가는 남자 시민과 귀족이 주로 입은 옷이죠. 매춘부나 간통을 저지른 여자만 토가를 입었죠.

호노리아는 술잔을 채워 에우게니우스에게 건넸습니다. 에우게니우스는 덜덜 떨리는 손으로 술을 마셨죠. 취기가 오르자 호노리아가 에우게니우스의 허리를 붙잡고 끌어안았습니다.

"공주님! 하, 하하."

얼떨결에 끌려간 에우게니우스는 술기운 탓인지 웃기만 했습니다. 두 사람은 어느새 침대로 향했죠. 이윽고 두 사람은 한 몸이 됐습니다.

갈라는 결혼 적령기인 호노리아가 수상한 남자를 만난다는 소문을 듣고 딸을 식사 자리에 불렀습니다.

"호노리아, 왜 식사를 제대로 하지 않느냐?"

"입맛이 없어요, 요즘."

호노리아가 낌새를 눈치채고 자리를 피하려 하자 갈라가 탁자를 내리치며 소리쳤습니다.

"솔직히 말하거라! 결혼도 안 한 여자가 대체 누구를 만나느냐!"

호노리아는 남동생을 몰아낼 계획을 세운 사실을 밝힐 수 없었습니다. 그래서 욕정 때문에 시종장하고 성관계를 한 사실을 털어놓았습니다. 갈라는 몹시 화가 나 강경한 대책을 내놓았죠.

"에우게니우스를 처형하고 호노리아를 콘스탄티노폴리스로 추방해라. 그곳에서 어떤 남자도 만나지 못하게 해야 한다!"

처형장에서 에우게니우스의 목이 떨어졌습니다. 호노리아는 노예들에게 붙들려 그 모습을 생생하게 지켜봐야 했습니다.

"호노리아를 끌고 가라!"

호노리아는 노예들 손아귀에 이끌려 콘스탄티노폴리스로 향했죠.

"어머니, 잘못했습니다! 한 번만……."

"시끄럽다!"

"어머니, 제발!"

딸의 목소리가 메아리처럼 울려 퍼져도 어머니는 꿈쩍하지 않았죠.

끝없는 금욕 생활

동로마 제국은 테오도시우스 2세의 누나 아일리아 풀케리아가 섭정을 맡고 있었습니다. 풀케리아는 사치를 일절 하지 않고 엄격한 종교적 생활을 했죠. 호노리아는 단출한 옷을 입고 테오도시우스의 누이들 사이에 섞여 매일 풀케리아가 주도하는 예배, 단식, 집회 등을 해야 했죠. 시중도 여인들에게만 받아야 했고요. 호노리아는 금욕 생활이 따분했습니다.

"대체 언제까지 이렇게 살아야 하죠?"

"아우구스타께서 명령하실 때까지 기다리시옵소서."

호노리아는 색깔 없는 팔라 소매를 보여주며 불평을 늘어놓았죠.

"아우구스투스의 누이를 이렇게 대접해도 됩니까? 얼마나 하얬는데, 완전 누더기가 됐다고요!"

"아우구스타께서는 나랏돈을 아끼느라 옷 한 벌을 계속 기워 입고 계십니다. 사치는 황실의 미덕이 아닙니다."

"그놈의 아우구스타! 자꾸 나한테 이럴 거야?"

호노리아는 길고 끊임없는 금욕 생활에 질렸습니다. 그러다가 호노리아를 충격에 빠뜨린 결정적 사건이 벌어졌죠.

"전하, 태후 폐하께서 편지를 보내셨습니다."

호노리아는 기뻐서 펄쩍 뛰었습니다.

'어머니께서 드디어 나를 다시 고향으로 부르시려 하는구나.'

편지를 읽은 호노리아는 표정이 일그러졌습니다. 고향으로 돌아오라는 말 대신 바수스 헤르쿨라누스라는 남자하고 결혼하라는 말이었으니까요. 호노리아는 어머니가 '결혼 적령기'라고 말하던 모습을 떠올렸습니다.

'뭐야? 나보고 양갓집 여인처럼 조용히 살라고?'

호노리아는 실망해서 얼굴을 구겼습니다. 어떻게 해야 감옥 같은 생활에서 벗어날 수 있을지 머리를 굴렸죠. 기발한 아이디어가 머리를 스쳐 지나갔습니다.

위험한 청혼

호노리아는 한밤중에 환관 히아신투스를 불렀습니다.

"자, 이 편지를 보내세요."

히아신투스가 나타나자 호노리아는 편지와 반지를 건넸습니다.

"공주님, 뭡니까?"

"쉿, 조용히 하고 어서 가요!"

"누구한테 말입니까?"

호노리아는 숨을 죽인 뒤 조용히 입을 뗐습니다.

"훈족 왕 아틸라."

방 안에 싸한 정적이 감돌았습니다. 450년 봄, 호노리아는 30대 초반이었습니다. 이미 결혼 적령기를 지난 탓에 그때가 아니면 결혼할 수 없었습니다. 결혼 안 한 여자는 수녀원에서 살아야 했고요. 호노리아는 둘 다 원하지 않았습니다. 그래서 동로마를 침략해 공포에 빠트린 아틸라에게 청혼을 보냈죠.

"나하고 결혼하면 제국(서로마)의 절반을 그대에게 넘기겠소."

이런 파격적인 제의를 한 호노리아는 아틸라가 동로마 제국을 쑥대

밭으로 만들기만 바랐습니다. 적에게 청혼하면 풀케리아가 호노리아에게 죄를 물어 서로마로 쫓아내리라 계산한 결과였죠.

훈족의 침공

"이게 웬 떡이냐!"

히아신투스에게 편지를 받은 아틸라는 웃으면서 군침을 흘렸습니다. 테오도시우스 2세가 죽고 새로 동로마 황제가 된 마르키아누스는 훈족에게 바치던 연례 공물을 폐지하면서 강경책을 폈습니다. 도나우 강에 선발대를 보내 훈족에 맞설 준비도 했죠.

테오도시우스 성벽†에 밀려 잠시 후퇴한 아틸라는 편지를 받고 기뻤습니다. 이미 아내가 여러 명 있지만 상관없었습니다. 아틸라에게 호노리아는 사랑의 대상이 아니라 서로마 침공에 이용할 도구에 지나지 않았으니까요.

"라인 강으로 발길을 돌려라!"

아틸라는 도나우 강에서 라인 강을 건너 갈리아를 침략했습니다. 목적지를 동로마에서 서로마로 돌렸습니다. 451년으로 갈라 플라키디아가 죽고 발렌티니아누스가 친정을 하고 있었죠.

"호노리아는 나하고 결혼을 약조한 사이요. 호노리아를 어서 내놓으시오."

---

† 413년 테오도시우스 2세 황제를 섭정하던 안테미우스는 콘스탄티노폴리스 성벽 밖으로 도시가 팽창하자 서쪽을 중심으로 새로 성벽을 쌓았는데, 이 성벽을 테오도시우스 성벽이라 부릅니다. 1000여 년 동안 동로마를 외침에서 막아 준 시설입니다.

발렌티니아누스는 아틸라가 보낸 편지를 받고 깜짝 놀랐습니다.

"대체 무슨 소리냐? 호노리아는 어디 있어!"

"지금, 그……."

"당장 호노리아를 내 앞으로 데려와라!"

발렌티니아누스는 자식이 없었습니다. 훈족이 침입하면 로마 영토가 쑥대밭이 될 뿐 아니라 적군인 훈족 왕에게 황위가 넘어갈 수도 있는 상황이었습니다. 발렌티니아누스는 재빨리 호노리아를 불러들였죠.

드디어 호노리아는 콘스탄티노폴리스를 탈출했습니다. 계획이 들어맞아 라벤나로 소환된다고 생각했죠. 그런데 호노리아가 있을 곳은 따뜻한 궁정이 아니라 차가운 감옥이었습니다.

누이를 감옥에 가두고도 분이 풀리지 않은 발렌티니아누스는 청혼 편지를 아틸라에게 전달한 히아신투스를 고문해 죽였습니다. 그러고는 아틸라에게 선전 포고를 했습니다.

서로마의 군권을 쥔 아에티우스는 호노리아 탓에 새롭게 적으로

돌변한 아틸라에게 맞서야
했습니다. 지난날 맺은 친분
을 동원해 선물 등을 주면
서 회유하려 하지만 소용없
었죠. 결국 아에티우스는 서
고트족과 알란족하고 연합
해 무장할 준비를 했습니다.
451년 6월 20일, 연합군은
카탈라우눔 평야에서 아틸라
의 대군을 맞닥뜨렸습니다.

외젠 들라크루아가 1848년에 그린
〈창백한 말을 타고 달리는 아틸라〉

스캔들만 남은 공주

아틸라가 서로마를 침공한 뒤 호노리아는 행적이 모호합니다. 사료
가 부족해서 학자들마다 의견이 갈립니다. 에드워드 기번이 쓴 《로마
제국 쇠망사》에 따르면 호노리아는 살아남지만 평범한 남성하고 결혼
해 평생 유폐된 채 살았습니다. 7세기에 활동한 역사가 안티오키아의
요한은 호노리아가 모든 위험에서 벗어난 사실을 적은 모호한 기록을
남겼죠.

호노리아는 어머니 갈라처럼 적극적인 여성이었죠. 갈라가 제국을
잘 다스리는 데 자기 능력을 활용한 반면 호노리아는 권력을 얻는 데
활용한 점은 다르지만 말이죠.

두 사람에 관한 평가가 극과 극을 달리는 이유는 대조적인 성품 탓

도 있지만, 이 공주들이 활동한 시기가 제국이 몰락하던 때이기 때문입니다. 로마 사람들은 테오도시우스를 뒤이은 남자 황제들이 무능하자 딸들이라도 능력을 발휘해 위기를 넘기기를 기대했고, 그렇지 못한 호노리아에게 크게 실망했죠.

무엇보다 나라를 건 스캔들에 사람들이 더 관심을 기울인 탓도 있고요. 호노리아의 업적은 기록이 없고 스캔들만 역사에 남은 까닭은 적국의 왕에게 청혼해 나라를 통째로 넘길 뻔한 공주라는 설정이 현대의 시선으로 봐도 지나치게 극적이기 때문입니다. 그런 자극적인 이야기를 좋아하는 사람들의 열망 덕분일지도 모르고요.

4부

동과 서로 나뉜
제국의 공주들

고문서 〈모데나 그라이쿠스 122(Mutinensis graecus 122)〉에 실린 아일리아 풀케리아

8. 40년간 동로마 제국을 지배한 성녀

아일리아 풀케리아 52대 황제 아르카디우스의 딸, 53대 황제 테오도시우스 2세의 누나, 54대 황제 마르키아누스의 아내

테오도시우스 1세는 죽으면서 두 아들에게 로마를 나눠 맡겼습니다. 로마 제국은 동로마와 서로마로 분열됐죠. 서로마는 둘째 호노리우스가 맡고 동로마는 첫째 아르카디우스가 물려받았습니다. 두 황제가 아버지한테서 능력까지 물려받지는 못해 제국은 황후나 태후, 원로원, 측근들이 통치했죠. 서로마는 호노리우스의 누이인 갈라 플라키디아와 보니파티우스, 아에티우스가 관리했고, 동로마는 아르카디우스의 아내 아일리아 에우독시아와 딸 아일리아 풀케리아가 관리했습니다. 갈라가 몰락하는 서로마를 지탱했다면, 풀케리아는 한창 번영하는 동로마를 40년간 이끌었죠.

풀케리아는 다른 공주들에 견줘 특이한 점이 있죠. 정치에 개입할 뿐 아니라 가톨릭교회와 동방정교회에서 성녀聖女로 인정받았거든요. 어떻게 풀케리아는 아우구스타를 넘어 성녀가 될 수 있었을까요?

어머니와 교부의 죽음

갈라 플라키디아가 산 서로마 제국이 이민족 침략과 권신들이 벌인 정쟁에 시달렸다면, 아일리아 풀케리아가 태어난 동로마 제국은 종교 분쟁으로 시끄러웠습니다. 로마에서 기독교가 공인된 뒤로 초기 기독교는 교리와 성경 해석을 둘러싼 다툼이 많았습니다. 대표적으로 알렉산드리아 학파와 안티오키아 학파가 격렬하게 대립했죠.

안티오키아 학파의 요하네스 크리소스토무스는 엄격하고 금욕적이어서 매관매직을 저지르거나 부자에게 빌붙어 사는 종교인을 단죄하고 교구청을 가득 채운 화려한 장신구나 가구를 팔아 빈민을 구제하는 데 힘썼습니다. 강단에서 평신도들을 향해 사치와 부도덕을 경계하고, 성경을 읽고, 종교 생활을 하라고 권유했습니다. 요하네스가 먼저 겨냥한 상대는 황후 에우독시아였습니다. 에우독시아는 방탕하고 사치스럽게 살아서 원성이 자자했거든요.

"대체 뭘 하는데 이렇게 시끄럽소?"

"황후 폐하의 은상을 세우고 있소이다."

요하네스는 황실이 소피아 대성당에 에우독시아 은상을 세우자 교회를 모욕하는 행동으로 받아들였습니다.

"하느님이 계시는 곳에서 감히 누구 석상을 세운다는 말이오? 헤로디아가 춤을 춰서 요한의 머리를 다시 용광로에 넣으려 하는구려."

헤로디아는 《신약성서》에 나오는 헤롯 왕국의 공주로, 유대 민중의 신망을 사던 세례자 요한이 민중 봉기를 일으킬까 걱정해 요한을 처형하게 유도했죠. 망설이는 왕 앞에서 딸이 춤을 추며 유혹해 처형을 성사시킨 장면으로 유명합니다. 요하네스는 황후를 헤로디아에 빗대

어 비난한 셈이었죠. 그러면서 자기를 세례자 요한에 견줬고요.

에우독시아는 요하네스가 황후 권력에 정면으로 도전한다고 생각했습니다.

'감히 나를 모욕해?'

"폐하, 저자를 절대 독대해서는 안 됩니다. 사특한 종교를 믿는 자입니다."

"알겠소."

에우독시아는 오리게네스 아다만티우스†의 사상을 반대한다는 이유로 요하네스를 가까이하지 말라고 황제 아르카디우스에게 권유했습니다.

404년 초, 알렉산드리아 학파 주교들을 불러들여 교회 회의를 진행했습니다. 사람들은 요하네스의 사상을 비판했습니다.

"어떻게 예수의 신성과 인성을 분리할 수 있습니까?"

"예수께서 하느님이자 인간이라는 말이 그대가 듣기에도 이상하지 않습니까?"

요하네스가 부유한 성직자들을 겨냥해 사치와 부도덕을 비판하고 다닌 통에 이미 주교들에게 공적으로 몰린 상황이었습니다. 에우독시아는 아르카디우스를 설득해 요하네스를 파면한 뒤 아르메니아 캅카스로 유배를 보냈죠.

로마 시민들은 이런 조치에 거세게 반발했습니다.

---

† 3세기에 활동한 알렉산드리아 학파를 대표하는 교부로, 성서를 비유적으로 해석해 기독교와 그리스 철학을 융합했습니다. 이런 점 때문에 성경을 역사와 문자에 바탕해 해석한 안티오키아 학파하고 대립했습니다.

장 폴 로랑스가 1893년에 그린 〈에우독시아에게 맞서는 요하네스 크리소스토무스〉

"요하네스는 평생 가난한 사람들을 위해 헌신하면서 종교인으로 본분을 다했는데, 어떻게 이렇게 모질게 구는 겁니까!"

6월 20일, 시민들은 콘스탄티노폴리스에서 하기아 소피아 성당을 부수며 폭동을 일으켰습니다. 아르카디우스는 군대를 동원해 잔인하게 진압했죠. 열 살 먹은 풀케리아는 피로 얼룩진 콘스탄티노폴리스 소식을 들었습니다.

'안 돼요. 아버지……'

풀케리아는 요하네스를 내심 존경하며 사치스러운 어머니와 어머니에게 동조하는 아버지를 비판적으로 봤죠. 시민들이 누구를 지지하는지 알고 있었고요. 은상 제막식 사건이 벌어지기 전에 요하네스를 투옥시킨 뒤 콘스탄티노폴리스에 지진이 일어난 일도 기억하고 있었죠.

'하느님께서 벼락을 내리시면 어쩌지.'

어린 풀케리아는 불길한 예감에 사로잡혔습니다. 그리고 10월 6일, 어머니 에우독시아가 출산 도중에 사망했습니다. 주님이 내린 벌이라는 소문이 떠돌았죠. 콘스탄티노폴리스 시내도 흉흉해졌고요.

서로마 제국 호노리우스 황제는 사자를 보내 요하네스를 파문한 조치에 항의했고, 교황 인노첸시오 1세도 두 교파 사이의 갈등을 중재하려 콘스탄티노폴리스에 사절단을 보냈습니다. 그런데 요하네스가 순례자들이 찾는 성지인 피티우스로 이동하는 길에 죽고 말았습니다. 열 살짜리 풀케리아는 선량하다 못해 금욕적이던 쉰여덟 살 교부의 죽음을 안타까워했습니다.

'요하네스…….'

풀케리아는 어머니의 죽음보다 요하네스의 죽음을 머릿속에 더 깊게 각인했습니다. 이 사건은 풀케리아의 종교관을 넘어 삶 전체에 영향을 줬죠. 그리고 1년 뒤 아버지 아르카디우스도 세상을 떠났습니다.

페르시아에 맡긴 아들

요하네스가 당한 파문과 죽음은 동로마 사회에 많은 영향을 끼쳤고, 민심도 동요했습니다. 황제 아르카디우스 치세 말기 메뚜기 떼가 출몰해 팔레스타인 하늘을 뒤덮었죠. 지진과 대화재 등으로 제국 곳곳이 시끄러웠고요. 시민들은 요하네스를 파문한 데 노한 하느님이 내리는 벌이라고 떠들었습니다. 모든 재앙을 무능한 황제 탓으로 돌렸죠.

"폐하, 성당 근처에서 사람들 아우성치는 소리가 계속 들립니다."

젊지만 병들어 자리에 누운 아르카디우스는 무너진 하기아 소피아 성당에서 시위하던 시민들을 떠올렸습니다. 황후도 세상을 떠났고, 동생 호노리우스는 요하네스 파문 문제로 관계가 소원해졌죠. 마지막 순간 아르카디우스는 아버지에게 물려받고도 평생 써먹지 못한 안목을 활용했습니다. 사산조 페르시아의 샤한샤[†] 야즈데게르드 1세에게 사절을 보내 아들의 후견인이 돼달라고 요청했죠.

"내 아들이 아직 어리니 성인이 될 때까지 잘 보호해주시오."

서쪽에서 몰려오는 고트족과 반달족 같은 이민족들에게 맞서려면 숙적인 사산조 페르시아에 협조를 구해야 했습니다. 야즈데게르드는 예상하지 못한 요청을 흔쾌히 수락했습니다. 아르카디우스는 동로마 시민들이 미래의 황제를 이방인에게 맡긴 일을 불안하게 여기리라 예측했습니다. 그래서 민정 총독 안테미우스를 함께 섭정으로 정했죠. 408년 5월 1일, 아르카디우스의 아들이자 풀케리아의 남동생인 테오도시우스가 동로마 제국 황제로 즉위했습니다.

"폐하, 경하드립니다."

풀케리아는 자주색 토가를 입은 남동생 앞에서 절을 올렸습니다. 명목상 섭정이지만, 풀케리아도 어린 탓에 아직은 안테미우스와 야즈데게르드가 하는 섭정을 보고 들을 뿐이었죠. 풀케리아는 기도를 하며

[†] 페르시아어로 '샤 중의 샤', 곧 '왕중왕'을 뜻합니다. 아케메네스 제국 다리우스 1세에서 기원하며, 사산조 페르시아 제국 황제들이 쓴 공식 칭호입니다.

아버지가 처음이자 마지막으로 발휘한 능력을 믿기로 했습니다.

'주님, 부디 제 동생을 잘 돌봐 주시옵소서.'

아르카디우스의 안목은 훌륭했습니다. 사산조 페르시아의 샤한샤는 테오도시우스를 보호한다는 명목으로 동로마를 침공하지 않는 한편 칙령을 발표해 페르시아 영토 안에서 기독교인이 공개 예배를 해도 좋다고 허용했습니다.

안테미우스는 요하네스 사건으로 사이가 틀어진 호노리우스하고 화해를 모색했습니다. 410년 서고트족이 로마를 약탈할 때 원군을 보내 호노리우스를 도왔습니다. 콘스탄티노폴리스 외곽에 3중으로 된 성벽도 세웠는데, 테오도시우스 성벽이라 부른 이 성벽 덕분에 동로마는 이민족에 맞서 안전을 확보할 수 있었죠. 414년, 마침내 안테미우스가 병사했습니다.

제왕 교육을 하는 누나

"내 누이를 아우구스타로 선언하노라."

"평생 폐하를 위해 헌신하겠나이다."

명목상 섭정이던 풀케리아는 안테미우스의 빈자리를 채웠습니다. 7월 4일, 열여섯 살이 된 풀케리아는 황제의 누이로서 아우구스타로 선언됐죠.

"아우구스타와 아우구스투스가 그렇고 그런 사이래요."

"어머, 말조심해요."

'감히, 너희가 나를.'

황궁 안에서는 풀케리아의 정절을 둘러싸고 안 좋은 소문이 돌았습니다. 풀케리아는 동생을 지키려면 제국과 주님을 향한 의무를 다해야 한다고 생각해 이참에 순결을 맹세했습니다. 여동생 아르키디아와 마리니아하고 함께 말이죠.

"주님, 아무에게도 몸과 마음을 바치지 않고 오로지 주님만을 바라보며 살겠습니다."

풀케리아는 방탕하고 사치를 즐긴 어머니를 닮지 않겠다고 굳게 결심했죠. 금과 보석으로 만든 판에 맹세한 증거를 새겨 콘스탄티노폴리스 대성당에 바쳤습니다. 거주하는 황궁도 수녀원으로 만들었어요.

"이 가구들을 모두 팔아버리세요."

화려한 장신구와 가구를 모두 판 뒤 보석이 주렁주렁 달린 스톨라 대신 단색 수녀복으로 갈아입었습니다.

"제가 허락하는 자 말고 남자는 문지방에 발을 디디면 안 됩니다."

성별에 관계없이 오랫동안 종교 이야기를 나눠 하느님 앞에서 허물없는 사이가 된 성직자들 말고는 어떤 남자도 수녀원이 된 처소에 출입하지 못했습니다. 종교적 삶을 향한 열망이 컸지만, 드나드는 남자하고 사랑이 싹터 결혼이라도 하면 남편이 남동생의 황권을 위협할 수도 있기 때문이었습니다.

'테오도시우스, 모두 너를 위한 일이다.'

풀케리아는 매일 예배하고, 찬송가를 부르고, 성경을 읊조리며 살았습니다. 화려한 옷과 가구를 판 돈은 교회에 헌금하고 빈민을 구제하는 데 사용했습니다. 또한 폭동으로 부서진 하기아 소피아 성당을 재건하는 데에도 썼죠. 그러자 세상을 떠난 요하네스처럼 풀케리아도 시민들에게 찬양받았습니다. 풀케리아는 자기가 원한 성녀의 삶에 한 발짝 다가간 모습을 보고 뿌듯했죠. 그렇지만 세속적 삶을 마냥 멀리할 수는 없었습니다. 죽은 안테미우스 대신 제국을 섭정할 의무가 있었으니까요.

어린 황제는 말타기나 활쏘기 같은 군사 훈련을 받고 철학과 수사학 등 학문을 공부했습니다. 내로라하는 철학자와 군인들이 몰려들어 황제를 제자로 삼았습니다. 남동생이 훌륭한 스승들하고 함께 공부할 때 풀케리아는 군주로서 예의를 갖추는 법을 교육했습니다.

"폐하, 천천히, 허리를 꼿꼿이 세우면서 걸으셔야 하옵니다. 옥좌까지 갈 때 위엄 있는 모습을 유지하소서."

"폐하, 옷자락을 잡을 때 구겨지게 해서는 안 되옵니다."

"폐하, 아침에 눈을 뜨면 성경을 읽고 예배를 드려야 하옵니다. 늘 주님께 신실한 삶을 사시옵소서."

풀케리아는 걷는 법부터 옥좌에 앉는 법, 옷자락 잡는 법, 군주를 넘어 종교인으로서 아침에 해야 할 일 등을 가르쳤습니다. 테오도시우스는 누이가 원하는 대로 신실한 종교인이 됐죠. 종교 서적을 필사하는 데 열을 올려 '달필가'라는 별명도 얻었죠. 그렇지만 군사적으로 활약하거나 정무를 돌보는 능력은 할아버지 테오도시우스 1세보다 아버지인 아르카디우스를 더 닮았습니다. 정무를 돌보는 대신 공부하는 데 열을 올렸고, 시민들은 '아버지보다 더 무능한 군주'라고 비판했죠.

"어이하여 교육을 하면 할수록 더…… 아닙니다."

"그대들에게 심려를 끼쳐서 송구하오. 누이인 내가 책임지리다."

결국 정무는 누나 풀케리아의 몫이 됐습니다.

유대교 탄압하는 동로마, 기독교 탄압하는 사산

아일리아 풀케리아는 기독교에 신실한 나머지 유대교를 혐오했습니다. 유대인들이 사유 재산을 많이 차지해 가난한 사람들에게 피해를 주는 상황도 거슬릴뿐더러 하나의 제국 안에 여러 종교가 자리하는 현실도 용납하지 못한 탓이었죠. 풀케리아는 이런 열망 때문에 테오도시우스를 부추겼습니다.

"폐하, 유대교 회당 건설을 금지하는 법을 만드시옵소서!"

"알겠소. 또 무엇을 하면 되오?"

"팔레스타인에서 유대인과 기독교인들이 또 싸우고 있답니다."

"누가 먼저 시비를……."

"누구겠습니까? 당장 유대인들을 처형하라고 명하세요!"

테오도시우스는 누이가 시키는 대로 유대교 회당 건설을 금지하고 팔레스타인에 사는 유대인들을 집단 처형했습니다. 팔레스타인 곳곳에서 피가 튀기고 비명과 울음소리가 울려 퍼졌죠. 풀케리아는 유대인 재산을 가차 없이 몰수한 뒤 콘스탄티노폴리스에서 새로 짓는 교회와 가난한 사람들에게 기부했습니다.

"폐하, 유대인들 처지도 생각하셔야……."

"시끄럽다!"

팔레스타인 유대인들이 내뱉는 울음소리는 풀케리아에게 전혀 들리지 않았죠.

이때 기독교에 우호적인 페르시아의 샤한샤 야즈데게르드가 기독교 신자들을 처형한다는 소식이 들렸습니다.

"폐하, 폐하! 페르시아에서……."

"대체 무슨 일이냐?"

사산조 페르시아에서 도망친 기독교 신자들이 테오도시우스 2세에게 샤한샤가 저지른 만행을 고발했습니다. 사실 기독교인들이 조로아스터교 제단을 파괴해서 벌어진 일이지만 페르시아는 해명할 기회가 없었죠. 420년 야즈데게르드 1세가 죽은 뒤 아들 바흐람 5세가 샤한샤가 되면서 기독교 박해를 대대적으로 시작했거든요.

풀케리아는 테오도시우스에게 페르시아에 전쟁을 선포하라고 부추겼습니다.

"폐하, 이제 폐하께서는 성인이시고 폐하를 돌본 샤한샤도 세상을 떠났습니다. 페르시아를 방치하면 또다시 많은 기독교인들이 주님의 영광을 받지 못한 채 죽게 됩니다. 어서 간악한 샤한샤에게 전쟁을 선포하십시오."

오랜 기간 풀케리아에게 종교 교육을 받아 기독교에 감화된 테오도시우스 2세는 페르시아에 전쟁을 선포했습니다. 페르시아에서 온 사절이 도망친 기독교인들을 돌려 달라고 요청하는데도 거부했죠.

두 나라 군대는 1년 동안 페르시아 영토에서 전쟁을 치렀습니다. 바흐람 5세가 친정한 군대가 테오도시우스 성벽을 포위하지만 별다른 성과를 얻지 못하자 두 나라는 평화 협상을 체결했죠. 망명자 소환은 거부하고 각 나라에서 종교 자유를 보장하기로 약속했습니다. 풀케리아는 더 많은 사상자를 내면 안 된다고 생각해 종교 자유를 보장받는 선에서 만족하기로 했죠.

동생을 결혼시키는 누나

421년, 테오도시우스 2세는 스무 살 청년이 됐습니다. 황제는 후계자를 출산할 의무가 있었고, 그러려면 황후를 맞이해야 했죠. 풀케리아는 남동생에게 어울리는 배필을 찾으려 바쁘게 움직였습니다. 그러다가 로마 속주인 그리스 아테네 출신 철학자 레온티우스의 딸이 콘스탄티노폴리스에 와 있다는 소식을 접했습니다. 풀케리아는 그 딸을 직접 찾았습니다.

"그대 이름이 뭔가?"

"레온티우스의 딸 아테나이스입니다. 아테네에서 건너왔습니다."

"결혼도 안 한 처녀가 어찌 홀로 여기까지 왔느냐?"

"아버지께서 금화 백 닢만 준 채 유언을 남겼습니다. 콘스탄티노폴리스로 가면 어떤 여인들보다 더 위대해진다는 말씀이었죠."

아테나이스는 두 오빠에 견줘 고작 금화 백 닢을 받은 사실에 좌절하지만 황제에게 조언을 구하면 된다고 말하는 이모하고 함께 콘스탄티노폴리스로 왔죠. 풀케리아는 아테나이스가 아름답고 기품 있으면서 그리스어를 유창하게 구사하는데다가, 무엇보다 스스로 포부를 품은 모습에 감흥을 느꼈습니다. 다만 기독교 신자가 아니라는 점이 마음에 걸렸죠. 풀케리아는 남동생에게 아테나이스를 소개하고 의견을 구했습니다.

"폐하, 폐하에게 적절한 배필을 구했습니다."

테오도시우스는 커튼을 치고 아테나이스를 바라봤습니다. 큰 눈, 균형 잡힌 코, 하얀 얼굴, 날씬한 몸매, 우아한 몸짓이 얼핏 느껴졌죠. 테오도시우스는 커튼을 걷고 말했습니다.

"이 여인하고 혼인하고 싶소."

풀케리아는 주교 아티쿠스를 불러 아테나이스에게 신학 교육을 시켰습니다. 그런 다음 세례를 받고 기독교로 개종하게 한 뒤 '아일리아 에우도키아'로 개명하게 했습니다. 6월 7일, 테오도시우스 2세와 에우도키아는 결혼식을 올렸습니다. 이때만 해도 풀케리아는 남동생과 올케가 행복한 부부로 지내며 자기에게도 잘 대하리라 기대했죠. 에우도키아와 테오도시우스 부부는 딸 리키니아 에우독시아를 낳았고요.

외치와 내치

마침 호노리우스를 피해 자식들을 데리고 콘스탄티노폴리스에 머무르던 갈라 플라키디아가 아들을 황위에 올리려고 테오도시우스에게 동맹을 요청했습니다.

"반역자 요하네스가 서로마 황제를 참칭하도록 내버려 두면 테오도시우스 가문의 입지가 위험해집니다. 사돈 관계를 맺어서 힘을 합쳐야 합니다."

424년, 풀케리아는 이 말에 동의해 테오도시우스의 어린 딸 리키니아와 갈라의 어린 아들 발렌티니아누스를 약혼시켰습니다. 풀케리아가 조언한 대로 테오도시우스는 갈라가 서로마로 돌아가는 길에 아스파르가 이끄는 군대를 함께 보냈죠. 앞 장에서 본 대로 요하네스를 제압하고 발렌티니아누스가 서로마 황제로 즉위했고요.

"베푸신 호의에 드리는 답례일 뿐이니 괘념치 마시옵소서."

섭정이 된 갈라는 동로마에 달라티아 속주와 판노니아 동부를 헌납했습니다. 이렇게 서로마와 관계를 온전히 회복했죠.

외부 문제를 해결한 풀케리아는 동로마 내부 문제인 종교로 관심을 돌렸습니다. 서로마는 수도 로마가 약탈당하고 이민족에 맞서 싸우느라 정신없기 때문에 종교 분쟁은 동로마가 해결해야 했죠. 안티오키아 학파가 중심이 된 네스토리우스파와 알렉산드리아 학파가 그리스도의 인성과 신성을 분리하는 문제를 놓고 갈등하고 있었거든요.

콘스탄티노폴리스의 총대주교 네스토리우스는 예수의 신성과 인성을 분리해야 한다면서 마리아는 신이 아니라 인간인 예수를 낳은 사람일 뿐이라고 주장했습니다.

"마리아를 테오토코스†라고 불러서는 안 됩니다! 여인이 어찌 신을 10개월 동안 몸속에 담아 둘 수 있다는 말입니까? 어린아이를 하느님이라 부를 수 없소!"

네스토리우스는 마리아가 동정녀라는 설을 부정했는데, 처녀 황후 풀케리아가 품은 신앙에 어긋나는 논리였죠. 풀케리아는 안티오키아 학파 요하네스 크리소스토무스를 내심 존경하면서도 믿음까지 따르지는 않았습니다. 그런데 네스토리우스가 여기서 멈추지 않고 풀케리아의 얼굴을 새긴 천을 제단에서 거두려 하면서 풀케리아를 비방하기 시작했죠. 그러자 알렉산드리아 총대주교 키릴로스가 마리아는 테오토코스이고 예수의 신성과 인성은 합일돼 있다고 주장하는 편지를 황실에 보냈습니다. 풀케리아는 이 편지를 읽고 테오도시우스에게 공의회를 열자고 요청했죠. 마침 주교들 사이에서 낙하산으로 내려온 네스토

---

† 하느님의 어머니라는 뜻입니다.

리우스가 평이 안 좋은 상황이었습니다.

"저자가 하느님을 모독하는 행위를 어떻게 보고만 있습니까. 어서 공의회를 여세요!"

431년 6월 22일, 테오도시우스는 누이가 한 요청을 따라 에페소스의 테오토코스 성당에서 공의회를 열었습니다.

"잠깐, 주교들이 아직 도착하지 않았소!"

"시간에 맞추지 못하다니, 하느님을 대하는 예의가 아니오!"

날씨가 나빠 네스토리우스파 주교들이 회의장에 도착하지 못한 틈을 타 키릴로스가 주도권을 잡았습니다. 황제는 우왕좌왕하다가 풀케리아의 눈치를 보고 키릴로스 편을 들었고요. 결국 키릴로스는 마리아는 테오토코스가 맞고 예수의 신성과 인성은 분리할 수 없다고 결론지었습니다. 네스토리우스는 대주교직에서 파면된 뒤 안티오키아로 추방됐습니다. 네스토리우스파가 한 주장은 이단으로 몰렸고요.

'아우구스타에게 맞선 대가를 확실히 치르는구나.'

풀케리아는 병사들에게 붙잡혀 끌려가는 네스토리우스를 보고 흡족해했습니다.

"저희들 없이 회의를 마치다니, 이 무슨 해괴한 경우입니까?"

뒤늦게 도착한 네스토리우스파 주교들이 황제에게 항의하자 테오도시우스는 눈치를 보면서 키릴로스도 축출했습니다. 그러나 키릴로스는 황제의 명을 순순히 따르지 않고 지방관들에게 뇌물을 바친 뒤무사히 알렉산드리아로 돌아갔죠.

사치스런 올케 에우도키아

풀케리아는 여전히 평안을 유지할 수 없었습니다. 올케 에우도키아 하고 갈등을 빚기 시작했죠. 원래 에우도키아와 풀케리아의 성향은 상극이었습니다. 풀케리아가 독실한 기독교 신자라면 에우도키아는 (비록 개종한 상태이지만) 그리스 문화를 더 추종했습니다. 풀케리아가 성경을 음독하는 동안 에우도키아는 그리스 철학자나 시인들 책을 더 많이 읽었습니다.

"어떻게 이토록 가혹하게 사람을 죽일 수 있나이까?"

"죄인을 처벌하는 행동이 무슨 죄라는 말이냐?"

"자애로운 아우구스타여. 주님을 봐서라도 자비를 베푸소서."

에우도키아는 풀케리아에게 유대교인을 학살하지 말라고 간청하기도 했죠. 또한 테오도시우스가 콘스탄티노폴리스 대학교를 설립할 때 기하학과 철학 등 그리스 학문을 포함했는데, 에우도키아가 배후에서 영향력을 행사한 덕택이었어요. 그래도 431년 에페소 공의회 때만 해도 두 사람 사이는 나쁘지 않았습니다.

437년, 발렌티니아누스와 리키니아가 정식 결혼하고 에우도키아가 예루살렘으로 순례를 떠난 뒤부터 문제가 생겼습니다. 에우도키아는 화려한 보석과 비단으로 치장한 채 순례를 떠났는데, 검소하고 금욕적인 생활을 추구한 풀케리아는 이 모습이 불편했습니다.

'백성들이 굶고 있거늘, 정녕 주님 앞에 고개를 들고 살 수 있을지.'

그래도 풀케리아는 순례에 차질이 생기지 않게 넘어갔습니다. 예루살렘으로 가다가 안티오키아에 들른 에우도키아는 성벽을 확장하고 공중목욕탕을 재건할 수 있게 안티오키아 원로원에 금 200파운드를 기부하겠다는 연설을 했죠. 에우도키아는 유창한 그리스어로 연설하면서 호메로스가 한 말을 인용했습니다.

"저는 그대들의 혈통과 민족성이 자랑스럽습니다."

안티오키아 시민들은 환호했고, 큐리아에 에우도키아의 금상을 만들고 박물관에 동상을 세웠습니다. 그다음 에우도키아는 예루살렘으로 가서 여러 성당을 방문한 뒤 봉헌식에 참석했는데, 기독교인보다는 아테네인으로서 헬레니즘 문화를 부흥하는 데 열을 올렸습니다.

이 무렵 풀케리아는 30여 년 만에 요하네스 크리소스토무스의 유해를 콘스탄티노폴리스 교회에 안장했습니다.

"이제, 평안히 주님 곁에서 쉬십시오."

풀케리아는 오랫동안 존경한 사이이지만 결국 뜻을 달리한 교부 앞에서 예를 갖췄죠. 풀케리아는 남동생과 올케가 독실한 신자가 되기를 바랐고, 순례 간 김에 더욱 신앙심이 깊어지기를 고대했죠. 그래서 에우도키아가 안티오키아와 예루살렘에서 헬레니즘 문화에 심취하더라는 소식을 듣고 격분할 수밖에 없었습니다. 에우도키아가 성모 마리아의 초상과 성 베드로의 사슬 등을 가지고 콘스탄티노폴리스로 돌아왔습니다. 풀케리아는 에우도키아가 겉멋에 취해 있다고 생각하고 화를 냈습니다.

"순례지에서 무엇을 했느냐?"

"성지를 순회하고 빈민들에게 자선을 베풀었습니다."

"바른대로 고하지 못하겠느냐?"

"성인이 된 지 한참 지난 저한테 폐하는 왜 어린아이에게 간섭하듯 행동하십니까?"

풀케리아는 조신하던 에우도키아가 반항하는 모습을 보고 기겁했습니다. 사치스러운 이교도식 관습에 남동생이 물들까 봐 염려했죠. 어느 순간 모든 것이 하느님을 위한 일인지, 백성을 위한 일인지, 남동생을 위한 일인지, 자기 권력을 위한 일인지 분간이 가지 않는 상태가 되고 말았죠.

'대체 어떻게 해야 할까.'

풀케리아는 이런 혼란이 모두 하느님 앞에서 신실하지 않은 자기 탓이라고 생각했습니다.

"수녀원으로 가려고 하니 허락해 주시옵소서."

풀케리아는 마음의 소양을 쌓아야겠다고 생각하고 수녀원으로 떠났습니다. 그렇지만 수녀원에서도 에우도키아를 생각하느라 기도에 제대로 집중하지 못했죠. 남동생이 타락할까 봐, 올케가 나랏돈을 물 쓰듯 낭비할까 봐, 이교도 교리를 전파할까 봐 조마조마했죠. 이때 새로운 실세로 떠오른 환관 크리사피우스가 풀케리아에게 접근해 속살거렸습니다. 크리사피우스는 풀케리아의 성소에 드나들 수 있는 몇 안 되는 남자였죠.

"이대로 내버려두실 참입니까?"

"절대, 안 될 말이오."

사과 한 알로 꾸민 음모

풀케리아는 누군가를 불렀습니다. 황궁을 향해 떠난 그자는 황제에게 크고 멋진 사과 한 알을 바치며 말했습니다.

"성경에서 하와가 아담에게 사과를 준 일을 기억하십니까?"

"결국 아담이 사과를 받지 않았는가."

"하와에게 사과를 준 자가 있었잖습니까!"

"그랬지."

"저 사과가 어디서 났겠습니까?"

"하와에게 사과를 준 뱀이 있다는 말인가? 에리스†의 음모일 수도 있지 않느냐?"

"폐하께서는 정녕 풀케리아 전하를 에리스라고 생각하십니까?"

아내와 누이 사이를 저울질하던 테오도시우스는 이참에 아내의 사랑을 확인하기로 결심했습니다. 그래서 사과를 황후에게 선물했죠. 에우도키아는 남편 친구인 파울리우스에게 이 사과를 줬습니다. 의아하게 여긴 파울리우스는 황제에게 사과를 바친 뒤 사실을 고했습니다.

"감히 짐이 준 선물을 다른 남자에게 줘?"

테오도시우스는 격분했습니다. 자기도 모르게 누이에게 세뇌된 뒤 아내가 불륜을 저지른다고 의심하고 있었거든요.

남편은 아내를 찾아서 사실을 확인했습니다.

"짐이 준 사과는 어디에 있소?"

"제가 먹었습니다."

"맹세할 수 있소?"

"맹세하겠습니다."

---

† 그리스 신화에 나오는 불화의 여신. 바다의 여신 테티스와 펠레우스가 치르는 결혼식에 초대받지 못하자 불만을 품고 '가장 아름다운 여신에게'라고 쓴 황금 사과 한 알을 놓고 가죠. 이 사과를 두고 헤라, 아테나, 아프로디테가 다투다가 파리스에게 심판을 맡기면서 트로이 전쟁이 벌어집니다.

에우도키아가 꿈쩍도 하지 않고 당당하게 대답하자 테오도시우스는 토가 자락에 숨겨둔 큼지막한 사과를 꺼내 들었죠. 에우도키아는 사과를 보고 기겁했습니다. 테오도시우스는 냉랭한 표정이었죠.

"파울리우스를 사형에 처해라!"

파울리우스는 간통죄로 처형됐습니다. 에우도키아는 더는 돌이킬 수 없다고 깨달았죠.

"예루살렘으로 가서 은거하려 하니 허락해 주시옵소서."

443년, 에우도키아는 아우구스타 직책을 버리고 예루살렘으로 떠났습니다. 풀케리아는 수녀원에서 에우도키아 사태를 무표정한 얼굴로 들을 뿐이었습니다. 눈물 한 방울 흘리지 않았죠.

"아무 탈 없이 처리하게."

풀케리아는 한 치의 망설임 없이 사투르니누스라는 경호원을 에우도키아에게 보냈습니다. 사투르니누스는 에우도키아가 데려온 성직자 두 명을 암살했죠. 분노가 머리끝까지 솟구친 에우도키아는 그 자리에서 사투르니누스를 죽였고요. 이 일로 사람들은 에우도키아가 불륜을 저지른 장본인이라고 믿게 됐습니다.

"왜 죽였겠어."

"애인이 죽으니 불만을 품었지. 쯧쯧."

그런데 환관 크리사피우스가 풀케리아마저 정계에서 몰아내려고 했습니다. 판단력이 흐려진 테오도시우스는 이번에는 에우도키아를 쫓아낸 음모를 꾸민 장본인이라고 생각해 풀케리아에게 정치에 개입하지 말라는 명령을 내렸습니다.

풀케리아는 크리사피우스가 배신한 사실을 깨닫고 이를 갈았죠. 그

사과로 아내 에우도키아를 질책하는 테오도시우스,
구약성서에 나오는 므낫세를 다룬 《므낫세 연대기(Manasses Chronicle)》 속 미세화

렇지만 수녀원으로 물러난 상황에서 황제에게 미움을 산 만큼 함부로
발톱을 내밀 수 없었습니다. 신의 부름을 받을 때까지 수녀원에 조용히
머물러 있었습니다.

다시 황궁으로

450년 7월, 테오도시우스 2세가 콘스탄티노폴리스에서 사냥하다
가 말에서 떨어져 척추를 다쳤습니다. 7월 28일에 쉰 살 나이로 세상을
떠났습니다. 황제를 이을 아들이 없어서 황궁은 무법 지대가 됐죠.

이때 신이 다시 부른 듯 수녀원에 있던 풀케리아가 나타났습니다.
아우구스타이자 유일한 테오도시우스 가문 사람으로 한 달간 섭정을
했습니다. 먼저 테오도시우스의 장례식을 치렀죠. 그다음 크리사피우
스를 아무런 재판 없이 처형했습니다. 크리사피우스는 성직자들에게
뇌물을 받고 훈족에게 머리를 조아리는 행동을 저질러 민심이 떠난 상
황이라 사람들은 풀케리아가 내린 조치에 환호했죠. 이렇게 풀케리아

는 배신자에게 복수를 마쳤습니다.

8월 25일, 원로원 의원이자 트라키아 출신 장군 마르키아누스가 다음 황제에 올랐습니다. 풀케리아하고 결혼해 혈통이라는 명분까지 갖췄는데, 이때 풀케리아는 쉰두 살이고 마르키아누스는 쉰여덟 살이었습니다.

"제국의 수장으로서 모범을 보여 주시오."

"명심하겠나이다."

마르키아누스는 가난 때문에 병사로 입대한 뒤 수십 년간 아스파르† 밑에서 심복으로 지내다가 페르시아 원정 등 여러 전쟁에서 활약하고 원로원 의원까지 된 입지전적 인물이었습니다. 그 과정에서 뇌물을 절대 받지 않는 등 청렴결백한 태도를 유지했죠. 풀케리아는 수십 년 전에 순결을 맹세한 몸이라 부부 관계를 맺지 않았습니다. 형식상 결혼한 상황이었죠.

마르키아누스는 한눈 팔지 않고 정무에만 충실했습니다. 크리사피우스가 훈족에게 약속한 조공을 끊고 성벽을 견고히 다졌습니다. 훈족에게 시달리던 시민들은 환호했죠. 게다가 마침 아틸라가 호노리아한테서 청혼을 받고 서로마로 시선을 돌린 덕분에 동로마는 안정을 취할 수 있었죠. 그렇지만 종교 문제는 여전히 극성을 부렸습니다.

---

† 갈라 플라키디아 편에서 나온 그 아스파르가 맞습니다.

종교 갈등과 칼케돈 공의회

431년 1차 에페소스 공의회에서 네스토리우스파를 이단으로 단죄한 뒤 기독교는 새로운 분쟁 국면을 맞이했습니다. 포도주가 바다에 흡수되듯 인성이 신성에 흡수돼 예수에게는 신성만이 존재한다는 단성론과 예수의 인성과 신성이 조화하며 공존한다는 양성론이 대립했죠.

풀케리아와 마르키아누스 부부에게는 분쟁을 끝낼 의무가 있었습니다. 449년 무렵 교황 레오 1세와 서부 교회의 항의를 듣지 않고 크리사피우스가 2차 에페소스 공의회를 열어 크리사피우스의 대부인 에우티케스 같은 극단적 단성론자를 편든 적이 있었거든요.

451년 10월 8일, 풀케리아는 크리사피우스가 독단적으로 감행한 2차 에페소스 공의회에서 내린 결정을 뒤엎으려 레오 1세에게 동의를 구한 뒤 칼케돈에 있는 성 에우페미아 성당에서 공의회를 열었습니다. 자리에는 교황이 보낸 사절단과 주교 520명이 모였습니다. 먼저 참석자들은 '강도 공의회'라 부르며 2차 에페소스 공의회에서 내린 결정을 뒤엎고 1차 에페소스 공의회에서 모은 결의를 다시 확인했습니다.

"우리는 모두 믿습니다. 키릴로스가 믿듯이 우리도 모두 그렇게 믿습니다."

그다음 2차 에페소스 공의회에서 에우티케스를 지지한 알렉산드리아 총대주교 디오스코루스를 불러 재판을 진행했습니다. 풀케리아는 디오스코루스에게 말했습니다.

"아버지가 재위한 시절에 어떤 완고한 남자(성 요하네스 크리소스토무스)가 있었는데, 당신은 그 남자가 그렇게 된 이유를 알 것이오."

디오스코루스가 답했습니다.

"그대 어머니는 그자 무덤에서 기도하다가 피 흘리고 쓰러졌죠."

이 대답은 사실하고 달랐고, 에우독시아와 요하네스를 동시에 모욕하는 말이었죠. 두 사람은 사이가 나쁘면 나쁘지 절대 누구를 위해 기도할 사이가 아니었거든요.

"저자를 당장 끌고 가라."

"디오스코루스를 콘스탄티노폴리스에서 추방해라."

풀케리아는 디오스코루스의 뺨을 때린 뒤 경비병들에게 끌고 가게 했고, 마르키아누스는 디오스코루스에게 유죄 판결을 한 뒤 추방령을 내렸습니다. 그리고 예수의 신성과 인성을 구분하는 양성론이 진리라 선언했고, 네스토리우스와 에우티케스, 에우티케스가 믿은 단성론을 이단으로 단죄했습니다.

"예수께서는 신적으로 하느님하고 동격이시며 인적으로 우리하고 동격이시다. 예수의 두 본성은 분리할 수 없고 모두 보존해야 한다."

마지막으로 성모 마리아가 테오토코스라고 다시 강조했는데, 공의회를 주도한 풀케리아와 마르키아누스는 새로운 헬레나와 콘스탄티누스라 불리며 환호를 받았죠.

"드디어 네스토리우스를 몰아냈다!"

"황제 폐하, 황후 폐하 만세!"

"오, 콘스탄티누스, 헬레나시여."

콘스탄티누스 대제는 로마에 기독교를 최초로 공인한 황제로, 동방정교회에서 처음으로 시성(諡聖)된 로마 황제였습니다. 헬레나는 콘스탄티누스의 어머니인데, 처음으로 예루살렘 순례를 떠나 예수의 십자가를 발견한 전설이 전해지고 있었죠. 주교들은 새로운 황제와 황후가 공의회에서 양성론을 정통으로 삼는 모습을 보고 콘스탄티누스 대제 모자가 재림한 듯하다고 생각했습니다.

풀케리아는 황후이지만 콘스탄티노폴리스에 성모 마리아에게 바칠 교회 세 곳을 건립하고 예루살렘에 성모의 이콘을 보내는 등 종교에 더 심취하는 삶을 살았습니다. 경건한 삶이 황후로서 제국과 시민에게 마땅히 해야 할 도리라고 여겼죠.

"제 남은 재산을 빈민들에게 기부하겠습니다."

평생 수녀복을 입고 보석과 비단을 멀리하며 늘 빈민들하고 가까이 산 아우구스타가 남긴 유언입니다. 풀케리아는 453년 7월 쉰세 살로 세상을 떠났습니다. 이런 업적 덕분에 풀케리아는 죽은 뒤 성녀로 인정받게 됩니다.

성녀가 된 공주

고대 로마가 저물고 중세로 넘어가는 과도기에 초기 기독교의 교리 논쟁이 대두되고 종교를 둘러싼 갈등이 첨예해졌습니다. 이 시대를 살아간 풀케리아는 정치와 종교의 밀접한 관계를 인식해 혼란을 해결하려고 애썼죠.

사실 칼케돈 공의회로 종교 분쟁이 온전히 해결되지는 못했습니다. 양성론을 믿는 주교들은 풀케리아를 성녀로 보고 단성론을 믿는 주교들은 악녀라 불렀습니다. 그래도 풀케리아가 세상을 떠나자 시민들과 원로원, 주교들은 한마음이 돼 애도했습니다. 풀케리아가 소외된 이들을 보살피고 사치를 멀리하며 늘 하느님을 가까이하는 삶을 산 사실을 잘 알기 때문이었죠.

유대교인을 학살하거나 음모를 꾸며 에우도키아를 몰아내는 등 비도덕적 행동을 저지른 당사자이지만, 이런 과오도 기독교에 지나치게 신실한 탓에 관용을 베풀지 못한 탓이라 볼 수 있습니다. 그리고 로마 가톨릭교회와 동방정교회에서 시성되면서 풀케리아가 저지른 잘못은 사람들 머릿속에서 잊혔습니다. 오로지 로마 제국 최초로 시성된 공주라는 타이틀만 각인됐죠.

풀케리아는 종교적 업적 말고도 정치에서도 중요한 업적을 남겼습니다. 바로 후계자 선정이죠. 혈통보다 능력을 중시한 로마의 제위 계승법에 따르면 새 황제는 즉위할 때 원로원과 근위대한테서 승인을 받아야 했습니다. 이전 황제가 후계자를 지목하고 원로원과 근위대의 의견이 일치하면 순조롭게 즉위식을 거행할 수 있지만, 그렇지 않을 때는 내전으로 이어질 가능성이 컸죠. 네 황제의 해, 다섯 황제의 해, 군인 황제 시대가 대표적이에요.

할아버지와 아버지를 닮아 사람 보는 안목이 있던 풀케리아는 권력을 잡은 환관 크리사피우스를 바로 처형하고는 유능하고 선량한 마르키아누스하고 결혼한 뒤 남편을 후계자로 내세워 후계 구도를 안정시켰습니다. 다만 두 사람이 나이가 많은데다 풀케리아가 종교적 이유 때문에 부부 관계를 맺지 않은 탓에 후계자를 낳지 못하면서 테오도시우스 가문은 단절됐죠.

두 번의 아우구스타를 거쳐 후계 구도를 안정시킨 점은 고구려 우왕후하고 비슷합니다. 우왕후는 고국천왕의 왕후인데, 고국천왕이 승하한 뒤 동생들 사이에 내전이 벌어지자 그중 한 명인 연우를 산상왕으로 즉위시킨 뒤 다시 왕후가 됐습니다. 두 번 왕후가 돼 나라의 내분을 종식시켰죠.

다른 점이 있다면 혈연에 따라 왕위가 계승된 고구려하고 다르게 동로마는 풀케리아 시대부터 능력에 따라 황제를 선택하는 택군擇君 제도가 발달한다는 점입니다. 택군 제도는 500년 뒤에 다시 나타납니다. 마케도니아 왕조 시기 공주인 조이를 다룬 9장에서 자세히 알아보겠습니다.

하기아 소피아 대성당에 소장된 조이를 그린 모자이크화

9. 쉰 살 넘도록 결혼하지 못한 여제

조이 96대 황제 바실리오스 2세의 조카, 97대 황제 콘스탄티노스 8세의 둘째 딸, 101대 여제

테오도시우스 1세가 죽은 뒤 동서로 분리된 로마는 극과 극의 운명을 달렸습니다. 갈라 플라키디아가 활동한 서로마는 끊임없이 이민족 침략과 약탈에 시달리다가 476년에 멸망한 반면, 아일리아 풀케리아가 이끈 동로마는 서로마가 멸망한 뒤에도 천여 년 간 번영과 몰락을 반복했습니다.

동로마 제국은 6세기 유스티니아누스 대제 시기에 번영을 누리지만 유스티니아누스 대제가 죽은 뒤 이슬람 제국이 성장해 아프리카 일대를 상실하면서 몰락하기 시작합니다. 그러다가 10세기 마케도니아 왕조 시기에 제2의 전성기를 맞이하죠. 불가리아의 학살자 바실리오스 2세가 나타나면서 동로마를 강대국으로 성장시킨 시기도, 풀케리아의 후예들이 공주를 넘어 드디어 여제로 역사에 이름을 남긴 시기도 이때였습니다. 그 공주들은 조이와 테오도라입니다.

수녀원 같은 황궁

996년, 23세의 조이는 험난한 폭풍을 배 안에서 견디고 있었습니다. 조이는 동로마 제국의 황제 바실리오스 2세의 조카이자 콘스탄티노스 8세의 딸로 명망이 높을뿐더러 커다란 눈과 두꺼운 속눈썹, 찰랑거리는 금발 머리, 하얀 피부를 지닌 미인으로 칭송받았습니다. 그렇지만 오랜 항해 동안 이리저리 바람에 휩쓸리느라 머리카락은 헝클어지고 화려한 비단옷에는 먼지가 뽀얗게 쌓였습니다. 하얀 피부는 눈 밑 그늘 때문에 초췌했죠.

"주여, 부디……. 멋진 신랑을 만나 오래도록 행복하게 살 수 있게 해주세요."

평소 얼굴 가꾸기를 좋아하지만 이때 조이는 외모에 신경 쓸 겨를이 없었습니다. 난생처음으로 신랑감인 신성 로마 제국 황제 오토 3세를 만나러 가는 길인데 왠지 몰라도 이상하리만큼 불안했거든요. 너무 불안해한 탓에 기껏 꾸민 옷차림이 흐트러졌죠.

"도대체 무슨 소리입니까?"

"독일 왕이 죽었어요! 공주 전하고 혼인할 그 왕이 말입니다!"

"아, 안 돼!"

조이는 배에서 가까스로 내리지만 오토 3세가 젊은 나이에 갑작스레 세상을 떠난 소식만이 신부를 맞이할 뿐이었습니다. 가녀린 발로 사뿐히 걷던 조이는 혼절했죠. 불안은 현실이 됐습니다.

"폐하, 독일 왕 때문에 조이가……."

"짐이 불허한 일이거늘 네 멋대로 혼사를 추진하다가 이런 일이 벌어지지 않았느냐!"

"조이에게 새로운 혼사를……."

"또 무슨 일이 벌어질 줄 알고 허락한다는 말이냐. 안 된다!"

"폐하!"

동생이자 공동 황제인 콘스탄티노스 8세는 형 바실리오스 2세에게 딸 조이를 결혼하게 해달라고 사정하지만 바실리오스는 냉담했습니다. 바실리오스는 평생 불철주야 전쟁터와 집무실에서 세월을 보내느라 황후를 두지 못하고 후계자도 낳지 못했습니다. 문제는 금욕 생활을 조카딸들에게도 강요한 점입니다. 자기에게 후계자가 없으니까 조카딸들이 결혼하면 조카사위들이 황위를 노릴 수 있었거든요.

"내 허락 없이 혼인을 치르면 모두 사형에 처하겠다!"

말이 좋아 공동 황제이지 평생 형을 보좌하면서 산 콘스탄티노스는 눈치만 봤습니다. 딸 조이와 테오도라의 미모와 명성 덕에 숱한 구혼자가 몰려들지만 모두 돌려보낼 수밖에 없었죠. 결혼식을 치르지 못하고 콘스탄티노폴리스로 돌아온 조이도 수녀원 같은 황궁에서 홀로 눈물을 삼켜야 했습니다.

'아름다운 청춘을 독수공방하면서 보내다니. 아까운 세월이여.'

조이가 홀로 지낸 지 수십 년이 지났습니다. 어느덧 얼굴에 주름이 생기고 눈이 침침해졌죠. 쥐구멍에도 볕 들 날이 오는 걸까요? 1028년, 조이는 쉰 살이 됐습니다. 매서운 백부가 죽고 콘스탄티노스가 단독 황제가 된 지 3년째인 때였죠.

뒤늦은 결혼 작전

오랫동안 형 등쌀에 시달린 탓일까요? 콘스탄티노스는 정무를 제대로 하지 못하고 사냥, 도박, 연회 등에 심취해 지냈습니다. 이렇게 무의미한 삶을 살다가 단독 황제가 된 지 3년 만에 임종을 맞이하게 됐죠. 죽기 전 콘스탄티노스는 어린 시절 천연두에 걸려 수녀원으로 물러나 평생 독신으로 지낸 장녀 에브도키아를 떠올렸습니다.

"딸아, 미안하구나."

침대에 누운 콘스탄티노스는 눈물을 글썽거렸습니다. 후회하기에는 너무 늦었죠. 남은 딸 조이와 테오도라라도 챙겨야 했습니다. 콘스탄티노스는 혼기를 놓친 채 독수공방하는 두 딸, 특히 젊은 시절 불운하게 신랑감을 잃어 평생 결혼하지 못한 조이에게 짝을 찾아 주기로 결심했습니다. 신하들에게 조이하고 어울리는 남자를 물색하라 명령을 내렸죠.

"서둘러라. 시간이 없다!"

먼저 떠오른 상대는 콘라트 2세의 아들 헨리였습니다. 콘스탄티노스는 헨리가 열 살이라는 사실을 알고 기겁했습니다.

"너무 어려! 다른 남자를 구해라!"

이번에는 콘스탄티노스 달라세노스였습니다. 그러자 신하들이 크게 반발했습니다. 달라세노스는 아나톨리아에 살았는데, 바실리오스 시절에 스클리로스 같은 아나톨리아 귀족들이 반란을 일으켜 황권을 위협한 적이 있었거든요. 그나마 바실리오스는 뛰어난 군공과 정치력으로 반란을 진압했지만, 임종 직전인 콘스탄티노스에게는 형만 한 능력이 없었습니다.

"달라세노스가 반란을 일으키면 어쩌려고 그러십니까? 결정을 재고하시옵소서."

"그대들 청을 따르리다."

세 번째 상대는 로마노스 아르기로스였습니다. 원로원 의원이자 콘스탄티노폴리스의 행정 장관으로 황제하고 가까운 자리에 있는 사람이었죠. 귀족들은 로마노스를 열렬히 추천했지만, 정작 당사자는 탐탁지 않게 여겼습니다. 이미 아내가 있을뿐더러 콘스탄티노스하고는 육촌뻘 친척이었습니다. 로마노스는 콘스탄티노스를 직접 찾아가 안 된다고 사정했죠.

"성경에서는 삼촌 간 결혼을 엄히 금지하고 있습니다. 저하고 조이 공주님은 삼촌 지간이니 이 결혼은 안 됩니다."

"그럼 그대는 두 눈을 주님께 바칠 텐가?"

콘스탄티노스는 이 결혼을 하지 않으면 로마노스의 두 눈을 뽑겠다고 협박했습니다. 병사들이 로마노스를 붙잡으러 집으로 몰려갔습니다.

"로마노스는 어서 나와라! 폐하의 명이다."

병사들이 문을 거칠게 두드리자 로마노스의 아내 헬레나는 두려워 수녀원에 들어가겠다고 자청했습니다.

"부인, 내가 바실레프스†를 설득할 테니 기다리시오."

"아닙니다. 당신을 죽게 하고 싶지 않아요."

"바실레프스께서 돌아가시면……."

---

† 동로마 제국에서 황제를 가리키는 호칭입니다.

"부디 새로운 배필을 만나 행복하게 사세요!"

"부인!"

헬레나는 개명한 뒤 머리를 자르고 수녀원으로 들어갔습니다. 11월 10일, 로마노스와 조이는 황궁 예배당에서 결혼식을 치렀죠. 로마노스는 표정이 어두웠고, 상황을 모르는 조이는 새로운 신랑을 보고 행복해했습니다.

'주여, 이번에는 꼭 오래오래 행복하게 살게 해주세요.'

로마노스는 예순 살, 조이는 쉰 살이었습니다. 하루 뒤 콘스탄티노스 8세는 세상을 떠났고, 두 사람이 함께 임종을 지켜봤죠. 로마노스는 황제로, 조이는 황후로 즉위했습니다.

아내를 멸시하는 남편

조이는 새 남편에게 잘 보이고 싶은 마음에 젊을 때 미모로 돌아가려고 열심히 외모를 가꿨습니다. 황후로서 자식을 낳는 일이 의무라는 사실도 잘 알았습니다. 아이를 직접 낳고 기르고 싶다는 소망도 있었고요. 의사를 만나 상담한 뒤 온갖 약물과 주술, 부적을 동원해 아이를 가지려 했습니다. 그렇지만 조이가 아이를 가지는 일은 하늘의 별 따기 같았습니다. 나이도 나이이지만 남편이 적극적으로 관계를 맺으려 하지 않았거든요.

"폐하, 오늘 또 어디 가세요?"

"알아서 어디에 쓰려고 그러오?"

"어서 아이를 낳아야……."

"다 늙은 여자가 어떻게 아이를 낳아!"

로마노스는 가뜩이나 강제로 결혼한 마당에 늙어서 아이를 제대로 낳지 못하는 조이를 싫어했습니다. 계속 외박하면서 잠자리를 거부하다가 각방을 썼죠. 조이에게는 작은 규방을 주고 적은 연금으로 살게 했습니다. 황실 금고에는 손도 대지 못하게 했죠. 이런 멸시는 조이에게 크나큰 고통을 안겼습니다.

결국 로마노스는 젊은 정부를 들였습니다. 자기가 황제가 된 기반이 조이라는 사실을 잊은 셈이죠. 조이는 다시 규방에서 홀로 눈물을 삼켜야 했습니다. 1033년 어떤 남자가 조이에게 접근했습니다. 환관장 요하네스 오르파노르포스였죠.

"전하, 외롭지 않으십니까?"

"물러가시오."

"제 동생을 만나시지 않겠습니까?"

요하네스는 동생 미하일을 조이에게 소개했습니다. 50대인 조이는 젊고 잘생긴 20대 청년을 보고 한눈에 반했습니다. 조이는 틈만 나면 미하일을 방으로 불러들여 발 시중을 들게 했습니다.

"미하일, 여기, 여기를 주물러요."

"자, 시원하세요?"

미하일은 황후가 하는 요구에 아무렇지 않게 응했습니다. 조이는 50여 년간 한 번도 느끼지 못한 쾌감을 누렸습니다. 미하일을 침실에도 들인 조이는 젊은 남자하고 사랑을 나눴습니다.

"앞으로 미하일에게 바실레프스의 예를 갖추시오."

결국 1034년 로마노스가 병석에 눕자 조이는 미하일하고 자기가 연인 사이라고 공개적으로 선포하며 공식 석상에서 미하일을 황제라 부르게 했습니다.

"때를 놓치면 안 된다. 바실레프스께서 몸이 편찮으시다는 사실을 잘 알고 있겠지?"

"명심하겠습니다. 형님."

조이가 사랑에 심취한 사이, 미하일은 요하네스의 사탕발림을 듣고 황제가 되겠다는 야망을 품었습니다.

남편의 죽음을 사주하는 아내

"저는 기필코 황위를 노리지 않았습니다. 지존하신 주님 이름을 걸고 맹세합니다."

미하일은 로마노스 앞에서 십자가를 들더니 가슴에 대고 맹세했죠. 사건 경위는 이렇습니다. 병석에서 시름시름 앓던 로마노스 3세는 미하일과 조이의 관계를 전혀 눈치채지 못했습니다. 누이 풀케리아가 두 사람의 관계를 넌지시 알리자 이 사실을 확인하려고 미하일을 문책했고, 미하일이 억울하다며 항변했죠.

"미안하다. 어서 내 발을 주물러라."

병을 앓느라 판단력이 흐려진 로마노스는 십자가를 댄 모습을 보고 미하일을 믿었습니다. 그러고는 발 시중을 들게 했죠.

"황제가 저를 믿고 있습니다. 어서 걱정을 내려놓으세요."

"그대에게 부탁이 있소."

미하일은 조이를 찾아가 안심시켰습니다. 그러자 조이는 오랫동안 자기가 품고 있던 염원을 털어놓았습니다. 미하일은 조용히 고개를 끄덕일 뿐이었죠.

1034년 4월 11일, 부활절을 앞둔 금요일에 로마노스는 목욕을 하고 있었습니다. 수발을 드는 수행원이 로마노스에게 다가왔습니다.

"어서 입을 옷을 가져……읍!"

수행원은 로마노스의 입을 틀어막았습니다. 그러자 여럿이 몰려와 물속에서 팔다리를 붙잡고 목을 졸랐습니다. 로마노스는 발버둥 치면서 숨을 헐떡였습니다. 퉁퉁 부어오른 몸은 벌게졌습니다. 현장으로 온 조이는 눈물을 흘렸습니다. 그러나 입가에는 희미한 웃음이 떠올랐죠.

'드디어 만날 일이 없겠구나.'

조이가 현장을 떠나자 로마노스는 홀로 신음을 하다가 호흡이 가

빠졌습니다.

"헉헉……."

힘들게 숨을 쉬다가 검은색 물질이 입속에서 나오더니 숨을 거뒀습니다. 로마노스는 예순여섯 살이었습니다. 조이는 그날 바로 미하일하고 결혼하겠다고 황궁에서 선언했습니다. 총대주교와 환관들이 모인 자리에서 말이죠.

"폐하, 아직 장례식이 끝나지 않은 만큼 조금만 더……."

"황제 자리를 비워 두다가 외적이 침입하거나 반란이 일어나면 어쩔 테요?"

환관들이 섣부른 결정을 만류하자 요하네스는 강하게 질책했습니다. 결국 대관식을 진행하기로 결정됐죠.

하기아 소피아 성당에서 조이는 금으로 장식한 복도에 선 채 제관을 쓰고 왕홀을 들었습니다. 미하일은 죽은 황제의 자줏빛 예복을 입었죠. 미리 초청한 총대주교가 와서 미하일에게 제관을 씌웠습니다. 귀족과 시민들이 몰려와 대관식을 구경했습니다.

조이는 요하네스에게 눈치를 줬습니다. 요하네스는 총대주교에게 다가갔습니다.

"어서 조이 황후와 폐하가 부부라는 사실을 인정하시오."

"과부는 1년간 죽은 남편을 애도해야 합니다."

요하네스는 금 100파운드를 총대주교에게 쥐여 주면서 말했죠.

"이래도?"

"명 받들겠습니다."

총대주교는 바로 두 사람이 부부라고 인정했고, 그 자리에 있던 모든 귀족들은 황제의 손에 입을 맞추며 예를 다했습니다. 조이는 자기보다 마흔 살이나 어린 황제를 보며 새로이 행복한 결혼 생활을 할 수 있으리라 기대했죠. 미하일은 소작농 출신으로 황제가 된 자기를 돌아보며 뿌듯해했습니다. 동상이몽이었죠.

'이번만큼은 주님의 가호가 내리기를.'

'주님께서 드디어 어울리는 자리를 주셨구나.'

우선순위가 밀린 장례 행렬은 로마노스의 시신을 관에 넣은 뒤 콘스탄티노폴리스 시내를 행진했습니다.

로마노스는 무리한 토목 공사를 벌이고 교회와 수도원에 지나치게 기부를 한 탓에 악명이 높았습니다. 로마노스에게 원한이 깊은 시민들은 시신이 페리블렙토스 성당으로 운구될 때까지 죽음을 애도하지 않았습니다. 그저 새로 즉위한 황제와 황후에 환호할 뿐이었죠.

불행하게 끝난 재혼

미하일은 소작농 출신으로 배움이 부족하지만 학자들에게 가르침을 받고 성실히 학문을 익히면서 로마노스 때 해이해진 군율을 바로잡았습니다. 세금 문제는 요하네스에게 맡겼는데, 미하일이 군대를 개혁하면서 재정을 소모한 탓에 많은 세금을 거두어야 했죠. 시민들 사이에 불만이 나날이 높아지고 각지에서 반란이 일어났습니다(그중에는 조이하고 결혼할 뻔한 콘스탄티노스 달라세노스도 있었어요. 귀족들이 한 예측이 맞은 셈이죠).

요하네스는 재정 부족을 조이가 사치 부리는 탓으로 돌렸습니다. 요하네스는 미하일에게 어서 조이가 받는 연금을 줄이라고 재촉하면서 두 사람 사이를 이간질했습니다.

"폐하, 국고가 바닥나고 있는데 세금을 거두려고 하니 반발이 너무 심합니다."

"어떻게 하면 좋겠소?"

"폐하께서는 충분히 모범을 보이고 계십니다. 그런데 바실리사†께서……."

미하일은 황제가 된 뒤 기대하고 다르게 고된 정무에 시달리느라 머리에 쥐가 날 지경이었습니다. 늙은 아내가 화장만 하고 산다며 불만을 품었죠.

"바실리사께서 다른 남자를 침소에 들이면 어찌하시렵니까?"

미하일은 로마노스 때처럼 조이가 자기를 배신할까 봐 두려웠죠.

---

† 동로마에서 황후를 가리키는 호칭입니다.

"바실리사가 허튼짓 못 하게 엄히 감시하세요."

미하일은 형이 한 말대로 조이를 규방에 가둔 뒤 연금을 줄였습니다. 시녀와 환관들은 쫓겨났고, 목욕과 산책 횟수가 줄었죠. 또한 외출할 때마다 병사를 붙여 감시했죠. 조이는 로마노스 때보다 더 고통스럽게 생활해야 했습니다.

"미하일, 어떻게 너마저 이런다는 말이냐!"

조이는 기껏 되살린 소망이 산산조각 깨지는 현실에 절규했습니다. 이번에는 편드는 사람도 없었습니다. 그저 규방에서 가슴을 움켜쥐고 쓰라린 고통을 느낄 뿐이었죠.

남편 미하일의 병세가 심해지다

신은 조이의 편이었을까요? 미하일이 간질을 앓고 있다는 사실을 숨기고 있었거든요. 황제가 된 미하일은 부담감에 건강이 빠르게 악화했고, 성격도 점점 신경질적으로 변했습니다.

"빨리, 빨리 커튼 쳐!"

"네? 어디에요?"

"여기, 여기! 빨리!"

미하일은 옥좌 옆에 자줏빛 커튼을 걸게 했습니다. 눈이 뒤집힐 때 그 뒤로 숨으려는 의도였죠. 힘들게 황제 자리에 오른 만큼 이대로 죽을 수 없다고 생각했습니다. 그러나 발작 횟수가 갈수록 늘어나서 시종이나 가족, 특히 조이에게 더는 숨길 수가 없었습니다. 미하일은 조이 곁에 접근조차 하지 않으려 했는데, 젊은 나이인데도 수종에 걸려 부부 관계를 맺지 못했거든요.

조이는 만류하는 시종들을 뿌리치고 갑작스레 쓰러져 처소로 옮겨진 미하일을 찾아왔습니다.

"조이, 어떻게 여기를……."

미하일은 걱정하는 듯한 조이를 보고 후회가 밀려왔습니다.

"폐하께서 누구 덕에 이 자리에 있는지 알고 계시지요? 주님께서 은혜를 잊은 벌을 내리신 겁니다!"

조이는 그동안 쌓인 원한을 쏟아부었습니다. 미하일은 아무런 반박도 하지 못했죠. 그저 조이가 한 말만 힘없이 되뇔 뿐이었습니다. 그날부터 밤마다 악몽을 꿨죠.

"으악! 로마노스가 내 목을 조르고 있어!"

로마노스를 죽이고 황제가 된 탓에 신이 벌을 내린다고 생각한 미하일은 죄를 참회하려 종교에 헌신하는 삶을 살았습니다. 하루에 몇 시간씩 성당에서 기도하거나 성스러운 유물을 들고 행렬 선두에 서서 맨발로 도시를 걸어 다녔습니다. 수도원도 열심히 세우고, 빈자들에게 자선을 베풀고, 고행자들을 찾아가 직접 발을 씻겼죠.

"쾅쾅……. 쏴아……."

"주여, 제게 왜 이러시는 겁니까!"

그러나 소스라치게 내리치는 우박과 폭풍만 돌아올 뿐이었습니다.

미하일은 황제라는 자리가 원하는 대로 누리는 자리가 아니라 원치 않는 일까지 책임지는 자리라는 사실을 여실히 깨닫고 재정과 세금 문제만 형에게 맡긴 뒤 모든 국정을 자기가 도맡았습니다. 그런데 요하네스는 반발까지 사면서 힘들게 거둔 세금을 흥청망청하며 방탕한 생활을 했고, 미하일은 고행과 정무에 시달리느라 점점 쇠약해졌죠.

1041년 초, 미하일은 불가르족이 일으킨 반란을 진압한 뒤 많은 포로를 이끌고 콘스탄티노폴리스로 개선했습니다. 사람들은 승리를 거둔 황제를 보고 환호했죠. 그렇지만 미하일은 정신이 점점 희미해지고 있었습니다. 안색은 창백하고 몸을 제대로 가누지 못하는데다가 손가락은 퉁퉁 부었죠. 조이가 사랑하는 아름다운 미하일은 사라진 지 오래됐습니다.

개선식을 마친 미하일은 화려한 예복을 벗어 던지고 거친 수도복으로 갈아입었습니다.

'주여, 드디어 저를 용서하셨습니까.'

자기가 죽을 줄 안 미하일은 평안한 마음가짐으로 기도를 올렸습니다. 조이는 젊은 나이에 병석에 누운 남편의 운명에 불안했을까요? 아니면 기선제압하고 싶었을까요? 수도원 정문으로 간 조이는 문을 거칠게 두드렸습니다.

"폐하! 폐하!"

"어서 물러가세요! 성소에서 왜 무례하게 구십니까."

문지기들이 팔을 뻗어 조이를 가로막았습니다.

"바실리사가 바실레프스 곁에 있지도 못한다는 말이냐!"

"안 된다. 안 돼, 으······."

"폐하······."

그때 방문 밖으로 신음이 들렸습니다. 미하일은 임종 직전까지 조이를 안 만나려 했죠.

"신발, 신발을······."

미하일은 황제가 신는 자줏빛 장화를 벗은 뒤 수도사들에게 신발을 달라고 했습니다.

"신발이 없습니다."

"그러면, 나를, 방으로……."

미하일은 맨발로 수도사들에게 부축 받으면서 처소로 갔습니다. 조이는 병들어 헐떡이는 남편을 바라볼 뿐이었습니다. 만감이 교차했습니다. 신이 다시 자기를 도운다는 기쁨과 한때 정을 나눈 남편을 잃는다는 슬픔이 물과 기름처럼 마음속에 둥둥 떠다녔죠.

12월 10일, 미하일 4세는 서른한 살 나이에 침대에서 조용히 숨을 거뒀습니다. 이렇게 조이는 두 번째 결혼 생활을 불운하게 끝냈습니다.

땜장이 출신 황제와 명군의 조카 황후

미하일 4세가 세상을 뜨고 사흘 뒤 미하일 4세의 조카인 미하일 5세가 황제가 됐습니다. 미하일 5세는 아버지가 땜장이로, 외삼촌 미하일 4세보다 더 출신이 미천했죠. 혈통도 신분도 기반이 약한 미하일 5세를 양자로 들여 황제가 될 수 있게 한 사람은 조이였습니다.

"주님께서 그대에게 축복을 내리시기를."

미하일은 새어머니가 된 조이의 발 앞에 엎드렸습니다. 조이는 미하일에게 자기는 명목상 황제일 뿐이며 통치권은 황후가 갖는다고 맹세하게 했죠. 미하일은 조이를 '마님'이라 부르며 깍듯하게 대했고, 조이도 만족했습니다. 조이는 마음 편하게 다시 황후 노릇을 할 수 있으리라 기대했지만, 착각일 뿐이었죠.

새로운 흑막이 있었습니다. 미하일 4세의 형 콘스탄티노스가 미하일 5세에게 참언을 내뱉었습니다. 결국 미하일 5세와 삼촌인 요하네스가 대립하는 정국이 펼쳐졌죠.

"폐하, 빨리 대처하셔야 합니다."

"나 여기 앉은 지 얼마 안 됐는데……."

"선황께서 살아 계실 때 요하네스가 얼마나 전횡을 부린지 기억을 못 하십니까? 그자는 폐하를 무시하고 있어요. 땜장이 출신이라고!"

"뭐? 요하네스가 나를 무시했어?"

"식사하던 도중에 그자가 나간 일을 기억하십니까? 아예 시골로 갔다고요! 얼마나 폐하를 무시했으면……."

늘 황제 자리에 오르기를 갈망한 콘스탄티노스는 악어의 눈물을 흘리며 미하일에게 간청했습니다.

"제발……폐하!"

"진정해! 내가 잘못했어!"

콘스탄티노스에게 속은 미하일은 배 한 척을 요하네스가 머무는 시골 영지로 보냈습니다. 요하네스는 불길하지만 황제를 설득할 수 있다고 생각해 배에 올랐습니다. 그렇지만 설득할 기회는 없었죠. 배가 바로 유배지로 향했거든요. 요하네스의 소식을 다시는 들리지 않았고, 근황을 궁금해하는 사람도 없었습니다.

요하네스를 제거한 미하일의 칼날은 다음으로 조이를 향했습니다. 겉으로는 깍듯하지만 속으로는 황제인 자기보다 더 존경받는 황후를 시기했습니다. 교회 행사를 조이가 앞장서서 주도하거나 성명서를 낭독할 때 조이 이름이 먼저 언급되는 등 교회에서도 땜장이 출신 미하일

5세보다 명군 바실리오스 2세의 조카딸 조이를 더 우대했죠.

"대체 왜 다들 바실리사에게만 고개를 조아리지!"

화가 난 미하일은 조이를 규방에 가뒀습니다. 조이는 또다시 적은 연금으로 쪼들리고, 무시무시한 간수들에게 시중을 받으며 살아야 했습니다. 왜 자꾸 시련을 주시냐며 신을 원망한 조이는 정작 여태껏 한 번도 겪지 못한 큰 시련이 다가오는 사실은 몰랐습니다.

황제보다 인기 많은 조이

"폐하, 조이가 바실레프스 자리를 넘보게 계속 내버려 두실 작정이십니까?"

"바실리사가 어떻게 바실레프스가 돼?"

"조이는 바실레프스의 딸입니다. 그런데 폐하는……아무튼! 조이가 폐하의 목숨을 노리고 있습니다!"

4월 18일, 콘스탄티노스는 조이가 황제의 목숨을 노린다고 모함했고, 가뜩이나 조이를 싫어한 미하일은 이 기회를 놓치지 않았습니다. 미하일은 조이를 가둔 규방으로 병사들을 보냈죠.

"이……이게 무슨 짓들이냐!"

그러고는 조이가 황제를 시해하려 한다는 이유로 다짜고짜 법정으로 끌고 갔습니다.

"바실리사가 폐하를 원망한 탓에……."

"바실리사께서 마녀를 불러 저주를……."

"제발 내 말을 들어라!"

"시끄럽소!"

법정에서는 콘스탄티노스가 미리 포섭한 가짜 증인들이 조이를 암살자로 몰아갔습니다. 판사는 증인들 편을 들며 조이에게 변론할 기회를 주지 않았죠.

"피고 조이에게 유죄를 선고한다!"

결국 조이는 배로 끌려간 뒤 수도승처럼 일부만 남긴 채 삭발해야 했습니다. 조이가 기댈 수 있는 대상은 죽은 아버지 콘스탄티노스 8세와 백부 바실리오스 2세뿐이었습니다. 조이는 한때 매서운 존재로 여겨지다가 이제 시민들이 자기를 지지하는 기반이 된 백부에게 기도를 올렸죠. 뺨 위로 눈물이 흘러내렸습니다.

"바실레프스여, 제가 어릴 때 그대가 저를 감싸고 다른 자매들보다 더 아낀 사실을 기억합니다. 당신이 제게 제국을 주셨으니까요."

프린키포 섬에 도착한 조이는 수녀원으로 끌려갔습니다. 계속 몰려오는 시련에 체념한 탓인지 아무런 저항도 하지 않았죠. 처형이라는 최악의 운명을 가정하기도 했고요.

4월 19일, 미하일 5세는 콘스탄티누스 광장에서 콘스탄티노폴리스 행정 장관 아나스타시오스더러 조이를 폐위한다고 선언하게 했습니다.

예상하지 못한 일이 벌어졌습니다. 군중이 야유를 퍼부었거든요.

"바실리사께서 바실레프스를 죽이려 하다니 말도 안 돼!"

"거짓말한 미하일을 몰아내자!"

"조이를 바실리사로!"

"와! 와!"

군중은 수백 년 동안 동로마를 지배한 마케도니아 왕조의 후손이자 명군 바실리오스 2세의 조카딸인 조이를 지지했습니다. 조이가 억울하게 누명을 쓴 사실도 잘 알았죠. 미하일을 양자로 택해 황제로 지목한 사람이 조이라는 사실도요.

"땜장이 놈이……감히 누구 덕에 바실레프스가 됐는데!"

"우리는 바실리사이자 어머니인 조이를 원한다!"

"땜장이 놈의 뼈를 바르자!"

남녀노소 가리지 않고 몽둥이, 칼, 도끼를 든 채 거리로 나섰습니다. 황궁으로 향한 군중은 가장 먼저 콘스탄티노스의 저택을 노렸습니다. 무너트리고 불태우고 쓰러트리며 마구잡이로 약탈했죠. 미하일은 달아나지도 못한 채 구석에 숨어 벌벌 떨 뿐이었고요.

"빨리 조이를 데려와라!"

콘스탄티노스는 조이를 데려올 배를 어서 구하라고 명령했죠. 그러고는 조이가 올 때까지 화살을 비 오듯 쏘면서 성을 방어했습니다.

"저기 봐!"

"바실리사다!"

배에서 내려 사뿐사뿐 걸어오는 조이가 보였죠. 조이는 거친 수녀복을 입고 꾀죄죄한 생활을 한 처지이지만 군중 앞에서는 기품을 유지하기를 원했습니다. 미하일은 콘스탄티노스가 하는 말을 듣고 자줏빛 제복과 제관을 가져왔죠. 조이는 황후복으로 갈아입고 제관을 써서 짧아진 머리를 간신히 가렸습니다.

'부디, 잘할 수 있어.'

조이는 벌벌 떨면서 미하일하고 함께 옥좌로 나아갔습니다. 군중은 여전히 야유를 퍼부었죠.

"바실리사께서 왜 저놈이랑 같이 계시냐?"

"바실리사를 포로로 잡은 속셈을 우리가 모를 줄 알아!"

무능한 황제를 몰아낸 성난 시민들

군중은 조이에게 생각을 묻지 않고 성직자와 원로원 의원들하고 함께 교회에서 미하일을 몰아낼 방법을 의논했습니다. 다들 15년 전 페트리온 수녀원에 감금된 테오도라를 떠올렸죠. 사람들은 수녀원으로 몰려가 테오도라를 끌어내서는 조이하고 똑같이 자줏빛 제복을 입혔습니다. 현장에 모인 모든 사람이 환호했지만, 조이는 표정이 어두웠습니다.

'왜 테오도라랑 같이 제관을 써야 하지?'

조이는 시민들이 자기보다 테오도라에게 더 환호하는 모습을 보고 질투심을 느꼈지만, 성난 시민들을 달래려면 공동 여제라도 돼야 한다고 생각하며 아무 말도 하지 않았습니다. 4월 19일, 미리 대기하던 총대주교가 제관을 씌워 주면서 조이와 테오도라는 공동 여제로 즉위했습니다. 미하일은 도망쳤고, 콘스탄티노스는 끝까지 황궁을 방어하다가 시민들에게 붙들렸습니다. 다음 날 두 사람은 얼굴에 흙을 바르고 삭발해 변장한 뒤 수도복을 입고 수도원으로 들어갔습니다.

"빨리 나와!"

"주님께서 지켜보신다!"

군중은 이 둘이 수도사가 되도록 내버려 두지 않았습니다. 수도원을 부순 뒤 두 사람을 제단에 무릎을 꿇렸죠. 조이는 자기가 수녀원에 머물 때보다 더 몰골이 꾀죄죄한 두 사람을 보고 갑자기 눈물이 핑 돌았습니다.

"이자들에게 자비를……."

"안 돼요!"

조이는 두 사람이 수도사로 살게 하라고 했지만, 테오도라는 두 눈을 뽑아야 한다고 주장했습니다. 테오도라 말에 동의한 시민들은 황궁으로 돌아가 두 사람 눈을 뽑았죠.

"악!"

금색으로 된 황궁 바닥에는 피가 마구잡이로 튀었습니다. 순간 싸늘한 분위기가 감돌았죠. 군중도 두 여제도 아무 말을 하지 않았고요. 미하일 5세와 콘스탄티노스는 각각 다른 수도원으로 보내졌습니다. 그러고는 소리 소문 없이 자취를 감췄죠.

1042년 4월 21일부터 조이와 테오도라는 공동으로 나라를 통치할 자격을 얻었습니다. 테오도라는 언니인 조이가 결정권에서 우위에 있다는 사실을 인정했습니다. 그리고 미하일 5세에 맞선 혈전에서 승리를 거두는 데 톡톡한 공을 세운 콘스탄티노스 카바실라스와 게오르기오스 마니아케스에게 군대를 맡기는 등 요직에 적합한 인물을 앉혔습니다. 그렇지만 정무를 돌볼 때면 두 여제 사이에 싸늘한 기운이 감돌았습니다.

시민들이 반강제로 옹립한 공동 여제여서 성격도 정반대라 종종 갈등이 일어났죠. 꾸미기 좋아해서 돈을 물 쓰듯이 쓰는 조이와 수도원에 오랫동안 갇혀 있느라 검소한 생활을 하는 테오도라는 그야말로 극과 극이었습니다.

"언니, 국고가 바닥난 마당에 또 비단옷을……."

"바실리사로서 품위를 갖추려면 필요해!"

능력에 따라 황제를 선택한 동로마

오랫동안 규방과 수도원에서 생활하느라 정무를 돌보는 능력이 부족한 여제들에게는 새로운 황제가 필요했습니다. 택군 제도가 자리 잡은 동로마 황실에서 새 황제를 맞이하는 방법은 결혼뿐이었죠. 수녀처럼 사느라 남자에 관심이 없던 테오도라하고 다르게 조이는 다시 새로운 남자를 만나고 싶다는 희망에 부풀었습니다.

'멋지고 착한 남자를 다시 만나고 싶어!'

조이는 선수를 쳐서 새로운 남편감을 구했습니다. 첫 상대는 콘스탄티노스 달라시노스였습니다. 조이가 로마노스하고 결혼하느라 남편이 되지 못한 인물이었죠. 이번에는 선택권을 직접 쥔 조이가 달라시노스를 불러 얼굴을 보자고 했습니다.

"아니 옷차림이 왜 그렇소?"

달라시노스는 관복이 아니라 일상복을 입고 궁정에 왔습니다. 모두 깜짝 놀랐죠.

"폐하를 뵐 때 무슨 옷을 입든 그대들이 무슨 상관이요?"

"바실리사 앞에서 무슨 망발을……."

달라시노스는 끝까지 당당했고, 신하들은 황후 앞에서 무례하다며 비난했습니다. 결국 달라시노스는 후보감에서 제외되고 말았죠.

두 번째 상대는 콘스탄티노스 아르토클리네스라는 궁정 관리였습니다. 빼어난 미남으로 유명했죠. 조이는 당사자에게 직접 의사를 묻고 싶었어요.

"아르토클리네스를 내 앞으로 데려오거라."

"폐하, 그런데……."

"숨을 쉬지 않는다고 합니다!"

아르토클리네스가 갑작스레 세상을 떠나버렸습니다. 아르토클리네스의 아내가 로마노스의 아내처럼 수녀원으로 끌려가기 싫어서 남편을 독살한 듯하다는 소문이 떠돌았죠.

"아내가 남편을 죽인 듯합니다!"

"알았다. 진상은 나중에 가리고 어서 새 신랑감을 구하라!"

"폐하!"

빨리 꼴사나운 여동생을 쳐내고 싶던 조이는 소문을 신경 쓸 겨를이 없었죠. 눈독을 들인 다음 상대는 동로마 정통 귀족인 모노마호스 가문의 콘스탄티노스였습니다.

"저자가 감히 누구에게 치근덕대느냐. 당장 추방해라!"

모노마호스는 미하일 4세 못지않게 우아하고 세련된 미남이었죠. 미하일 4세는 조이가 눈독을 들일까 봐 염려해서 모노마호스를 레스보스로 추방했습니다. 조이는 추방된 지 7년이 지난 모노마호스를 콘스탄티노폴리스로 불러들였죠.

1042년 6월 둘째 주 콘스탄티노스 모노마호스가 콘스탄티노폴리스로 왔습니다.

"폐하를 뵈옵니다."

"주님께서 그대에게 가호를 내리시기를."

그전에 모노마호스는 성 미하일 성당에서 총대주교가 대신 전달한 황제가 주는 표창을 받은 뒤 조이한테서 청혼도 받았습니다. 6월 11일에 두 사람은 성대한 결혼식을 올렸죠.

"세 번째 결혼이라니 용납할 수 없는 일이오!"

동방정교회는 세 번 넘게 결혼하는 일을 반대하기 때문에 총대주교가 결혼식 집전을 거부하면서 잠시 소란이 벌어졌습니다. 그래서 다른 사제가 결혼식을 집전했죠. 그 덕에 다음 날 대관식은 조용히 진행됐습니다. 모노마호스는 콘스탄티노스 9세 황제가 되고 조이는 다시 황후가 됐죠.

포르피로옌니티

조이는 여제 직위를 내려놓은 뒤 마음이 다시 안정됐습니다. 세 번째 남편 모노마호스가 조이에게 애정을 주지는 않았죠. 레스보스에 추방돼 있을 때부터 마리아 스클레리나라는 여인을 가까이했습니다. 모노마호스는 애인하고 헤어지기 싫었지만 정치적 입지를 고려해 청혼을 받아들였죠. 스클레리나도 애인이 황제가 되면 자기도 위상이 높아질 수 있다고 생각했고요.

예전 같으면 조이가 무슨 수를 써서라도 스클레리나를 수도에서 추방하거나 암살했겠죠. 그렇지만 불행한 결혼과 독수공방을 거치면서 지칠 대로 지친 조이는 기력이 떨어진 지 오래됐습니다. 조이는 두 사람 관계를 인정하면서 모노마호스가 콘스탄티노폴리스로 올 때 스클레리나에게 편지 두 통을 썼습니다.

"그이하고 같이 콘스탄티노폴리스로 와주게."

스클레리나는 예상 밖으로 조이가 따스한 반응을 보이자 감격했습니다. 두 사람이 수도로 오자 조이는 원로원 의원들이 참석한 행사에서 '우정의 조약'을 작성하게 했죠.

"참 아름다운 한 쌍이야!"

"사랑의 술잔을 보는 듯하구려."

원로원 의원들은 두 사람을 보고 '사랑의 술잔'이라며 찬양했습니다. 스클레리나는 조이에게 금과 향료 등 값비싼 물건을 선물해 환심을 샀고, 조이는 스클레리나를 '세바스테'[†]로 임명했죠. 세 사람은 서로 존중하며 화기애애한 분위기를 이어 갔어요.

콘스탄티노폴리스 시민들은 황제에게 반기를 들었습니다. 황제가

[†] 아우구스타의 그리스어 호칭. 11세기 동로마 황실에서는 황후뿐 아니라 황족 여인들에게 폭넓게 주어졌습니다. 황후나 태후, 여제는 바실리사라고 불렀습니다.

포르피로옌니티이자 정실 황후인 조이를 멀리하고 역적인 스클리로스의 손녀를 가까이하는 모습이 불만이었죠. 포르피로옌니티는 재위 중인 황제와 황후 사이에 태어난 적통을 말합니다. 황후가 머무르는 자줏빛 산실인 포르피라에서 태어나서 붙은 이름인데, 남자아이는 포르피로옌니토스라고 부르죠. 왕가의 많은 아이들 중에서 재위 도중에 태어난 만큼 더더욱 고귀하고 비범한 혈통으로 여겨졌고, 사람들도 특별하고 신성하게 받아들였죠. 그런 포르피로옌니티를 멀리하는 일은 큰 반발을 불러일으킬 수밖에 없었어요.

"스클레리나는 물러나라!"

"사랑하는 어머니들의 목숨을 지키자!"

1044년 3월 9일, 황제가 신성한 순교자들의 성지로 가려고 황궁을 나설 때 군중이 무기를 들고 몰려왔습니다.

"모두 진정하시오!"

조이는 여동생하고 함께 황궁 창문에 모습을 드러냈습니다. 그제야 군중은 안도하고 물러났습니다. 조이는 이 사건으로 황후로서 입지를 굳게 다졌죠. 머지않아 스클레리나가 세상을 떠났고, 슬픔에 빠진 모노마호스는 황후 말고는 어떤 여자도 가까이하지 않았습니다. 조이는 순조롭게 황후 생활을 누리다가 1050년에 일흔두 살로 세상을 떠났습니다.

혈통과 능력

조이가 세상을 떠나자 많은 귀족과 시민이 애도했습니다. 600여 년 전 아일리아 풀케리아 때하고 비슷한 광경이 펼쳐졌죠. 그런데 풀케리아하고 다르게 조이는 뚜렷한 선정을 베푼 적이 없습니다. 조이는 수백 년간 명군을 배출해 정통성을 굳건히 확립한 마케도니아 황실의 후손이자 불가르족을 정벌해 동로마를 강대국 반열에 올린 바실리오스 2세의 조카딸이어서 존경받았습니다. 그래서 시민들은 조이를 여제로 추대하고 스클레리나를 추방하려 했죠. 이렇게 보면 조이는 혈통 덕을 단단히 본 인물입니다. 마치 오늘날 영국 왕실이 조상 덕택에 영국뿐 아니라 전세계에서 사랑받는 현실하고 비슷하죠.

그래도 조이의 삶이 의미가 있는 이유는 풀케리아가 뿌리내린 택군 제도를 발전시켜 여제 자리까지 오른 덕분입니다. 사실 로마 최초의 여제는 조이가 아니에요. 8세기 무렵에 이레네 여제가 있었죠. 이레네가 어린 아들을 섭정하다가 계속 권력을 유지하려고 아들 눈을 뽑아 비판받은 데 견주면 조이는 시민들에게서 지지를 받으면 받지 비판받은 적이 없어요.

혈통도 혈통이지만 불운한 삶도 한몫했습니다. 남편 독살 의혹 등 조이도 완전무결한 존재는 아니지만 공주로 태어나는 바람에 수십 년간 반강제로 독수공방하다가 여러 차례 버림받는 등 혹독하게 살아야 했죠. 너무 늦게 결혼하고 남편들의 사랑을 받지 못한 탓에 자식도 낳지 못했죠. 특별한 야망을 품지 않은 채 조용히 결혼하고 자식 낳아 행복하게 사는 소박한 꿈을 꿀 뿐이었어요. 신은 이런 소박한 꿈조차 이루어주지 않았습니다.

짧은 기간이지만 여제 직위에서 물러나 황후가 된 일도 한 나라를 통치하기보다는 남편을 내조하는 자리가 능력에 맞다고 생각한 탓이었죠. 역사에 몇 안 되는 로마 여제이자 자기 능력을 객관적으로 평가해 능력 있는 황제를 발굴하고 택군 제도를 발전시킨 점에서 조이는 충분히 인정받을 만합니다.

고문서 〈모데나 그라이쿠스 122(Mutinensis graecus 122)〉에 실린 테오도라

10. 마지막 여제의 초연한 삶

테오도라 96대 황제 바실리오스 2세의 조카, 97대 황제 콘스탄티노스 8세의 막내딸, 101대 여제, 103대 여제

테오도라는 여제 조이의 동생입니다. 언니처럼 수십 년간 독수공방하던 테오도라를 미하일 5세가 축출될 때 언니하고 함께 시민들이 황제로 추대했죠. 수백 년간 여러 명군을 배출한 동로마 마케도니아 황실의 후손으로 존경받았거든요. 다른 점도 있습니다. 언니가 죽은 뒤 단독 여제로 추대된 점, 언니처럼 남자에 의존하지 않은 점, 행복한 결혼 생활과 안락한 삶을 넘어 여제로서 책임을 자각한 점입니다.

결혼하라는 아버지에게 반항한 황녀

"결혼하기 싫습니다!"

"테오도라, 아비가 하는 명을 따르지 않을 셈이냐!"

"폐하야말로 왜 주님의 뜻을 거부하려 하십니까?"

1028년, 쉰 살이 다 된 막내딸 테오도라는 임종 직전인 아버지 콘스탄티노스 8세에게 큰 소리로 반항했습니다. 매서운 백부 바실리오스 2세 눈치를 보느라 여태 결혼하지 못하다가 백부가 죽고 아버지도 임종 직전이 돼서야 결혼 이야기가 나온 참이었죠. 그렇지만 수십 년 간 독수공방한 테오도라는 결혼을 거부했습니다.

"얘야, 로마노스가 얼마나 마음에 들지 않길래 이러느냐?"

콘스탄티노스는 숨을 헐떡이며 딸을 달랬죠.

"아버지, 로마노스는 칠촌 아저씨입니다. 교회는 근친혼을 엄격히 금하고 있습니다. 그리고……."

"그리고 뭐?"

"로마노스는 이미 아내가 있습니다!"

정절과 종교에 엄격하던 테오도라는 유부남이자 친척인 로마노스하고 결혼하라는 명을 한사코 거부했습니다. 결국 테오도라는 다시 규방으로 들어가고 언니 조이가 로마노스하고 결혼하게 됐죠. 조이의 일생은 앞에서 설명했으니, 이번에는 테오도라가 어떤 삶을 살아가는지 알아보겠습니다.

몰아낼 결심

로마노스하고 결혼해 황후가 된 언니 조이는 동생 테오도라를 견제했습니다. 테오도라가 결혼하면 남편까지 힘을 합쳐 황위를 노릴지도 모른다고 생각했죠.

"너……이리 와!"

"언니, 무슨 짓이야!"

조이는 테오도라를 다짜고짜 방으로 끌고 와 삭발을 시켰습니다. 남자 수도사들처럼 귀밑머리만 남긴 채로 말이죠. 수녀원에 감금된 테오도라는 언니에게 앙심을 품었습니다.

'나는 아무 짓도 안 했다고!'

1029년, 테오도라는 언니를 몰아내기로 결심했죠. 그러고는 지지자를 포섭했습니다. 지지자 중에 프레시안이라는 사람이 있었죠. 원래 동로마 제국에 복속된 불가리아 왕의 아들인데 쿠르쿠아스하고 결혼해 동로마 귀족이 됐죠. 프레시안은 불가리아 사람들을 학살한 바실리오스 2세에게 남몰래 원한을 품고 있었죠. 이제 바실리오스가 없는 동로마 제국을 전복시킬 계획을 꾸몄습니다.

"프레시안, 할 수 있겠소?"

"저만 믿으소서."

프레시안은 테오도라의 손에 키스하며 답했습니다. 곧 조이와 로마노스 부부를 몰아낼 군사를 모으기 시작했죠.

"당장 테오도라와 프레시안을 체포하라!"

"읍……으읍."

반란 계획이 새어 나가 두 사람은 황제와 황후 앞으로 끌려갔습니다. 모진 고문 끝에 프레시안은 자백했죠.

"제가……제가 전부 꾸민 일입니다!"

프레시안은 눈이 뽑힌 채 수도원으로 추방됐습니다. 프레시안의 어머니도 콘스탄티노폴리스에서 쫓겨났고, 테오도라는 기껏 기른 머리를 다시 깎인 채 페트리온 수녀원에 감금됐죠. 그 뒤 13년이라는 세월이 흘렀습니다.

공동 여제

테오도라가 13년간 조용히 수녀원에서 살 동안 황실은 어지러웠습니다. 미하일 4세가 죽고 황제가 된 미하일 5세가 조이에게 가혹하게 대하자 시민들이 폭동을 일으켰죠. 미하일은 재빨리 조이를 수녀원에서 불러들였습니다. 조이는 황후복으로 갈아입고 짧아진 머리를 제관으로 간신히 가린 뒤 미하일하고 함께 옥좌로 나아갔습니다. 그렇지만 군중은 여전히 야유를 퍼부었죠.

"바실리사께서 왜 저놈이랑 같이 계시냐?"

"바실리사를 포로로 잡은 속셈을 우리가 모를 줄 알아!"

군중은 10여 년 전 수녀원에 감금된 테오도라를 떠올렸죠. 시위를 주도한 콘스탄티노스 카바실라스는 미하일이 쫓아낸 환관들을 포함한 군중하고 함께 페트리온으로 향했습니다.

"폭도들이 페드리온으로 오고 있습니다! 어서 대관식을 치를 준비를 하셔야……."

"빨리 예배당으로 대피
해라!"

테오도라는 카바실라
스가 자기를 죽이려는 줄
알고 서둘러 수녀원 예배
당으로 대피했죠. 카바실
라스는 예배당까지 쫓아가
테오도라를 붙잡았고요.

"네 이놈들, 안 된다!"

"폐하, 폐하께서는 조

만간 바실리사가 되실 겁니다. 대관식은 저희가 이미 준비 중이니 이
옷만 입으시면 됩니다."

카바실라스는 그제야 진정한 테오도라에게 자줏빛 여제복을 입힌
뒤 대관식을 치르러 하기아 소피아 성당으로 향했습니다. 1042년 4월
19일, 테오도라는 총대주교에게 제관을 받으면서 언니 조이하고 함께
공동 여제로 즉위했습니다. 카바실라스를 포함한 시민들은 환호했지
만, 두 여제는 표정이 어두웠죠.

'왜 저애랑 같이 제관을 써야 하지?'

'언니가 또 무슨 짓을 한다면?'

시민들이 테오도라에게 더 환호한다고 생각한 조이는 동생을 질투
했습니다. 다만 기뻐하는 시민들 앞에서 싸울 수는 없었죠. 4월 21일,
두 여제는 서로 통치 권한을 인정하되 언니 조이가 우위에 서기로 합의

했습니다.

"언니가 내리는 명령을 따르겠습니다."

두 여제는 머지않아 다툼을 벌이기 시작했습니다. 성격이 정반대였거든요. 꾸미기 좋아해서 돈을 물 쓰듯 쓰는 조이와 수도원에 오랫동안 갇혀 있느라 검소한 생활을 하는 테오도라는 극과 극이었죠.

"언니, 국고가 바닥난 마당에 또 비단옷을……."

"바실리사로서 품위를 갖추려면 필요해!"

여동생하고 같이 통치하기 싫던 조이는 콘스탄티노스 모노마호스를 새 남편으로 맞이해 다시 황후가 됐습니다. 테오도라는 또 수녀원으로 유폐됐죠. 그렇지만 이미 한 번 여제에 오른 만큼 영향력을 완전히 무시할 수는 없었습니다. 조이도 모노마호스도 테오도라를 전 여제로 예우해야 했죠.

테오도라는 스클레리나 사건 때 한 차례 활약했습니다. 모노마호스 황제는 늙은 아내 조이를 멀리하고 젊은 정부인 마리아 스클레리나를 가까이 했죠. 조이는 그전에 젊은 남편을 가까이하려다가 도리어 쓴맛을 본 적이 있어서 모노마호스가 정부를 들이는 일을 허락했어요. 그러나 시민들은 생각이 달랐죠. 황제가 정실 황후를 멀리하고 역적의 손녀인 스클레리나를 가까이하는 모습에 불만을 품은 사람들이 무기를 들고 황궁으로 몰려왔죠. 이때 테오도라는 조이하고 함께 황궁 창문에서 모습을 드러내 화난 군중을 진정시킵니다.

단독 여제

스클레리나는 머지않아 폐 질환에 걸려 숨을 거뒀습니다. 6년 뒤 조이도 세상을 떠났죠. 홀아비 신세가 된 모노마호스는 국정을 소홀히 하지 않았습니다. 마케도니아의 정예 병력을 동방 전선에 배치해 셀주크 튀르크를 방어하고, 페체네그와 키예프하고 전선을 구축해 동로마 국경을 지켰죠. 측근 환관들을 총사령관으로 배치해 장군들이 쿠데타를 일으킬 여지도 없앴습니다. 다만 여러 전쟁을 치르고 수도원을 건설하는 와중에 모노마호스의 낭비벽까지 겹친 탓에 금화가 순도 70퍼센트까지 떨어졌죠.

언니가 죽은 뒤 사치하는 형부를 제지하는 일은 테오도라의 몫이었습니다.

"언제까지 술에 취해 계실 겁니까? 어서 정사를 돌보셔야죠."

"잠깐, 이것만 마시고……."

"폐하!"

모노마호스는 알란이라는 조지아 출신 여인하고 다시 결혼하려 했습니다. 그런데 조이하고 결혼하기 전에 이미 두 번 결혼한 전적이 있었습니다. 교회는 네 번째 결혼을 엄격히 금했고, 종교에 신실한 테오도라도 형부를 말렸죠.

"주님 앞에서 부끄럽지 않습니까!"

결국 사혼은 없던 일이 됐죠. 콘스탄티노스 9세 모노마호스는 혼자 살다가 1055년 1월 11일 목욕탕에서 감기에 걸려 세상을 떠났습니다. 다음 후계자는 모노마호스의 처제 테오도라였는데, 모노마호스의 측근들은 불가리아 총독인 프로테본을 황제로 앉히려 했습니다.

"근본도 없는 자를 바실레프스로 추대할 수는 없소!"

시민과 귀족들은 이 결정에 반발했고, 수녀원에서 소식을 들은 테오도라는 그날 바로 선수를 쳐서 옥좌에 앉았습니다. 프로테본 지지자들은 재빨리 철수했고, 프로테본도 수도원으로 물러났죠. 이때 테오도라는 일흔다섯 살로 대관식을 치를 때 군중이 내지르는 환호도 희미하게 들릴 정도였어요. 하기아 소피아 성당도 침침하게 보였고요.

한 나라를 통치하기에 너무 많은 나이였지만, 테오도라는 국정에서 손을 떼지 않았습니다. 선황 콘스탄티노스 9세 밑에서 권력을 휘두른 환관들 대신 아버지 콘스탄티노스 8세 때 관료들을 다시 기용했습니다. 법령을 반포하고 총대주교 등 다른 대신들이 황제 권한을 넘보지 못하게 했습니다. 또한 동방의 셀주크 튀르크 전선을 유지하는 등 선황이 잘한 정책은 끝까지 유지했습니다. 브리엔니오스 등이 반란을 일으키자 거칠게 진압하기도 했죠.

일에 열성적이고 책임감도 강하지만 나이 든 테오도라가 단독으로 정무를 처리하려니 체력에 한계가 있었습니다. 죽을 때가 다가오는 느낌을 받은 탓인지 테오도라는 점점 삶에 초연해졌죠. 그래서 레온 파라스폰딜로스라는 총리에게 정무를 맡겨야만 했습니다.

"짐 대신 이 나라 정무를 돌보세요."

이때 더 큰 파도가 다가오고 있었습니다. 바로 후계자 문제였죠. 총대주교는 젊은 남편을 들여 마케도니아 왕조의 혈통을 이으라고 권유했습니다.

"이 나이가 돼서 대체 누구하고 혼인을 올린다는 말이오."

테오도라는 평생 결혼을 한 적이 없어서 자식도 없었습니다. 오랫

동안 수녀원에 살아서 남자를 만날 기회도 없었고, 종교적으로 신실하게 생활한 탓에 남자를 만나고 싶은 마음도 없었죠.

1056년 8월 31일, 테오도라는 심각한 복통에 시달렸습니다. 말도 못 하고 몸도 제대로 가누지 못했죠. 파라스폰딜로스는 콘스탄티노스 9세 시절 군장관을 지낸 미하일 브링가스를 황제로 추천했습니다. 테오도라는 브링가스의 얼굴을 보고 고개만 끄덕일 뿐이었죠.

브링가스는 대관식을 치른 뒤 미하일 6세로 즉위했고, 몇 시간 뒤 테오도라는 일흔여섯을 일기로 세상을 떠났습니다. 동로마 마케도니아 왕조는 테오도라를 끝으로 단절됐죠.

두 번 황제가 된 공주

테오도라는 2200년 로마사에서 드물게 여제 자리에 오른 공주입니다. 여제가 될 만한 특별한 자질은 없었죠. 수백 년간 많은 명군을 배출한 동로마 마케도니아 왕조의 후손으로 언니하고 함께 시민들에게 존경받았습니다. 언니가 남편 셋과 양자 하나를 황제로 만드느라 다사다난한 삶을 산 반면, 테오도라는 단조롭고 평화로운 일상을 보냈죠. 제국을 지배하겠다는 야망도, 결혼해서 자식을 낳고 살겠다는 소박한 꿈도 없었거든요. 그런데도 순조롭게 여제가 될 수 있었죠. 황제가 되려면 원로원과 근위대가 승인해야 해서 그만큼 자주 교체된 고대 로마에 견줘 동로마는 마케도니아 왕조가 자리 잡은 지 150여 년이 지나 정통성이 확고한 덕에 시민들이 '여자 황제'를 용납할 수 있었죠.

테오도라는 야망이나 꿈이 없다고 해서 의미 없는 쾌락에만 심취하지는 않았습니다. 도리어 종교에 신실하며 검소하고 정직한 성품이었죠. 이 점은 언니 조이보다 조상 풀케리아를 더 닮았어요. 그리고 원치 않게 두 번이나 여제가 될 때도 여제로서 해야 할 의무를 자각하고 정무를 충실히 돌봤습니다. 능력보다는 혈통 덕에 여제가 된데다 여성으로서 시대적 한계가 있었지만, 미하일 아탈리아티스나 미하일 프셀로스 같은 비잔티움 제국 역사가들이 테오도라를 좋게 평가한 이유도 바로 그런 점 때문이었죠.

5부

동로마의 중흥과
몰락을 지키다

19세기 어느 판화가가 그린
안나 콤니니 상상화

11. 첫 여성 사학자가 된 황녀

안나 콤니니 109대 황제 알렉시오스 1세의 딸, 110대 황제 요하네스 2세의 누나, 111대 황제 마누일 1세의 고모

조이와 테오도라 자매가 세상을 떠난 지 30여 년 지난 1083년, 황후 전용 자줏빛 산실 포르피라에서 한 여자아이가 태어났습니다. 바로 황제 알렉시오스 1세 콤니노스의 장녀 안나 콤니니였죠. 두 여제가 세상을 떠난 뒤 제국은 내분과 무능한 황제들이 저지른 실정 탓에 어지러웠습니다. 그때 장군 알렉시오스가 혜성처럼 나타나 혼란을 잠재우고 황제로 즉위했죠. 황제 부부가 만인의 축복을 받을 때 태어난 첫 여자아이가 안나 콤니니였죠.

뛰어난 능력을 갖춘 가족의 후광을 받은데다가 이 장점을 활용해 정치판에 뛰어든 점은 조이나 테오도라하고 비슷했지만, 안나는 여제가 되지 못했습니다. 대신 다른 이름으로 역사에 흔적을 남겼죠.

화려한 시절

1147년 비잔티움 제국의 수도 콘스탄티노폴리스, 이국적 옷차림을 한 사신 수백 명이 황제를 알현했습니다. 상인, 학자, 순례자, 용병 등 가지각색 사람들이 다양한 언어로 황제 앞에서 말을 늘어놓았죠. 맨 앞에는 손끝과 발끝까지 쇠사슬로 감싸고 그 위에 십자가가 그려진 서코트를 두른 채 꼭 필요한 장식만 한 남성과 화려한 보석에 자수가 가득한 베일을 두르고 치렁치렁한 옷자락을 펄럭이는 여성이 서 있었습니다. 두 사람은 프랑스 국왕 루이 7세와 왕비 아키텐의 엘레오노르였죠.

발목까지 뒤덮는 자주색 튜닉을 입고 어깨 위에 황금색 로룸을 걸친 비잔티움 황제 마누일 1세는 옥좌에 앉은 채 이국에서 온 왕과 왕비를 맞이했죠. 마누일 1세는 50여 년 전 조부 알렉시오스 1세 때 '성지 탈환'을 명분으로 찾아온 서유럽 영주들을 떠올렸습니다. 영주들은 황제에게 충성을 바치지 않겠다면서 성문 앞에서 분쟁을 일으켰죠.

"야만인들이 또 기승을 부리는군."

그때는 마누일이 태어나기 한참 전이었습니다. 십자군이 처음 콘스탄티노폴리스에 발 디딘 순간을 기억하는 사람은 블라헤르네 궁정[†]에 아무도 없었죠. 오로지 수십 년째 케하리토메네 수녀원에서 은거하던 여인만이 그 순간을 기억할 뿐이었어요. 바로 마누일 1세의 고모 안나 콤니니죠.

"라틴인 왕비가 왔다고?"

안나는 프랑스에서 조촐한 차림을 한 남편과 화려하게 치장한 아

[†] 콘스탄티노폴리스 서북쪽에 자리한 비잔티움 제국의 황궁입니다.

내가 콘스탄티노폴리스에 당도한 소식을 듣고 10년 전 세상을 뜬 남편 니키포로스를 떠올렸습니다. 자줏빛 튜닉을 입고 화려한 보석과 자수로 꾸민 베일을 두른 시절, 남편하고 함께 보낸 행복한 시간을 말이죠.

"어디 보자."

안나는 침침한 눈으로 등불을 더듬었습니다. 불을 켜고 깃펜을 쥐어 종이에 댔습니다. 손에는 주름이 자글자글하지만 날렵한 손날은 젊은 시절 미모를 떠올리게 했죠.

"나, 안나는 알렉시오스 황제와 이리니 황후의 딸이자 포르피로옌니티다."[†]

황궁에서 열리는 시끌벅적한 연회 소리가 거무튀튀한 먼지 휘날리는 수도원으로 희미하게 울려 퍼지는 사이에 안나는 깃펜을 떨어뜨렸습니다. 꾸벅잠이 들었죠. 몸과 머리에 검고 거친 베일을 두른 안나는 어느새 자줏빛 산실에서 사랑받던 시절로 돌아갔습니다.

자줏빛 산실에서 태어난 황녀

"안나, 어미 곁으로 오렴."

"네, 마마."

1190년, 은은한 자줏빛 풍광이 감싸는 블라헤르네 궁정, 여덟 살 안나는 어머니 이리니 두케나가 한 손짓을 보고 조심조심 걸어갔습니

[†] Anna Komnene, *The Alexiad*, tr. Elizabeth Dawes, London: Kegan Paul, Trench, Trübner & Co., 1928(안나 콤니니, 《알렉시아드》, 장인식, 여지현, 유동수, 김연수 옮김, 히스토리퀸, 2024).

다. 의자에 앉아 있는 이리니는 딸이 다가오자 품에 안았죠. 안나는 봄
햇살처럼 밝게 까르르 웃었어요.

"안나, 어머니라고 부르려무나."

"어머니, 저건 뭐예요?"

어머니 말을 바로 알아들은 안나는 탁자에 놓인 책을 가리키며 물
었습니다.

"성경이란다. 하와가 아담에게 선악의 열매를 주는 대목을 읽고 있
었단다."

"선악의 열매가 뭐예요?"

"태초에 야훼께서 천지를 창조하실 때……."

이리니는 어린 딸에게 하느님 말씀을 어떻게 가르쳐야 할지, 특히
아담이 선악의 열매를 먹은 뒤 에덴동산에서 쫓겨나는 불운한 장면을
들려줘도 될지 고민했죠.

"안나, 좀 크면 자세히 들려주마."

"네……."

"미안하다. 이 책은 네가 읽기는 많이 어려워서. 이제 콘스탄티노스
하고 놀면 어떻겠니?"

이리니는 책을 덮고 안나를 바닥에 내려놓았습니다. 약혼자 콘스탄
티노스도 전 황후 마리아 알라니아와 전 황제 미하일 7세 두카스의 아
들인 만큼 자줏빛 산실에서 태어난 포르피로옌니토스였죠. 안나의 어
머니 이리니도 두카스 가문 출신이니 콘스탄티노스와 안나는 먼 친척
이기도 했죠. 안나가 태어나자마자 콘스탄티노스하고 약혼한 이유는
두 사람 모두 황금 씨족인 덕택입니다.

알렉시오스가 선대 황제 니키포로스 3세 보타니아티스를 몰아낼 때 큰 공을 세운 사람이 전 황후 마리아이기도 했고요. 남편을 잃고 늙은 황제 보타니아티스하고 강제로 재혼한 탓에 처음부터 불만이 많던 마리아는 알렉시오스가 쿠데타를 일으킨다면 돕겠다고 했습니다.

"내 아들을 바실레프스로 선포하시오. 그렇게 한다면 내가 그대를 도우리다."

알렉시오스는 이 제안을 흔쾌히 받아들였습니다. 황제가 된 지 2년 뒤 안나를 낳자마자 콘스탄티노스하고 약혼시킨 뒤 콘스탄티노스를 후계자로 임명했습니다. 어린 안나는 어른들 사이의 복잡한 사정을 알지 못했습니다. 잘생기고 친절한 아홉 살 많은 오빠일 뿐이었죠.

"알았어요. 어서 콘스탄티노스 오빠를 만나러 갈게요."

안나는 어머니가 피곤하다는 눈치를 챘습니다. 재빨리 인사를 한 뒤 시녀 손을 잡고 포르피라를 떠났죠. 머릿속은 살아 있는 조각상 같은 오빠를 만날 기대감으로 가득 찼어요.

"공주 전하, 강녕하셨습니까?"

망가나 궁정에 도착하니 금발을 찰랑거리며 밝은 돌처럼 빛나는 눈동자에 장미꽃처럼 불그스름한 홍조를 띤 콘스탄티노스가 기다리고 있었습니다. 콘스탄티노스는 안나의 키에 맞추려고 고개를 숙였죠. 안나는 키 큰 오빠를 보며 얼굴을 붉혔고요.

"전하, 불편하신 일이라도……."

"아……아니에요."

안나는 고개를 돌린 채 아무 말도 하지 못했습니다. 황금시대†로 내려온 양 사랑의 신 에로스를 만난 듯 착각을 했죠. 어른들이 말하는 결혼을 콘스탄티노스 몰래 꿈꿨습니다. 두 사람이 함께 있는 모습을 보며 시어머니 마리아는 흐뭇해했습니다. 마치 사랑의 여신이자 에로스의 어머니 아프로디테처럼요.

약혼자의 죽음

안나가 꾼 꿈은 이루어지지 않았습니다. 콘스탄티노스와 마리아 모자에게 닥친 불운 때문이었죠. 1094년 전 황제 로마노스 4세 디오예니스의 아들이자 또 다른 포르피로옌니토스인 니키포로스 디오예니스가 반란을 일으켰습니다. 마리아의 첫 남편 미하일 7세의 의붓동생이어서 마리아 모자도 자연스레 연루될 수밖에 없었죠. 마리아의 친척인 아드리아노스 콤니노스와 미하일 타로니테스도 가담한 상황이니 더 안 좋은 소문이 떠돌 수밖에 없었습니다.

---

† 그리스 신화에서 나오는 태초의 시대로, 아무런 힘을 들이지 않고도 농작물을 수확하며 즐겁게 지낸 때입니다.

"마리아가 수도원으로 물러났지."

"맞아. 그래서 불만을 품고 니키포로스한테……."

"쉿, 누가 듣겠다."

1087년 알렉시오스가 아들 요하네스를 낳은 뒤 마리아 모자는 수도원에서 조용히 살고 있었습니다. 말이 좋아 수도원이지 재산을 고스란히 들고 가서 궁전이나 다름없었지만요.

알렉시오스는 반란 음모를 사전에 밝혀내 디오예니스를 추격하라고 명령했습니다. 아직 열한 살이지만 눈치 빠른 안나는 황실에서 흉흉한 일이 벌어진다는 사실을 직감했죠. 콘스탄티노스를 걱정한 안나는 시녀들을 물리치고 망가나 수도원으로 향했습니다.

"공주님!"

"오빠, 어디 있어요?"

콘스탄티노스는 수도원 앞뜰에서 말고삐를 쥔 채 어떤 남자하고 실랑이를 벌이고 있었습니다. 화사하던 오빠가 그늘진 모습을 보고 안나는 불안했죠.

"빨리 그 말 좀 빌려줘! 급하다고!"

"숙부님, 이 말은 폐하께서 하사하신 선물입니다."

"감히 내 부탁을 무시하는 거야!"

"방금 말씀드렸잖습니까. 폐하께 반역을 저지른 자에게 폐하께서 주신 말을 줄 수는 없다고요."

"뭐야?"

어린 시절 친부를 잃은 콘스탄티노스는 알렉시오스를 내심 아버지처럼 존경하고 있었죠. 그래서 반역자인 숙부 대신 알렉시오스 편을 들었어요. 어머니 마리아에게 꼬리표처럼 따라붙은 반역자 누명도 벗겨야 했고요. 그쪽이 더 신변을 보장받는 길이기도 했으니까요. 그렇지만 안나는 속사정을 알 길이 없었습니다. 그저 오빠가 아버지 편을 드는 모습을 보고 좋아할 뿐이었죠. 이날은 안나가 콘스탄티노스를 만난 마지막 날이었습니다.

디오예니스는 반역죄로 두 눈이 뽑혔고, 아드리아노스도 소리 소문 없이 사라졌습니다. 알렉시오스의 누이 마리아 콤니니가 개입해 타로니테스만 간신히 목숨을 건졌죠. 반역자들 이름이 역사에서 사라질 때 콘스탄티노스도 병으로 세상을 떠났습니다. 그때가 1095년이죠.

"오빠가 눈을 안 떠요."

"공주님, 자중하셔야 합니다."

"안나, 어서 들어가거라."

"오빠……."

안나는 싸늘하게 식은 콘스탄티노스의 얼굴을 보며 눈물을 글썽였습니다. 불그레한 홍조도 보이지 않고 따스한 온기도 더는 느껴지지 않았죠. 친히 수도원을 찾아온 알렉시오스는 딸을 만난 뒤 조용히 장례를 치르라고 명령했습니다.

"안나가 슬퍼하고 있다. 어서 새 신랑감을 찾아야지."

반역자의 자손

알렉시오스는 아들 요하네스를 공동 황제로 지목한 뒤 안나의 재혼을 준비했습니다. 그러고는 2년이 흘렀습니다. 안나는 어머니 쪽인 두카스 가문에서 물려받은 청록색 눈동자에다 아버지 쪽인 콤니노스 가문에서 물려받은 뽀얀 피부와 불그레한 홍조가 섞여 있었죠. 그리스 철학과 신화, 성경 등을 독파하면서 지식도 쌓았고요. 안나는 이런 혈통과 미모, 지성에 걸맞은 새 신랑을 기대했습니다.

'에로스 같은 남자가 내 앞에 오면······.'

드디어 안나는 새로운 남편을 만나게 됩니다. 소 니키포로스 브리엔니오스였습니다. 아버지가 지목한 남자를 처음 만난 날, 안나는 실망하지 않을 수 없었습니다. 안나 앞에는 금발 머리를 치렁치렁 휘날리는 젊은 미남자가 아니라 평범한 장년 남자가 있었습니다. 이때 안나는 열네 살이고 니키포로스는 서른다섯 살[†]이었습니다.

물론 니키포로스도 못생기지는 않았습니다. 사이프러스 나무처럼 키가 크고 몸이 탄탄한데다가 붉은 머리에 아름다운 눈을 지녔죠. 그렇지만 어린 안나에게 콘스탄티노스와 니키포로스가 비교되는 일은 어쩔 수 없었습니다.

"내가 왜 이런 아저씨랑······."

[†] 영문판 위키피디아와 《브리태니커 백과사전(Encyclopædia Britannica)》 1911년판에는 니키포로스가 안나하고 스물한 살 차이가 난다고 나오지만 율리아 콜로부가 쓴 《안나 콤니니와 알렉시아스 — 비잔티움 공주와 1차 십자군(Anna Komnene and the Alexiad The Byzantine Princess and the First Crusade)》(2020)에 따르면 니키포로스는 열일곱 살에 약혼했습니다. 스물한 살 차이로 보는 사료가 더 많아서 그대로 따랐습니다.

10대 중반인 안나는 정식 황제와 황후의 장녀이자 미래의 황후로 촉망받던 과거를 기억했습니다. 적어도 황실 핏줄을 물려받은 콘스탄티노스하고 결혼하면 무난히 제국의 황후가 될 수 있었죠. 그렇지만 콘스탄티노스는 죽었고, 후계자 자리는 동생 요하네스가 차지했습니다. 이제 동생들을 거느린 안나는 황제의 딸 중 한 명에 지나지 않았죠.

원래 비잔티움 제국 황녀들은 보통 외국 왕족하고 결혼했죠. 마케도니아 왕조의 콘스탄티노스 7세가 의전서[†]에 제국에서 태어나고 자란 황녀를 외국에 보내면 안 된다고 지시했지만, 후대 황제들은 암암리에 외국에 딸을 시집보내려 했죠. 4부에 나온 조이가 신성 로마 제국 황제하고 결혼할 뻔한 일이 대표적입니다. 안나의 시어머니 알라니아의 마리아처럼 다른 나라 공주가 비잔티움으로 시집오는 사례도 있었고요.

무엇보다 안나는 신분 때문에 실망했습니다. 니키포로스는 콘스탄티노스하고 다르게 안나에게 짐이 됐죠. 니키포로스의 아버지 대 니키포로스 브리엔니오스[††]는 알렉시오스가 보타니아티스 황제 밑에서 일하던 시절에 반란을 일으켰고, 결국 알렉시오스에게 진압돼 눈이 뽑혔습니다. 황제가 된 알렉시오스가 자비를 베풀어 디라히온의 공작으로 임명했지만, 뽑힌 눈은 돌아오지 않았죠.

'저자가 또 반란을 일으키면······.'

[†] 《콘스탄티누스 포르피로옌니토스 ─ 예식의 책(Constantine Porphyrogennetos: The Book of Ceremonies)》(Anne Moffatt, 2017).

[††] 소 니키포로스 브리엔니오스가 대 브리엔니오스의 아들이면 안나와 21세, 손자면 4세 차이가 납니다. 이 책에서는 21세 설을 택했습니다. 대 브리엔니오스는 소 브리엔니오스의 아버지라고 봐야 개연성이 있습니다.

알렉시오스는 대 니키포로스 브리엔니오스가 원한을 품고 다시 반란을 일으킬까 봐 걱정했습니다. 이미 반역죄로 처벌받은 사람을 또 처벌할 수는 없었습니다. 그래서 딸 안나하고 니키포로스를 결혼시켜 결혼 동맹을 맺었죠.

결혼식 날 콘스탄티노폴리스에 구름 같은 인파가 몰려들었습니다. 시민들은 두 사람을 축복했고, 거리에는 행복한 노래가 울려 퍼졌죠.

"황금 커플에게 아름다운 장미를 선사하리!"

'내가 어쩌다가……'

정작 주인공인 안나는 기쁘지 않았습니다. 포르피로옌니토스인 약혼자가 아니라 반역자의 아들하고 결혼해야 하는 현실을 한탄했죠. 안나는 자기 손을 잡고 걸어가는 아버지를 바라보며 원망했습니다. 교회에 도착해 성직자 앞에서 남편에게 손을 건네고 머리에 왕관을 쓴 채 같은 잔에 담긴 와인을 마시면서 의식을 치렀지만, 안나는 여전히 표정이 어두웠습니다.

서로 감화하는 결혼 생활

니키포로스도 어린 아내의 심정을 대강 짐작했습니다. 황제가 내린 명에 따라 황녀하고 결혼한 니키포로스는 기쁘지도 슬프지도 않았습니다. 그저 결혼식을 기념해 가난한 이들에게 자선 물품을 나누어 주고 교회에 헌납도 하는 등 엄밀히 말하면 부부가 함께해야 할 일을 자기 일처럼 묵묵히 수행할 뿐이었습니다.

"그대들은 로마의 자랑일세. 그대들 덕에 내가 주님 앞에서 고개를 떳떳이 들 수 있기를 바라네."

알렉시오스는 안나와 니키포로스 부부에게 예배당, 목욕탕, 테라
스, 정원 등을 갖춘 큰 저택과 카이사리사와 카이사르 호칭을 하사했
습니다. 카이사르는 비잔티움에서 공동 황제나 황위 계승자에게 내려
지는 호칭이었습니다. 공동 황제는 안나의 동생 요하네스이지만 명목
상 니키포로스를 후계자로 인정한 셈이었죠. 안나는 콧대가 다시 높아
졌습니다.

"바실레프스가 되고 싶으면 내 눈을 똑바로 바라보지 말고 늘 고개
를 숙이세요."

"예, 부인."

니키포로스는 순순히 나이 어린 부인의 비위를 맞췄습니다. 늘 눈
치를 살피며 불편한 점이 없는지 점검했죠.

"부인, 불편하지 않으십니까?"

"괜찮아요. 어서 저 책들 좀 들고 와요."

니키포로스는 시종들을 물리치고 자기가 직접 책을 들며 물었죠.

"또 필요한 것이라도……."

"없어요. 어서 서재로 가요."

안나는 금으로 장식한 모자이크 벽화를 지나치며 대리석 타일 바닥
을 사뿐사뿐 걸었습니다. 니키포로스는 늘 아내에게서 한 발짝 물러나
고개를 숙인 채 뒤따랐죠. 시종과 시녀 무리가 두 사람 뒤를 따랐고요.

황제의 장녀로서 평범한 중세 여성들하고 다르게 어릴 때부터 책을
가까이 한 안나는 결혼한 뒤에도 내로라하는 학자들 밑에서 신학과 철
학뿐 아니라 문법, 수사학, 논리학 등 삼학trivium과 산술, 기하학, 음악,

천문학 등 사과quadrivium를 웬만한 상류층 남성도 범접하기 힘들 정도로 공부했죠.

니키포로스도 지적이며 잘난 아내에게 감화해 학문에 열의를 다했습니다. 특히 성경도 성경이지만 호메로스의 《일리아스》와 아리스토텔레스와 플라톤의 철학에 관심을 가졌죠.

"아폴론이 에로스가 한 장난 탓에 다프네에게서 미움을 받고 있소. 태양을 관장하는 고귀한 신께서 어찌 여인 앞에서는……."

"시시콜콜한 연애 타령 할 시간에 어서 플라톤의 《폴리테이아》를 읽으세요. 군주에게 철학이 필요해요."

"미안하오."

"바실레프스가 될 사람이 이러면……."

순순히 사과하는 남편을 보면서 안나는 내심 미안했죠. 거만한 안나도 남편에게 천천히 감화됐습니다. 학문을 공부해도 교류할 사람은 부족한 참에 남편이 빈자리를 채운 덕이었죠.

"바실리사가 되려면 빈자에게 자선을 베풀 줄 알아야 해요."

"오냐, 너에게 병원 한 채를 하사하마."

안나는 학문 교류뿐 아니라 자선 활동에도 힘써서 아버지에게 큰 병원을 하사받았죠. 그 병원에는 빈자를 비롯한 고아가 1만 명가량 지냈습니다.

"골무꽃 씨앗을 어서 찧어야죠. 독에 중독된 사람이 이렇게 많은데……."

"송구하옵니다, 공주님."

안나는 의사들 밑에서 의술을 익히다가 실전에도 나섰습니다. 11세기 중세 의사들은 히포크라테스 4체액설†을 토대로 질병을 치료했습니다. 고대 그리스인들이 쓴 책을 가까이한 덕분에 히포크라테스의 학문도 쉽게 받아들일 수 있었죠. 안나는 화려한 장신구와 베일을 착용한 채 늘 책을 곁에 두는 삶을 살았습니다.

외조하는 남편

정절이 중요한 중세 시대이지만 니키포로스는 달랐습니다. 안나가 다른 학자들하고 교류하는 자리를 주선했고, 안나도 헌신적인 남편을 믿고 한눈팔지 않았습니다.

"부인, 쉬면서 하시오."

"당신이야말로 쉬세요. 라틴인들이 그렇게 기승을 부리는데 안 힘들어요?"

이때는 1095년으로 고드프루아 드 부용 같은 서유럽 영주들이 콘스탄티노폴리스에 모여드는 시절이었죠. 알렉시오스가 용병을 요청하자 교황 우르바노 2세는 교황은 서유럽 각지의 영주와 기사들을 불러 모아 클레르몽에서 성지 예루살렘 탈환을 목표로 한 성전을 선포했습니다. 1차 십자군 원정이 시작됐죠.

알렉시오스는 난잡하게 몰려오는 십자군 무리를 보면서 기가 질렸지만, 그전에 민중 십자군이 부린 횡포를 기억하기 때문에 침착하게 대

---

† 인체가 혈액, 점액, 황담액, 흑담액으로 구성되며 이 체액들이 불균형 상태로 되면 질병이 생긴다는 학설입니다.

응했습니다.

"여기 서명하시오."

알렉시오스는 영주들에게 서약서를 건넸습니다. 서약서에는 '로마 황제'인 알렉시오스에게 충성을 맹세하고 전쟁에서 영토는 자기에게 바치라고 적혀 있었죠.

"우리는 렉스 로마노룸^{Rex Romanorum}†에게 충성을 맹세한 군대이거늘 어찌 저 그리스 왕에게 고개를 조아릴 수 있다는 말이오?"

"콘스탄티누스 대제의 명목을 이은 로마 황제께 어찌 무례한 망발을 지껄이느냐?"

고드프루아는 충성 서약을 할 수 없다고 반발하며 콘스탄티노폴리스 성벽을 공격했는데, 이 시도를 제압한 사람이 안나의 남편 니키포로스였죠. 니키포로스는 같은 기독교를 믿는 사람들을 죽이고 싶지 않아서 일부러 화살을 빗나가게 맞췄습니다. 겁먹은 고드프루아는 알렉시오스에게 충성을 맹세했죠.

시종에게서 남편이 펼친 활약을 들은 안나는 황홀했습니다. 그리스 신화에 나오는 아폴론 신과 영웅 헤라클레스, 트로이 전쟁 때 궁수로 활약한 테우크로스와 아이아스 형제 등 숱한 인물이 머릿속을 스쳤죠.

"이이 아버지는 어떻게 생겼을까. 이이가 아폴론을 닮았으니……"

안나는 잠든 남편의 얼굴을 쓰다듬으며 한 번도 본 적 없는 시아버지를 상상하기도 했습니다. 남편이나 주변 학자들에게서 아버지와 시아버지의 악연을 전해 들은 안나는 전 황제에 맞서 반란을 일으킨 죄

---

† 로마인의 왕이라는 뜻으로. 이때는 신성 로마 제국 황제 하인리히 4세를 의미합니다.

로 눈이 뽑히더니 제 눈을 뽑은 자의 딸과 자기 아들이 결혼하는 기이한 인연을 지켜볼 한 인간이 맞닥트린 운명의 아이러니도 고심했죠.

"《일리아스》에 영웅이 많이 나오잖소. 그중 하나만 짚으면 아버지께서 크게 고마워하실 듯하오."

"다 들었어요?"

"그대의 달콤한 목소리를 듣고 어떻게 잠을 자겠소."

"어머!"

안나와 니키포로스는 수년간 한 저택에서 생활하며 여섯 자식을 낳았고, 그중 이리니, 요하네스, 알렉시오스가 성인으로 성장했죠. 아이들을 키운 사람은 학자이자 신하인 남편 니키포로스였습니다. 학문 교류와 공무에 열중하느라 안나는 자식들을 돌보지 못했죠.

"엄마……."

"서방님, 또 아이를 안고 있습니까? 유모는 어쩌고……."

"허허, 아이는 부모 밑에서 커야 하는 법 아니오?"

"엄마……."

"알렉시오스, 그만 칭얼대거라. 아버지께서 힘들어하시잖니."

"자, 울지 마렴."

니키포로스는 아이를 토닥이며 달랬고, 안나는 엄마인 자기보다 아이를 잘 돌보는 남편을 신기하게 여겼습니다. 내색하지 않았지만 남편이 고마웠죠. 아내를 사랑한 니키포로스도 외조하면서 불평 하나 하지 않았습니다. 묵묵히 아내를 대신해 아이들을 돌봤죠.

그렇지만 행복한 시간은 오래가지 못했습니다. 먹구름이 블라헤르네 궁정을 향해 몰려오고 있었죠.

뒤통수[†]

1112년부터 알렉시오스 1세는 통풍을 앓았습니다. 병상에 눕는 일이 잦아졌고, 정무는 후계자 요하네스와 아내 이리니가 돌봤죠. 안나는 병원에서 익힌 의술을 토대로 아버지를 간호했습니다.

"아버지께 부디 주님의 가호가 깃들기를⋯⋯."

또한 아버지와 남편을 생각해 십자군 원정에 필요한 자금을 지원하고 시민 앞에 직접 나서서 성전 참여를 독려했죠.

"성전에 참여하면 주님께서 그대들이 지은 죄를 면하시리라."

이 무렵 알렉시오스의 어머니 안나 달라시니와 형 이사키오스가 죽었는데, 알렉시오스도 가족의 죽음을 슬퍼하다가 병이 깊어졌죠. 빈자리를 채운 사람은 안나였습니다. 안나는 내심 아버지가 요하네스 대신 자기와 남편을 황후와 황제로 지명하기를 기대했죠.

'아버지, 저는 아버지를 믿어요. 아시죠?'

안나는 죽어가는 아버지를 보면서 희미하게 웃었습니다. 옆에서는 어머니 이리니가 안나를 바라보고 있었죠. 이리니도 안나하고 함께 문무를 겸비한 니키포로스를 후계자로 임명하라고 황제에게 압박을 넣는 중이었거든요.

"성벽 앞에서 기승을 부리던 야만인들을 제압한 사람이 누구입니까? 필로밀리온에서 튀르크인을 막은 사람은 누구고요? 당신에게 반항한 보에몽이 순순히 도장을 찍게 만든 자가 당신 사위라는 사실도

[†] 비잔티움 제국의 사학자인 요하네스 조나라스, 니케타스 코니아테스, 게오르기오스 토르니케스가 황위 계승 과정과 남매 사이에 벌어진 대립을 다뤘습니다. 가장 상세하게 서술한 코니아테스의 기록을 중심으로 하되 다른 사료를 보며 교차 검증을 거쳤습니다.

기억하시죠?"

"아버지께서 쓰러지신 뒤 요하네스가 한 번이라도 찾아온 적이 있어요? 매일 술 마시고 일도 제대로 안 하잖아요."

"알겠소. 그만하시오."

알렉시오스는 다그치는 이리니와 안나더러 물러가라는 듯 손을 힘없이 휘저었습니다. 안나는 이때만 해도 아버지가 자기 부부를 총애한 시절을 기억한 탓에 이상한 낌새를 알아채지 못했죠.

1118년 여름, 안나는 아버지가 어머니에게 나지막이 늘어놓는 불평을 들었습니다.

"커다란 돌이 가슴을 짓눌러 숨을 쉴 수가 없소. 어디가 문제인지 모르겠소이다."

이리니는 의사들을 불러 치료를 재촉했습니다. 그렇지만 의사들도 무슨 병인지 알아내지 못했죠. 안나는 통풍이라고 추측했지만, 채식 위주 소식을 하는 아버지라 의아하게 여겼습니다. 그저 아버지 몸을 주무르며 회복을 기원할 뿐이었죠.

8월 15일 목요일, 구토하다가 쓰러진 알렉시오스는 망가나 수도원 북쪽에 자리한 전망 좋은 곳으로 옮겨졌죠. 알렉시오스의 배는 부어 있고 입은 헐어 숨쉬기조차 힘들었습니다. 의사들은 뜨거운 다리미로 지져서 복부에 찬 액체를 제거하려 했습니다. 의술을 익힌 안나이지만 슬픔으로 가득 찬 탓에 어찌해야 할지 몰라 혼란스러웠습니다.

"아버지……."

"폐하……."

의사들, 안나와 이리니, 동생들, 가족을 호위하는 니키포로스가 신

의 부름을 받는 알렉시오스의 임
종을 지켜봤죠.

"내 여인이여, 마케도니아인[†]
이여. 모든 혈연을 저버리고 그대
들에게 정무를 맡기리다."

알렉시오스가 이리니와 니키
포로스에게 말했습니다. 바실리
사와 카이사르는 바실리오스가
내린 명을 받들었습니다. 그 자리
에 공동 황제 요하네스는 없었습
니다. 요하네스는 동생 이사키오
스를 만나 황위를 차지할 방법을 궁리했습니다. 정확히 말하면 누나와
어머니가 없는 사이에 아버지가 자기에게 하던 말을 늘어놓았죠.

"부황께서는……."

해가 질 무렵 많은 사람을 이끌고 망가나 수도원에 도착한 요하네
스는 침실에 누운 아버지를 보며 눈물을 흘렸죠. 주위가 한순간에 시
끄러워졌습니다.

"요하네스!"

"아버지, 못난 불효자를 용서하소서!"

"폐하!"

요하네스는 무릎을 꿇고 아버지를 애도했습니다. 어머니가 잠시 자

[†] 마케도니아의 가장 부유한 도시 오레스티아스 출신인 니키포로스를 가리킵니다.

리를 비우고 모두 아들의 효심에 감탄하고 있을 무렵 요하네스는 일어나서 아버지를 끌어안았습니다. 그러고는 아버지 손가락에서 반지를 빼냈습니다. 비잔티움 제국의 황제만 낄 수 있는 반지였죠.

요하네스는 내처 하기아 소피아 성당으로 달려갔습니다. 알렉시오스가 내린 명령을 받고 미리 총대주교가 와 있었죠. 요하네스는 서둘러 총대주교가 주는 제관을 받았습니다. 이렇게 요하네스는 명실상부한 비잔티움 제국의 단독 황제가 됐죠. 자신만만하게 콘스탄티노폴리스 중심부에 자리한 대궁전으로 향했습니다.

"뭐냐?"

"이 반지를 보아라. 폐하가 내린 명이시다."

궁정을 지키는 근위병들은 반지를 보고 코웃음 쳤습니다.

"겨우 반지 갖고? 바실레프스께서 내리신 칙서를 들고……악!"

무장한 요하네스 추종자들은 청동 기둥을 근위대에게 내던졌습니다. 요하네스가 문을 열고 유유히 옥좌에 앉으니 귀띔을 받고 자리를 지키던 군중이 환호했습니다.

하룻밤 사이에 뒤통수를 맞은 안나와 이리니는 기겁했죠.

"폐하, 분명 카이사르에게 황위를 물려주신다 하시지 않았습니까?"

알렉시오스는 하늘을 바라보며 웃었습니다. 그러고는 두 손을 뻗은 채 말했죠.

"아무리 비기독교적인 방식으로 황위에 오른 나이지만, 어찌 이방인에게 황위를 물려줄 수 있겠소?"

이 말을 마친 뒤 알렉시오스 1세는 세상을 떠났습니다. 예순두 살이었죠.

"여보, 당신은 주님이 부르시는 그 순간까지 모순을 혀에 감싼 채 속임수를 쓰시는구려. 아, 요하네스, 네가 어찌 이럴 수 있느냐!"

"어머니, 니키포로스, 여기서 뭐 하고 있어요?"

"아, 알겠소."

안나는 쓰러지는 어머니를 부축하며 남편에게 눈치를 줬습니다. 니키포로스는 슬며시 물러났죠.

다음 날 밤 알렉시오스의 시신을 필란트로포스 수도원으로 호송할 준비를 했습니다. 총대주교와 성직자들이 행렬을 선두에서 이끌었죠. 요하네스와 안나, 이리니는 모두 호송 행렬을 따르며 슬피 울었습니다. 관료들과 원로원 의원들은 관복을 입고 촛불을 든 채 알렉시오스를 찬양하는 노래를 불렀죠. 군중은 창문을 열거나 발코니에 서서 장례 행렬을 지켜봤습니다.

그때 복면을 쓴 남자가 요하네스를 향해 달려들었습니다. 남자는 소매에서 칼을 꺼내 요하네스의 등을 찌르려 했죠.

"네놈은 뭐냐?"

"윽!"

한 발 앞서 경고를 들은 요하네스는 바로 자리를 피했습니다. 근위대가 괴한을 바로 체포했고, 암살은 수포가 됐습니다. 안나가 바라보니 괴한은 혀를 깨물고 자결했습니다. 니키포로스는 자리에 없었죠.

"니키포로스, 이번에는 잘해야 해요."

"알았소."

"내일 아침까지 필로파티온 성문 앞에 나오셔야 해요. 병권이 당신에게 있다는 사실을 명심하세요."

실패한 쿠데타

요하네스가 단독 황제가 된 그해 말, 안나는 쿠데타를 일으키기로 결심했습니다. 남편을 부추겨 군대를 이끌고 금문 바로 바깥에 있는 필로파티온 성문 앞으로 나오라고 했죠. 거의 명령조였어요.

'선황의 얼굴을 어떻게 보려고 아직도 이런다는 말인가.'

평소 아내 말을 잘 따르는 니키포로스이지만 이 순간만큼은 망설였습니다. 수십 년 전 반란을 일으킨 아버지가 눈이 뽑힌 일 탓에 두렵기도 했지만, 두카스 황실 사람들이 장난처럼 황위를 주고받느라 황권이 위태로워져 제국이 혼란에 빠진 시절을 기억하기 때문이었죠. 알렉시오스가 정권을 안정시키고 니키포로스를 사위로 받아들이지 않았더라면, 니키포로스는 황위 계승자로 촉망받지도 못했겠죠.

'부인, 미안하오. 도저히 안 되겠소.'

니키포로스는 약속한 시각에 필로파티온 성문 앞에 나타나지 않았습니다. 그러고는 새 황제에게 음모의 전말을 모두 고백했죠. 요하네스는 얼굴이 새파래졌죠. 머릿속에는 아버지하고 함께 정무를 돌보거나 사절을 만날 때 십자군 영주들을 맞이할 때 시기와 질투 어린 눈빛으로 바라보던 누나가 떠올랐고요.

"폐하, 카이사리사께는 죄가 없습니다! 모든 일은 제가……."

니키포로스는 무릎을 꿇고 요하네스 앞에서 눈물을 흘렸습니다. 요하네스는 아내 대신 사죄하는 매형을 보고 마음이 약해졌죠. 함께 눈물을 흘리다가 그쳤습니다. 그러고는 마음을 다잡았죠.

"어디서 대체 뭘 하는 거야?"

한편 오지 않는 남편을 기다리며 안나는 초조해졌습니다. 군사 정비를 마치고 추종자도 모두 모여 있는데 정작 주인공이 안 나타났죠.

"체포해라!"

"뭐냐, 네놈들은! 감히 바실레프스의 딸을!"

예상하지 못한 곳에서 안나와 추종자들은 대책 없이 체포됐습니다. 화려한 장신구와 베일을 모두 뜯긴 안나는 황제가 된 동생 앞에 자리했습니다. 남매 사이에는 침묵의 벽이 세워졌습니다. 안나의 처소를 압수 수색한 근위대가 가져온 금은보화와 책이었어요. 샅샅이 뒤져도 반역을 저지른 증거는 나오지 않았죠.

안나는 새파랗게 질린 채 요하네스와 그 옆에 있는 니키포로스를 바라봤습니다.

'천하의 포르피로옌니티인 나한테 어떻게 이럴 수 있어!'

'미안하오, 안나.'

머리카락은 헝클어지고 옷이 뜯겨 나가 살갗이 보이지만, 자존심 강한 안나는 동생에게 사죄하지 않았습니다. 사죄는 니키포로스가 해야 할 몫이었죠.

"감히 폐하 앞에서 눈을 똑바로 치켜뜨느냐!"

"폐하, 예수께서는 원수를 사랑하라†고 하셨으니……."

"그만해라!"

곰곰이 생각하던 요하네스가 입을 열었죠.

"반역자 안나는 모든 재산을 몰수한 뒤 케하리토메네 수도원에 유폐하라."

---

† 산상수훈의 일부로, 〈마태복음〉 5장 43절부터 48절까지 나오는 구절입니다.

원래 비잔티움 제국은 반역자에게 눈을 뽑거나 신체를 훼손하는 등 가혹한 형벌을 내렸습니다. 요하네스는 안나가 혈육이라는 이유로, 매형 니키포로스가 간곡히 청한다는 핑계로 안나에게 자비를 베풀었습니다. 그렇지만 황제의 장녀로 태어나 금지옥엽으로 자란 안나에게는 죽음보다 못한 굴욕일 뿐이었죠.

안나는 화려한 자주색 튜닉 대신 검고 거친 수도복으로 갈아입었습니다. 금빛으로 어우러진 처소에 이별을 고해야 하는 순간이었죠.

"주여, 어찌 제게 이런 가혹한 처벌을 내리셨나이까!"

이제 안나는 황제의 딸이자 포르피로옌니티가 아니었습니다. 시종과 시녀를 줄줄이 거느리고 내로라하는 학자들을 만나 교류하던 공주가 아니라 평생 수도원에 은거하며 사람들을 만날 수도 없고 외부 접촉도 제한되는 반역자일 뿐이었죠. 화려한 보석과 장신구도 가까이할 수 없었고요.

"남자로 태어나야 했는데! 이 무슨 신의 장난이라는 말인가!"

안나는 배신감과 절망에 사무쳐 비명을 질렀습니다. 그러나 반역자가 쏟아내는 설움을 알아주는 사람은 아무도 없었습니다. 다들 요하네스가 마음이 천사 같다며 '칼로얀니스'†라 칭송하느라 바빴죠.

'부인, 못난 남편을 용서하시오.'

오로지 니키포로스만 시녀 몇 명하고 함께 수도원으로 힘없이 걸어가는 안나를 먼 곳에서 안타깝게 바라봤죠.

---

† 아름다운 요하네스라는 뜻입니다.

못난 남편의 죽음

니키포로스는 아내의 죄를 자진해서 자백한 덕택에 별다른 형벌을 받지 않았습니다. 오히려 군 지휘관으로 기용돼 아나톨리아에서 튀르크에 맞서 싸우며 황제에게 충성을 바쳤습니다. 수도원에 갇힌 안나는 남편을 원망하면서도 만나지 못하는 현실을 괴로워했습니다. 바깥세상을 오가는 하녀들한테 남편이 전장에서 공을 세운 소식을 들으면 남몰래 기뻐했죠.

"나만의 카이사르여, 악마 같은 보에몽을 드디어 무릎 꿇렸나이까. 그대는 알고 있겠죠. 칼보다 펜이 강할 때가 여럿 있다는 사실을."

보에몽은 1095년 알렉시오스에게 충성을 맹세하지만 안티오키아를 둘러싸고 분쟁을 벌이다가 비잔티움에 패배했습니다. 보에몽과 알렉시오스 간 평화 협상(이지만 굴욕 조약에 가까운)을 주도한 이가 니키포로스였죠. 덕분에 안티오키아는 비잔티움 제국의 영토가 됐고요.

남편을 몰래 응원하던 안나인 만큼 1137년 니키포로스가 세상을 떠난 소식을 듣고 무척 슬퍼했습니다. 주위 공국들하고 손잡은 안티오키아 공작 레몽이 반란을 일으키자 종군한 니키포로스는 병을 얻은 채 돌아왔죠. 수도원에 갇힌 안나는 남편을 간호할 수도 없었고, 결국 임종을 지키지도 못했습니다. 장례식에도 참석하지 못했고요. 그저 황제가 허락한 대로 남편 처소에 가 짐을 정리할 뿐이었죠.

안나는 수북이 쌓인 종이와 깃펜을 발견했습니다. 남편이 전장에서도 젊은 시절 안나하고 함께 쌓은 학식을 바탕으로 역사책을 쓴 사실을 알게 됐죠. 1070년 로마노스 4세 디오예니스부터 니키포로스 3세 보타니아티스 황제 시대까지 쓴 상태였습니다. 투키디데스의 필력과

데모스테네스의 웅변술에는 미치지 못하지만 서문에는 더 나은 글을 쓰고 싶어 자료를 모으는 중이라고 적혀 있었습니다. 장인인 알렉시오스 1세의 일대기를 집필하겠다는 글도 봤지만, 정작 원고는 없었죠.

역사가가 된 황제의 딸

안나는 남편이 남긴 유품을 보며 통곡했습니다.

"아, 죽어 가면서도 전쟁터에서 고생한 카이사르, 당신마저 떠난 지금 이제 로마를 지탱할 자 누가 있으리."

안나는 노환과 병, 전쟁으로 고생하는 남편이 아버지를 기려 방대한 역사책을 집필하려 한 열정을 알게 됐죠. 안나는 조용히 종이를 챙겼습니다. 수도원으로 돌아와 서문을 쓰기 시작했죠.

"카이사르의 계획은 글에서 드러나며, 그러나 카이사르의 소망은 이루어지지 못했고……. 이런 이유로 내가 직접 아버지가 한 일을 기록해……."[†]

안나가 쥔 펜의 깃털이 휘날리는 만큼 손에도 주름이 늘었습니다. 화려한 자줏빛 튜닉 대신 검은 베일을 둘러쓴 노구의 여인이 책상 앞에 있었죠. 1147년, 안나도 아버지와 남편이 세상을 떠난 때하고 비슷한 나이가 됐습니다.

"나, 안나는 알렉시오스 황제와 이리니 황후의 딸로 포르피로옌니티다……."

---

† 안나 콤니니, 앞의 책. 이 절 나머지 부분에 큰따옴표로 인용한 구절은 모두 이 책에 실려 있습니다.

예순네 살 안나는 어느새 잠이 깨었습니다. 저 멀리 블라헤르네 궁정을 바라봤죠. 그곳에서는 마누일 1세, 루이 7세, 아키텐의 엘레오노르가 연회를 벌이고 있었죠.

'젊음은 한때이지만, 지식은 영원하지.'

이제 자줏빛 산실에서 총애받은 아이는 온데간데없었습니다. 안나가 아름다움을 뽐낸 시절을 기억하는 이도 사라졌고요. 그렇지만 안나는 마음속으로 아버지하고 함께 십자군 영주들을 맞이한 시절, 남편과 잠자리에서 고드프루아에 관해 이야기한 시절 속에서 헤맸습니다.

"황제는 고드프루아가 맹세하도록 설득해 달라 말하려고 고드프루아하고 함께 다른 백작들도 초대했는데……."

알렉시오스가 보에몽과 고드르푸아 같은 영주들에게 충성 서약을 요구하는 장면, 니키포로스가 성벽 위에서 고드프루아에게 화살을 쏘는 장면을 상상했습니다.

"카이사르의 활은 정말이지 아폴론의 활이라 할 만했다."

아버지가 임종하는 순간을 떠올리며 눈물을 자아내기도 했습니다.

"아버지가 세상을 떠난 뒤에도 왜 나는 여전히 산 자들 사이에 있으며, 왜 함께 죽지도 않았나?"

안나는 먼 옛날 아버지가 쿠데타를 일으켜 황제가 된 순간부터 세상을 떠날 때까지 모든 순간을 기억했습니다. 그렇지만 자기가 쿠데타에 실패해 동생에게 밀려난 굴욕적인 장면은 머릿속에 남아 있지 않았습니다.

"내가 이 글을 쓰는 목적은 침묵 속에 잠기거나 시간의 흐름에 휩쓸려 망각의 바다로 쓸려가서는 안 될 내 아버지의 위업을 기록으로 남기

는 데 있다. 아버지가 황제로서 쌓은 업적뿐 아니라 제위에 오르기 전
다른 이들을 섬기면서 한 일들도."

이런 서문을 쓴 안나는 1153년 사망할 때까지 15권에 걸쳐 홀로 역
사책을 썼습니다. 이 책은 안나의 아버지이자 황제인 알렉시오스 1세
의 이름을 따서 《알렉시아드》라고 불립니다.

지성과 열정으로 역사책을 쓴 첫 여성

여성이 학문에 접근하지 못하던 중세 시대, 안나 콤니니는 《알렉시
아드》를 써서 서구 최초 여성 사학자로 역사에 이름을 남겼습니다. 이
책에 나온 모든 공주들은 혈통을 바탕으로 의도하든 의도하지 않든 정
치에 개입했지만, 학자로 이름을 남긴 공주는 안나뿐이었습니다.

《알렉시아드》는 안나가 아버지의 업적과 남편의 뜻을 후대도 기억
하기를 바라면서 쓴 책이죠. 11세기와 12세기 비잔티움 제국의 흥망성
쇠뿐 아니라 중세 유럽의 판도를 뒤흔든 십자군 원정이 시작된 과정을
비서유럽권 시각에서 서술해서 당대부터 지금까지 많은 주목을 받았
습니다. 안나하고 동시대를 산 성직자이자 사학자 게오르기오스 토르
니케스는 안나를 수백 년 전 알렉산드리아에서 명성을 떨친 여성 과학
자이자 철학자 히파티아에 맞먹는 지혜의 정상에 오른 그리스계 여인
이라 극찬했죠.

안나가 아버지와 남편을 찬양만 하지는 않았습니다. 아버지는 자
기 남편 대신 요하네스를 후계자로 선택하고 남편은 아내가 자기를 위
해 일으킨 쿠데타를 저지하는 '잘못'을 했으니까요. 안나는 남편 대신

자기가 남자로 태어나야 했다고 불평하기도 했고요. 그러면 안나는 왜 두 사람을 위해 방대한 책을 썼을까요? '서구 최초 여성 사학자'로 평가받는 미래를 예지하지도 못한 채로 말이죠.

안나는 아버지가 금지옥엽처럼 자기를 아낀 사실과 나이 차 많이 나는 남편이 외조에 헌신한 이유가 자기를 사랑한 덕분이라는 사실을 알았습니다. 정치에 둔감하지 않은 공주라 두 사람이 제국을 생각하는 선택을 한 점도 자각했고요. 아버지와 남편을 사랑한 데 더해 안나도 지배층으로서 제국과 시민을 위해 업적을 세우고 싶었겠죠. 남자들처럼 전쟁터에서 싸울 수는 없어도 수십 년간 쌓은 지식과 혈통에 관한 자부심을 바탕으로 안나는 역사책을 집필하기로 선택했죠.

공주들은 역사에서 소외돼 잊힌 존재이지만, 그중에서도 정치에 개입해 이름을 남긴 사례가 있습니다. 안나가 남긴 기록 덕에 '알렉시오스 1세'가 기억되듯이 저도 이 책을 써서 로마 제국 공주들이 살아간 흔적을 남기려 합니다.

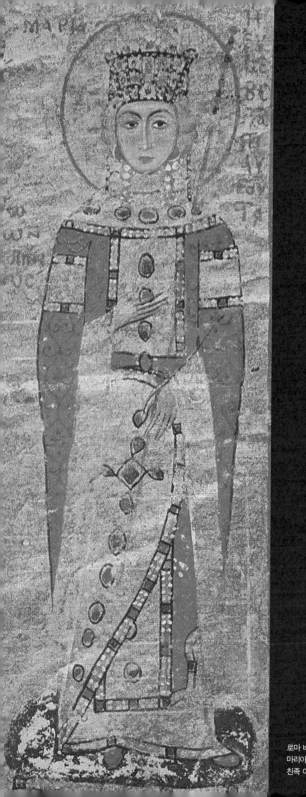

로마 바티칸 도서관에 소장된 안티오키아의 마리아.
마리아 콤니니의 이미지가 전해지지 않아 가장 가까운
친족 여성인 아버지의 두 번째 부인을 대신 실었습니다.

12. 반란과 독살, 제국의 명맥을 끊다

마리아 콤니니 111대 황제 마누일 1세의 딸

안나 콤니니가 세상을 떠나기 1년 전 안나의 종손녀가 태어났습니다. 이름은 마리아 콤니니로, 고모할머니처럼 황제와 황후의 장녀로서 정통 핏줄로 추앙받은 또 다른 포르피로옌니티였죠. 그렇지만 남동생이 태어나자 제위 계승에서 밀려났습니다. 불만을 품고 아버지가 세상을 떠난 뒤 남동생에 맞서 쿠데타를 일으키려다가 실패한 점도 비슷합니다. 그렇지만 안나가 방대한 역사책을 써서 사학자로 찬사를 받는 반면 마리아는 반역자로 기억될 뿐입니다.

마지막 비명

1182년 7월, 콘스탄티노폴리스 별궁.

"네가 감히……."

"카이사리사여, 정녕 바실리사가 되기를 기대한 겁니까?"

마리아 콤니니는 피를 토하며 안드로니코스 콤니노스의 발목을 간신히 붙잡았습니다. 마리아는 몸이 서서히 마비됐죠. 옆에는 남편 레니에르가 쓰러져 있었고요.

"왕홀을 쥔 자가 이 앞에 있소이다. 저 멀리 사람들이 터트리는 환호가 들리지 않소? 바실레프스가 될 나에게 보내는 소리가!"

"환호? 비명이겠……쿨럭!"

마리아는 석 달 전 안드로니코스가 콘스탄티노폴리스에서 일으킨 학살 사건을 기억했습니다. 콘스탄티노폴리스에 사는 라틴인들이 남녀노소 가리지 않고 죽는 모습을 말리기는커녕 웃으면서 즐겼죠.

"네놈 때문에 죽어가……."

"죽어가는 사람 중 한 명이겠지. 너도."

안드로니코스는 마리아의 손을 걷어차며 싸늘하게 비웃었죠.

"감히 은혜도 모르고!"

"동생 몰아내려고 나한테 빌붙은 주제에 은혜는 무슨."

분노가 머리끝까지 치솟은 마리아는 마지막 온 힘을 다해 또박또박 외쳤습니다.

"주님께서 네놈의 만행을 똑똑히 보셨다! 천벌을 받으리라!"

마리아는 이 말을 마치고 숨을 거뒀습니다. 안드로니코스는 유유히 별궁을 나갔죠. 이때만 해도 안드로니코스는 자기의 앞날, 더 나아가 비잔티움 제국의 미래가 어떻게 될지 까맣게 몰랐습니다.

성사되지 못한 결혼

1163년 하기아 소피아 대성당. 열한 살 마리아는 베일을 쓴 채 한 남자아이를 바라보고 있었습니다. 아이는 바로 헝가리 국왕의 아들 벨러였죠(나중에 벨러 3세가 됩니다). 대여섯 살 정도 나이 많은 벨러는 어린 마리아하고 결혼을 약속합니다.

"알렉시오스."

"네?"

"벨러, 앞으로 너를 알렉시오스라고 부르마."

마리아의 아버지 마누일 1세는 딸과 미래의 사위를 흐뭇하게 바라봤습니다. 비잔티움 제국에는 결혼을 하려고 외국에서 온 황자나 황녀가 그리스식 이름으로 개명하는 관습이 있었습니다. 알렉시오스는 마누일의 조부 알렉시오스 1세 이름을 땄습니다.

"딸아, 네게 꼭 황위를 물려주마. 그러니 미래의 바실리사답게 처신을 잘해야 한다."

"네, 아버지."

마누일은 황제가 된 지 20년이 다 되지만 아들이 없었죠. 마누일은 콤니노스 왕조를 개창한 뒤 몰락하던 제국을 안정시킨 알렉시오스를 존경했지만, 장녀한테 황위를 물려주지 못한 할아버지에게 내심 아쉬움을 느꼈습니다. 알렉시오스의 황후가 전 두카스 황실 출신인 이리니 두케나인 반면 마누일은 황후가 신성 로마 제국 출신인 독일계 줄즈바흐의 베르타여서 비잔티움 황실에서 기반이 약했습니다. 이때 이미 베르타가 세상을 떠나기도 했고요. 그래서 황제인 자기가 딸의 입지를 든든히 해줘야 한다고 생각했습니다. 더불어 속국 헝가리에 관한 영유권을 공고히하려는 목적도 있었죠.

"부디 로마 제국의 명맥을 이어 주기를."

자줏빛 베일을 둘러쓴 마리아는 아버지의 자주색 튜닉과 황금색 로룸을 바라봤습니다. 마누일은 딸이 품은 기대에 맞춰 두 사람을 총애했습니다.

"그대들을 카이사리사와 카이사르로 임명하겠다."

마리아는 벨러하고 결혼해서 황후가 된 뒤 이어질 장밋빛 미래를 기대했습니다. 그렇지만 그런 날은 찾아오지 않았죠. 1169년 9월 14일, 새어머니 안티오키아의 마리아가 아들을 낳았거든요. 마누일은 아들에게 알렉시오스라는 이름을 붙이고 마리아와 벨러 사이의 약혼을 철회했습니다. 그러고는 벨러가 자기를 원망하지 않도록 황후의 이복동생인 안티오키아의 아그네스하고 결혼시켰죠.

"어여쁜 내 아들, 오늘도 잘 지냈니?"

마누일은 새 아들이 자라는 처소를 들락날락하느라 마리아에게 눈길 한 번 주지 않았습니다. 마리아는 침대에 틀어박혀 벨러가 떠나던 마지막 모습을 떠올리며 눈물을 삭일 뿐이었습니다.

"알렉시오스, 제게 알렉시오스는 당신뿐이에요."

마리아의 뇌리에는 말을 타는 벨러의 뒷모습만 박혔습니다. 1172년 시칠리아의 굴리에모 2세하고 약혼을 할 때도 말이죠. 왜냐하면 마리아는 신랑 없이 홀로 약혼식을 치러야 했거든요.

"아버지가 나를 잊지 않으셨구나."

데릴사위인 벨러하고 다르게 굴리에모는 어엿한 군주라 콘스탄티노폴리스에서 인질 생활을 할 수 없었습니다. 마리아는 이제 스무 살

숙녀가 된 만큼 아버지 곁을 떠나 외국 생활을 할 자신이 있었죠. 그러나 마누일은 또다시 딸을 실망시켰습니다.

"아버지, 왜 또 그러세요?"

"딸아, 미안하다. 그럴 만한 이유가 있어."

알 수 없는 이유로 변심[†]한 마누일은 마리아를 시칠리아로 보내려 하지 않았습니다. 마리아도 기대치가 한풀 꺾였죠.

'마리아, 안색이 안 좋구려.'

'어여쁜 내 아들.'

마리아는 청동 거울을 들고 자기 얼굴을 봤습니다. 다정하던 벨러의 얼굴과 아버지에게 안긴 어린 이복동생의 얼굴이 겹쳐 보였죠.

"쨍그랑!"

'쟤…… 쟤만 아니었어도!' 화가 난 마리아는 거울을 던졌습니다. 이미 혼기를 놓친 현실을 깨달은 마리아는 방에 틀어박혀 홀로 분을 삭이며 머리를 쥐어뜯을 뿐이었죠.

[†] 트라니 대주교 베르트랑 2세하고 일으킨 불화 때문인 듯하지만 정확한 기록이 없어 이유를 알기는 어렵습니다.

프랑스에서 온 아녜스

세월이 흘러 1179년이 왔습니다. 마누일은 환갑을 바라보는 노인이 됐죠. 평생 전장에서 모든 기력을 쏟아부은 황제는 병상에서 일어나지 못했습니다. 죽음을 직감하고 사랑하는 아들 알렉시오스의 미래를 걱정했죠. 알렉시오스는 겨우 열 살이어서 친정을 펼치기에는 많이 어렸죠. 조선 시대에 숙부 손에 비극적으로 죽은 단종이 열두 살에 왕이 된 점을 생각하면 기우는 아니었습니다.

단종은 어머니와 할머니를 모두 잃은 반면 알렉시오스는 어머니 마리아 황후가 멀쩡히 살아 있었습니다. 그렇지만 소국인 안티오키아 공국 출신이라 무시를 당했죠.

"알렉시오스, 이렇게 어린 너를 두고 어찌……."

마누일은 어린 아들을 지킬 기반을 더 마련하기로 결심했습니다. 그래서 프랑스 왕 루이 7세의 딸 아녜스하고 결혼시키려 혼담을 넣었습니다. 루이 7세는 2차 십자군 때 마누일하고 갈등을 맺은 기억이 떠올라 주춤했죠.

"왕태자 전하†께서 아직 많이 어리십니다. 잉글랜드의 앙리††가 호시탐탐 프랑스 영토를 노리고 있습니다. 왕태자 전하의 미래를 위해 든든한 동맹국이 필요합니다. 공주 전하도 로마 황제가 지킬 겁니다."

앞으로 비잔티움에 어떤 미래가 펼쳐질지 모르는 플랑드르 백작은 마누일을 알현한 뒤 고국으로 돌아와 루이를 설득했습니다. 루이는 반

---

† 훗날 프랑스 왕 필리프 2세가 됩니다.
†† 훗날 잉글랜드 국왕 헨리 2세가 됩니다.

비잔티움파 신하들을 물리치고 혼담을 받아들였죠.

1179년 늦여름, 아녜스는 수십 척 함대와 귀부인 70여 명을 이끌고 콘스탄티노폴리스에 당도했습니다. 많은 비잔티움 시민들이 환호했고, 궁정에서도 큰 연회를 베풀었습니다. 테살로니키 대주교 에우스타시오스가 아녜스를 맞이하는 설교를 했고, 아버지하고 함께 연회에 참석한 마리아는 감회에 젖었습니다.

'나도 저만한 때가 있었지.'

이때 아녜스는 여덟 살, 알렉시오스는 열세 살이었습니다. 마리아는 스물일곱 살로 12세기 기준으로 보면 혼기를 놓친 나이였죠. 예전에 벨러를 만난 기억을 떠올리며 씁쓸히 웃을 수밖에 없었습니다. 그제야 마누일도 나이 든 딸을 보며 아차 싶었습니다.

'이제 때가 됐구나.'

로마 제국이 탄생한 이탈리아에서 영향력을 확보하고 싶은 마누일은 다시 데릴사위를 맞이하기로 결심했습니다. 마누일은 이탈리아에 자리 잡은 후국을 다스리는 여러 군주 중에서 몬페라토 후작의 아들 레니에르를 신랑감으로 점찍었죠.

가을에 마리아는 레니에르를 만났습니다. 찰랑거리는 금발을 지닌 열일곱 살 미남이었죠. 마리아는 레니에르를 보고 벨러를 떠올렸습니다. 마치 어린 시절 느낀 설렘이 돌아온 듯했죠. 그렇지만 자포자기한 상태라 아버지를 믿지 않았죠.

'또 괜히 기대하면 안 돼.'

그러면서도 마리아는 기대감을 감추지 못했습니다. 마누일은 이번만큼은 약속을 지켰어요. 1180년 2월, 블라헤르네 궁정 안 교회에서 두 사람은 결혼식을 치렀습니다. 마리아는 열 살 어린 남편을 보면서 뿌듯해했습니다. 비잔티움보다 한참 위상이 낮은 후국에서 온 레니에르는 마리아를 지긋이 바라볼 뿐이었죠.

남동생을 이기려는 야심

"그대들을 카이사르와 카이사리사로 임명하노라."

임종을 바라보는 늙은 황제 마누일은 딸과 사위를 카이사리사와 카이사르로 임명했습니다.

'조만간, 내가 바실리사를!'

예상하지 못한 복이 굴러온 마리아는 남동생을 이길 수 있다는 자신감이 생겼습니다. 수십 년 전 고모할머니하고 똑같은 생각을 하게 됐죠. 황제들이 품은 의도도 비슷했습니다. 마리아와 레니에르는 명목상 후계자가 됐지만, 말 그대로 명목에 지나지 않았습니다. 혼기를 놓치고 겨우 결혼한 딸에게 주는 보상이었죠.

한 달 뒤 알렉시오스와 아녜스가 결혼했습니다. 이미 남편이 생긴 마리아는 한참 어린 남동생 앞에서 비굴하게 굴지 않았죠.

'언제까지 주님께서 그대에게 가호를 내린다고 생각하오?'

마리아는 대여섯 살밖에 차이 나지 않는 동명이인 새어머니를 바라봤습니다. 미래를 예측하지 못한 마누일은 어린 아들에게 든든한 후원자가 생긴다며 뿌듯해했죠.

"내 아들이 건실한 바실레프스가 될 수 있도록 수녀원에 들어가 예배에 정진하시오."

1180년 9월 노구를 이끌고 전쟁터에서 고생하던 마누일은 쓰러지고 말았습니다. 더는 병상에서 일어나지 못하자 황후에게 유언을 남겼죠. 그리고는 콘스탄티노폴리스 총대주교에게 섭정을 맡겼습니다. 비잔티움 제국의 마지막 전성기를 누린 마누일 1세는 예순여섯 나이로 세상을 떠났습니다.

1180년 9월 24일, 알렉시오스 2세는 열한 살에 하기아 소피아 성당에서 대관식을 치렀습니다. 알렉시오스의 모후 안티오키아의 마리아는 생전 황제가 남긴 유언을 기억했습니다. 마리아는 '세네'라고 개명한 뒤 수녀원에 들어갔죠.

너무 어린 황제

"하나, 둘, 앗!"

아버지의 자질을 물려받지 못한 알렉시오스는 하루 종일 커튼을 친 처소에 틀어박혀 지냈습니다. 아이는 썩어가는 이를 뺀 자리에 새로운 이를 끼우며 지냈습니다. 혼자 놀기를 좋아하고 제대로 정무를 돌보지 못했죠. 모후 마리아가 황태후가 돼 섭정할 수밖에 없었죠.

"폐하께서 정무를 돌보기에는 아직 어리니 성년이 되실 때까지 그대가 제국을 다스려야 하오."

마리아 황태후는 마누일의 조카이자 프로토세바스토스[†]인 알렉시오스 콤니노스(알렉시오스 2세와 동명이인)를 섭정단 대표로 임명했습

[†] 고위 황족이나 혈족에게 부여한 호칭으로, 그리스어로 '가장 존경하는 사람'이라는 뜻입니다.

니다. 비잔티움 시민들은 크게 반발했습니다.

"황태후가 라틴인이었지?"[†]

"프랑크 놈들이 제집처럼 드나드는 와중에 참……."

"이제 라틴인 세상이 됐구나! 말세야, 말세!"

12세기 콘스탄티노폴리스, 마누일 1세는 교역 때문에 이탈리아와 서유럽 라틴인 상인에게 특권을 부여했습니다. 비잔티움인들은 이 상인들이 라틴인 황태후를 등에 업고 콘스탄티노폴리스를 잠식할까 봐 겁내던 참이었죠. 게다가 알렉시오스 콤니노스는 서유럽에 호의적인 사람이었습니다.

"몰랐어요? 황태후랑 그자가 그렇고 그런 사이잖아요."

"수녀 된 여자가 어떻게……."

아직 젊고 미인인 황태후에게 많은 구혼자가 몰렸는데, 그 모습을 본 사람들은 황태후가 문란하다고 수군거렸습니다. 알렉시오스 콤니노스를 상대로 한 염문도 떠돌았습니다. 마리아 콤니니와 몬페라토의 레니에르는 사람들을 풀어 황태후를 둘러싼 소문을 듣고 있었죠.

"수고했다. 물러가거라."

"그래. 이제 그 여자는 이빨 빠진 호랑이지."

마리아는 유유히 차를 마시며 회심의 웃음을 지었습니다.

"카이사르, 때가 왔어요."

[†] 황태후 마리아의 고향 안티오키아 공국은 1차 십자군의 주역이자 알렉시오스 1세의 숙적 타란토의 보에몽이 세운 나라입니다. 보에몽은 프랑스 노르만족 출신이었습니다. 비잔티움 사람들은 서유럽권, 특히 이탈리아 사람들을 노르만족, 프랑크인, 라틴인 등으로 불렀습니다. 마누일 1세가 조부의 숙적의 후손하고 결혼한 사실은 모순적입니다.

어느 필경사가 그린 알렉시오스 2세 초상화

"알겠소이다."

마리아 부부는 불만을 품은 황족들을 포섭했습니다.

"콘스탄티노폴리스를 로마인의 손에 되돌려 놔야 해요."

"프로토세바스토스를 어떻게 처리할지……"

"카이사르가 용병을 데려올 겁니다. 그때 맞춰 성문 앞으로 모이세요."

그다음 남몰래 군사를 모으고 쿠데타를 일으킬 계획을 세웠습니다. 그렇지만 유력한 황위 계승 후보자인 자기들을 황태후 마리아가 경계하고 있다는 사실은 눈치채지 못했죠. 마리아 부부 곁에 사람을 심어놓은 덕에 황태후는 미리 계획을 적발합니다.

"누구냐!"

"바실리사께서 명하셨다. 저자들을 모두 체포해라!"

1181년 3월 1일, 마리아를 포함한 공모자들은 재판을 받게 됐습니다. 재판은 형식에 지나지 않았고, 판사는 증언을 들은 체 만 체했습니다. 바로 사형 선고가 내려지고 공모자들은 감옥으로 끌려갔죠.

"이 손 놔라!"

"어디를 가려고!"

라틴인을 향한 반감

4월 5일, 마리아 부부는 지지자 150여 명을 끌고 하기아 소피아 성당으로 도망쳤습니다. 성당은 성역이라 그 안에 들어가면 아무리 큰 잘못을 저지른 죄인이라도 함부로 체포할 수 없었어요. 이날은 부활절이라 축제이기도 했고요.

"간악한 바실리사가 우리 목을 조르고 있어요. 라틴인에게 제국을 넘기려고⋯⋯."

마리아는 악어의 눈물을 흘리며 시민을 선동했습니다. 황태후가 라틴인을 총애하는 바람에 반발을 산 점을 이용했죠.

"어서 감옥에 갇힌 이들을 구해야 하지 않겠습니까?"

"와! 와!"

"외적을 몰아내고 콤니노스 황실을 부활시켜야 합니다! 어린 바실레프스를 우리 손으로 구해야 해요!"

"옳소!"

테오도시오스 총대주교를 비롯한 성직자와 시민들은 마리아가 한 연설에 감동했습니다. 여기저기서 동전을 던지며 환호를 보냈죠.

"빨리 나와! 역적을 처단해라!"

밖에서는 토벌대가 무기를 들고 아우성치는 소리가 울려 퍼졌습니다. 레니에르는 무장한 채 성당 정문을 지키는 용병대에게 눈치를 줬죠. 용병들과 카이사르도 이탈리아 출신 라틴인이라는 사실은 시민들 안중에도 없었죠.

"어서 저자들을 체포해라!"

"주님을 위해! 로마를 위해!"

알렉시오스 콤니노스가 보낸 근위대는 뾰족하게 깎은 통나무로 계속 공격한 끝에 정문을 열었습니다. 십자가와 그리스도의 형상을 든 무리가 맞서 싸우면서 성당은 아수라장이 됐죠. 분쟁이 며칠 동안 이어지면서 사상자가 많이 발생했습니다.

"라틴인은 물러가라!"

"카이사르가 라틴인인데 대체 무슨 소리를 하는 거요?"

"다들 진정하시오!"

총대주교가 나서서 충돌을 중재했습니다. 덕분에 더 큰 희생을 막을 수 있었죠.

"그대들에게 궁궐 출입을 허하노라."

"황공하옵니다."

황태후는 대역죄를 저지른 마리아 부부에게 궁궐 출입을 허용하는 등 관대한 처분을 내렸습니다. 그렇지만 비잔티움 시민들은 황태후와 프로토세바스토스가 신성한 성당에서 총대주교를 체포하라는 명령을 내린 사실을 알고 충격을 받았죠.

"저럴 줄 알았어."

"라틴인들이 제 세상인 줄 알고 활개 치니, 참."

"황태후가 라틴인이니 별 수 있겠어?"

마리아 부부는 잠시 후퇴했습니다. 이탈리아 출신인 레니에르는 콤니노스 황실의 핏줄을 물려받은 알렉시오스에게 밀린다는 사실을 알게 된 탓이었죠. 콤니노스 황실은 알렉시오스 1세부터 수십 년간 뿌리내린 정통성 덕분에 많은 지지를 받았죠. 그래도 마리아는 포기하지 않았습니다.

"우리 힘으로는 부족해요."

"카이사리사에게 어떤 해결책이 있소?"

"제가 사람을 데려올게요. 우리를 대표할 수 있는 사람을."

마리아는 부족한 정통성을 메꿀 황족을 물색하기 시작했습니다.

안드로니코스와 검은 욕망

"나한테 이렇게 바치는 거요?"

1181년 5월 흑해 연안, 안드로니코스 콤니노스는 화려한 금은보화를 보며 여유 있게 웃었습니다. 안드로니코스는 마누일 1세의 사촌으로, 마누일이 살아 있던 시절에 황후의 자매를 탐한 죄를 지어 예루살렘 왕국으로 추방됐죠. 예루살렘 왕국에서도 보두앵 3세의 왕비인 테오도라하고 잠자리를 갖다가 들키는 바람에 둘이 함께 비잔티움 제국의 적국인 룸 술탄국으로 도망을 쳤죠. 예루살렘 왕국이 비잔티움의 동맹국이라서 마누일에게 이 추문이 곧바로 들어간 탓이 컸습니다. 그러다가 마리아가 보낸 편지를 받고 콘스탄티노폴리스로 돌아왔죠.

"금은보화뿐이오? 콘스탄티노폴리스, 아니 로마 전체가 그대 차지가 될 거요! 라틴인 바실리사와 알렉시오스를 몰아내기만 한다면!"

마리아는 아버지의 총애를 받는 남동생을 떠올리며 이를 갈았습니다. 안드로니코스는 분노에 찬 여인을 보며 비웃음을 참고 물었습니다.

"그대는 바실레프스의 딸 아니오? 콤니노스 황실의 핏줄을 어찌 내가. 나는 일개 당숙일 뿐이외다."

"바실레프스의 딸로서 하는 명령이오! 라틴인들 손아귀에 붙잡혀 고통받는 백성들을 구원하기 위하여!"

마리아는 아버지 생전에 안드로니코스가 저지른 만행을 기억하지 못했습니다. 그저 구원자로 여기며 애걸할 뿐이었죠.

"주님의 계시를 받은 자는 안드로니코스 당신이오!"

안드로니코스는 마음속 깊은 곳에서 검은 욕망이 피어올랐습니다. 제국을 집어삼켜 숱한 여인을 취하려는 욕망이었죠.

"그대 제안을 받아들이리다."

안드로니코스가 문을 열고 나가자 어두운 방 안으로 창문에서 희미한 빛이 스며들었습니다. 밖으로 나온 안드로니코스는 테오도시오스에게 편지를 보냈습니다.

"수천 년 로마 제국의 명맥을 잇는 알렉시오스 폐하를 위해 콘스탄티노폴리스로 진군하겠소. 모든 일을 라틴인이 점령하기 전으로 되돌려야 하오."

안드로니코스는 콘스탄티노폴리스로 행군하면서 니케아, 트라키아, 니코메디아 같은 도시를 손쉽게 점령했습니다. 안드로니코스 앙겔로스, 요하네스 콤니노스, 안드로니코스 콘토스테파노스 같은 지휘관들이 바로 항복한 탓이었죠.

"주님의 가호를 콘스탄티노폴리스에!"

안드로니코스 무리가 수도로 입성할 때는 어느새 수만 명이 모여 있었습니다. 비잔티움 시민들은 크게 환호했죠. 안드로니코스가 감춘 야망을 모른 채로요. 그리고 1182년 4월이 됐습니다.

"절대 직접 나서면 안 되네."

안드로니코스는 주위 공작들에게 지시했습니다. 그리고 혜성을 보며 재앙의 전조를 짚었죠.

"조만간 콘스탄티노폴리스에 한바탕 난리가 나겠군. 먼 옛날 로마가 불탄 때처럼."

혜성은 뱀이 구불구불 기어가듯 떨어졌습니다. 안드로니코스의 뒷모습이 천여 년 전 로마를 재앙에 빠트린 네로 황제하고 겹쳐 보였죠.

라틴인 대학살

"라틴인을 죽여라! 빠짐없이 모두!"

"남자는 죽이고 여자는 강간해라!"

"금은보화를 두르고 수도를 행진하자!"

"주님의 가호를 이 땅에 내려라!"

라틴인에게 오랜 불만을 품어온 비잔티움 시민들은 온갖 무기를 들고 라틴인 거주지를 습격했습니다.

"으악!"

"살려 주세요!"

"엉엉……."

진작 소식을 접한 라틴인 상인들은 자리를 피했습니다. 죽은 사람들은 죄 없고 평범한 사람들이었죠. 비잔티움 시민들은 남녀노소 가리지 않고 라틴인이라면 무조건 죽이고 강간했습니다. 재산을 남김없이 약탈하고 불태웠습니다. 심지어 병상에 있는 환자들과 성직자들까지 재앙을 피하지 못했죠. 살아남은 사람들은 콘스탄티노폴리스를 벗어나 헬레스폰트에 임시 피난처를 마련해야 했고요.

"폐하, 피하셔야 합니다."

"어쩌면, 어떻게……."

황태후와 황제, 프로토세바스토스는 피난을 가지 못한 채 궁정에서 벌벌 떨기만 했습니다. 이때 매 한 마리가 하기아 소피아 성당 지붕 위에 앉았죠. 그러고는 대궁전으로 날아가더니 다시 돌아왔습니다. 이렇게 세 번 비행을 했죠. 밖에 있는 사람들은 안드로니코스가 감옥에서 죽게 되리라 예측했습니다. 마리아도 안드로니코스에게 피난을 권고했고요.

"주께서 노하신 듯하오. 어서 피해야 하오."

"카이사리사, 이런 기적은 주님이 내게 주신 신호요. 옥좌에 앉으리라는 신호!"

안드로니코스는 총대주교를 만나고 올 테니 마리아 부부더러 별궁에서 기다리라고 했습니다. 총대주교만 포섭하면 자기가 황제에 오를수 있으니 그때 마리아를 후계자로 삼겠다면서요.

"주님께서 그대에게 축복을 내리시기를."

"안드로니코스, 카이사리사께 먹칠이 되는 행동을 삼가시오."

"걱정 붙들어 매쇼."

마리아와 레니에르는 안드로니코스가 돌아오기를 기다렸습니다. 자기들의 미래, 안드로니코스의 마음속 검은 욕망, 라틴인 학살을 방조한 죄 탓에 하느님이 노한 사실을 까맣게 모른 채로요.

혐오의 대가

1182년 7월, 앞에서 본 대로 마리아 콤니니와 레니에르 부부는 안드로니코스에게 독살되면서 역사의 무대에서 퇴장했습니다. 황태후와 어린 황제, 프로토세바스토스도 황제가 된 안드로니코스 손에 죽었죠. 이 과정에서 여러 황족을 무분별하게 숙청한 탓에 평판이 바닥을 친 안드로니코스는 황제가 된 지 3년 만에 하늘과 시민들이 내린 벌을 받았죠. 눈과 이를 뽑고 얼굴에 끓는 물을 붓는 형벌 끝에 죽고 맙니다. 차별과 혐오를 조장하고 처참한 대학살을 저지른 악업의 대가였죠.

새로운 황제 이사키오스가 즉위하지만 제국은 이미 황폐해졌고, 라틴인 학살도 나비 효과를 불러왔죠. 1204년 4차 십자군이 콘스탄티노폴리스를 함락하면서 제국은 돌이킬 수 없는 길을 걷게 됩니다.

마리아 콤니니는 고모할머니 안나하고 비슷한 점이 많습니다. 두 사람 모두 황제의 장녀이자 후계자로 각광받다가 남동생이 태어나면서 밀려났고, 이런 현실에 불만을 품어 반란을 일으키려다가 실패했죠. 차이도 있습니다. 안나가 방대한 역사책을 쓴 사학자로 찬사를 받은 반면 마리아는 반역자로 이름을 남겼죠. 안나가 아버지의 총애를 받은 덕에 학식을 쌓을 기회를 얻은 반면, 마리아는 혼기를 놓치고 혼담이 세 번 오간 끝에 결혼할 정도로 황제에게서 관심을 못 받은 탓입니다.

후대 황제와 남편이 한 대처에서도 큰 차이가 납니다. 안나의 남편은 반란을 저지했지만, 마리아의 남편은 적극적으로 지지했죠. 요하네스는 안나에게 자비를 베풀었지만, 안드로니코스는 마리아에게 토사구팽을 했죠. 시대와 환경이 달라서 벌어진 극과 극의 결과였습니다.

안드로니코스는 비잔티움 제국이 몰락하는 단초를 제공한 당사자로 비판받습니다. 안드로니코스는 황제가 되기 전에도 인품에 문제가 많아 여러 번 질책을 받았죠. 마리아는 남동생과 새어머니를 몰아내려고 그런 인물을 황위 계승전에 끌어들인 대가를 치렀을까요? 역사는 마리아와 라틴인 학살의 연관성은 말하지 않습니다. 황태후와 알렉시오스도 마리아가 죽은 뒤에 죽음을 맞이했죠. 지나친 욕심과 나쁜 안목을 비판할 수는 있지만 안드로니코스가 저지른 만행과 4차 십자군 때 벌어진 참상까지 마리아 탓으로 몰기에는 억울한 구석이 있습니다.

그래도 라틴인을 혐오하는 정서를 이용해 황위를 노리고 선동한 책임은 분명합니다. 혐오에 기초한 분열이 아니라 다양성에 바탕한 통합이 통치의 핵심이기 때문이죠. 그런 점을 간과한 탓에 마리아는 통치자 자리에 오르지 못하고 처참한 죽음을 맞이했습니다. 혐오의 대가는 언제나 비극일 수밖에 없겠죠.

러시아 법의학자 S. 니키티나가 재구성한
소피아 팔레올로기나 © Shakko

13. 망국의 공주에서 제3의 로마로

소피아 팔레올로기나　127대 황제 마누일 2세의 손녀, 128대 황제 요하네스 8세의 조카,
129대 황제 콘스탄티노스 11세의 조카

마리아 콤니니가 독살되고 안드로니코스 1세가 비참하게 몰락하면서
콤니노스 황실이 무너진 뒤 비잔티움 제국은 여러 번 왕조를 교체했습
니다. 중간에 4차 십자군에 콘스탄티노폴리스가 함락되고 망명 제국을
세운 뒤 수도를 되찾기도 했죠. 황실 이름이 바뀌고 잦은 외침과 끝없
는 내전이 이어지면서 한때 중흥하던 로마 제국은 도시 국가 수준으로
전락했지만, 알렉시오스 1세가 뿌린 콤니노스 가문의 핏줄은 1453년
콘스탄티노폴리스가 함락될 때도 이어졌습니다.

　마지막 황제 콘스탄티노스 11세가 수도를 지키다가 산화하면서
2200년에 걸친 로마 제국이 역사 속으로 사라진 뒤에도 콤니노스 황
실의 명맥을 이은 공주가 있으니, 결혼하고 나서 소피아로 개명한 조이
팔레올로기나입니다.

2200년 제국의 잔재

"전하, 어서 조치를 취하셔야 하옵니다."

1453년 5월 29일, 비잔티움 제국의 수도 콘스탄티노폴리스가 오스만 제국에 함락됐습니다. 기원전 753년 로물루스와 레무스가 세운 다음 왕국, 공화국, 제국, 동서 분할, 비잔티움 제국을 거쳐 2206년을 지속한 로마라는 나라가 멸망한 순간이었습니다. 콘스탄티노폴리스는 콘스탄티누스 1세가 이전한 수도로 천여 년 동안 제국의 중심이었죠.

콘스탄티누스 1세와 이름이 같은 콘스탄티노스 11세가 1449년에 황제가 된 때, 비잔티움 제국은 콘스탄티노폴리스와 모레아 인근만 다스리는 도시 국가로 전락한 상태였습니다. 콘스탄티노스의 조상들이 수십여 년간 내전을 벌이느라 끌어들인 이민족들이 영토를 갉아먹은 탓이었죠. 콘스탄티노스 11세의 아버지인 마누일 2세가 내전을 끝냈지만, 이미 오스만 제국의 봉신으로 전락해 서유럽 나라들이 구원해 주기만 기다리는 처지가 됐습니다.

"싸우지 말고 자그마한 영토일지라도 최선을 다해 통치하거라."

콘스탄티노스는 두 동생 토마스와 디미트리오스를 모레아 군주로 임명했습니다. 새로 즉위한 술탄 메흐메트 2세가 호시탐탐 콘스탄티노폴리스를 노리는 통에 대관식도 치르지 못한 채 교황을 비롯해 서유럽 여러 군주에게 도움을 요청했지만, 교황은 궁수 200여 명과 얼마 안 되는 식량만 보냈습니다. 니코폴리스와 바르나에서 십자군을 모집해 패배한 전적이 있었거든요.

다른 국가들도 저마다 전쟁을 치르느라 바빠서 콘스탄티노폴리스에 도움의 손길을 내민 국가는 제네바와 베네치아뿐이었습니다. 겨우

8000여 명으로 튀르크 군대 수만 명에 맞서야 했죠.

콘스탄티노스 11세는 수도 콘스탄티노폴리스밖에 남지 않은 상황에서 메흐메트 2세에 맞서다가 장렬히 전사했습니다. 튀르크 군은 콘스탄티노폴리스를 마구잡이로 약탈했고, 숱한 비잔티움 시민이 포로가 되거나 노예로 팔렸습니다. 간신히 살아남은 유민들은 황제의 동생들이 지배하는 모레아로 피란을 왔습니다. 콘스탄티노스 11세를 모시던 비서 게오르기오스 스프란체스는 유민 무리를 이끌고 와 콘스탄티노폴리스 상황을 두 군주에게 알렸습니다.

두 형제 군주와 망국의 공주

토마스와 디미트리오스는 형이 전사하고 제국이 멸망한 소식을 듣고 경악했습니다.

"어찌하면 좋으냐. 이천 년 제국도 허망하게 무너지는데 일개 군주인 내가 대체 무엇을 할 수 있으리오."

"그렇다고 가만히 있으면 술탄이……."

두 형제는 대책을 놓고 대립했습니다.

"제국을 무너트린 적 앞에서 머리를 숙일 수는 없소. 병력을 증강해야 합니다."

"사방이 튀르크 군으로 둘러싸여 있는데 어디서 병력을 모은다는 말이냐! 어서 협상을 준비해야 한다."

토마스는 세상을 뜬 넷째 형 콘스탄티노스와 멸망한 제국을 생각하면 눈물이 나지만 현실적인 여건을 생각해 다섯째 형 디미트리오스가 제시한 협상안을 따랐습니다. 결국 아드리아노플에 있는 술탄에게 사절을 보냈습니다.

"매년 1만 두카트를 바쳐라. 그러면 영토를 요구하지 않겠다."

모레아 영토를 보존하는 대신 사실상 술탄의 봉신이 돼야 했습니다. 토마스와 디미트리오스는 눈물을 흘리며 칙서에 서명했습니다. 유모 품에 안긴 조이는 이런 비참한 상황을 알지 못했습니다.

"피곤해."

"어서 주무세요, 아가씨."

토마스의 딸 조이는 손가락을 빨며 어른들이 착잡한 표정으로 나누는 이야기를 들을 뿐이었습니다. 더 큰 파국이 조이 가족을 조여 오고 있었습니다.

두 군주가 술탄을 상대로 굴욕 협상을 맺자 큰 반발이 일어났습니다. 특히 알바니아계 이주민들이 두 군주를 비롯한 그리스계 사람들을 무시하며 반란을 일으켰습니다.

"로마가 망한 마당에 무슨 자격으로 우리를 다스려!"

"겁쟁이 같으니! 어서 물러나라!"

반란군은 콘스탄티노스 11세가 죽은 만큼 두 군주를 몰아내고 자기들이 그 자리를 차지할 기회를 노렸습니다. 그런데 토마스와 디미트리오스는 반란군을 진압할 군대가 없어서 술탄 메흐메트 2세에게 다시 원조를 요청했습니다.

"이제부터 매년 1만 2000두카트를 공물로 바쳐라."

메흐메트는 더 무거운 공물을 요구했고, 그런 탓에 두 형제는 갈등을 빚었습니다.

"언제까지 저놈들이 도우리라 기대한다는 말이냐. 콘스탄티노스 형이 한 요청도 모른 척한 놈들이 우리를 돕겠어? 우리는 교회 통합이고 뭐고 아무것도 안 했다고."

"이미 오래전에 콘스탄티노폴리스가 함락된 소식이 교황청에 전달됐습니다. 무엇보다 이천 년 제국을 무너트린 주범 앞에 언제까지 고개를 조아릴 수는 없어요."

디미트리오스는 술탄이 한 요구를 받아들이자고 주장했고, 토마스는 교황청에 원조를 요청하자며 버텼습니다. 토마스가 말한 대로 콘스탄티노폴리스가 함락된 소식을 들은 교황은 공포에 떨면서 서유럽 국가들에 십자군 원정을 선포했습니다. 부르고뉴, 아라곤, 나폴리, 신성로마 제국 등이 호응하며 오스만 제국에 맞설 준비를 했습니다.

"이것 보세요. 아라곤의 알폰소가 5만 대군과 함선 400척을 이끌고 아드리아노플로 진군한대요! 독일의 프레더릭은 어떻고요!"

토마스는 기쁜 나머지 형에게 허락을 구하지 않고 요하네스 아르기로풀로스를 교황청에 사절로 보냈습니다. 요하네스는 밀라노, 영국, 프랑스로 가서 원조를 요청했습니다. 디미트리오스도 분노를 가라앉히고 서방 세계에 또 다른 사절을 보냈습니다. 형제는 따로 행동하면서 서로 눈치를 볼 뿐이었습니다.

이렇게 3년이 흘렀습니다. 십자군 원정은 흐지부지됐고, 그동안 형제는 오스만에 공물을 보내지 않았습니다. 1458년 5월, 오스만 군대는 모레아를 침공했습니다. 메흐메트는 콘스탄티노폴리스 함락 때 쓴 대형 공성포를 활용해 코린토스와 파트라스 등 반도 북서쪽 지역을 함락했습니다. 이제 모레아는 수도 미스트라를 비롯한 남쪽 지역만 남았죠.

잦아지는 형제 간 다툼

"네가 괜히 교황 가지고 헛바람 불러일으켜서 이렇게 됐잖아!"

"우리가 얌전히 있는다고 술탄이 가만뒀겠어요?"

"술탄에게 네 딸 헬레나하고 혼담을 넣었다. 너는 가만히 있어!"

"아니, 왜 제 딸을?"

수도만 간신히 끌어안은 상황에서 형제 간 다툼은 갈수록 잦아졌습니다. 비잔티움 유민을 비롯한 신하들은 어디에 장단을 맞춰야 할지몰라 갈팡질팡했습니다. 토마스는 자기 딸을 팔아 술탄하고 친선을 맺으려는 형에게 불만을 품었습니다.

"더는 안 되겠어."

토마스는 알바니아 영주들을 포섭해 반란을 준비했습니다. 디미트리오스는 미리 소식을 접하고 술탄에게 연락을 취했습니다. 자그마한영토를 둘러싸고 모레아에서 내전이 벌어졌습니다.

중부 모레아의 칼라브라타 요새를 점령한 토마스는 디미트리오스가 보유한 칼라마타와 만티네이아를 포위했습니다. 궁지에 몰린 디미트리오스는 모레아 북부에 주둔한 튀르크 총독들을 거쳐 술탄에게 원조를 요청했습니다.

"세상이 말세구나, 말세. 서로 힘을 합쳐도 모자랄 판에."

"어떻게 폐하를 죽인 자한테……."

"한쪽은 술탄의 의지와 도움을 받아, 한쪽은 불경한 자들에 맞서싸운다는 자신감으로 버티고 있구나."

사람들은 형제의 난을 보고 한탄했고, 스프란체스는 이것이 마지막로마 제국의 광경으로 예측했습니다. 예측은 곧 현실이 됐습니다.

"룸 카이세리[†]가 나설 때가 됐지."

콘스탄티노폴리스를 정복해 로마 제국을 멸망시킨 메흐메트 2세는 로마인의 씨를 말려야겠다고 생각했습니다. 형제끼리 분열한데다가 디미트리오스가 도움까지 요청한 소식을 들은 술탄은 야망을 감추지 못한 채 군침을 흘렸습니다. 1460년 4월, 술탄 메흐메트 2세는 군사를 일으켜 직접 모레아를 침공했습니다.

메흐메트는 디미트리오스를 돕기는커녕 영토를 점령했습니다. 술탄에 맞서 싸우기가 두려운 디미트리오스는 바로 항복했습니다. 항복한 군주의 가족은 모넴바시아에서 평안히 쉬고 있었죠. 메흐메트는 기세를 몰아 코린토스에 이어 미스트라까지 정복했습니다. 1460년 5월 29일, 콘스탄티노폴리스가 함락된 지 정확히 7년 뒤였죠.

"형님, 어떻게 이럴 수 있습니까!"

"전하! 피난을 가셔야 하옵니다. 이제 방도가 없어요!"

토마스는 튀르크 군에게 학살당하는 사람들을 보며 눈물을 흘렸습니다. 전해 듣기만 하던 불바다와 피바다를 직접 두 눈으로 목격하는 순간이었죠. 토마스와 가족들은 베네치아에서 보낸 배를 타고 코르푸 섬으로 피란했습니다. 열한 살 조이는 공녀 직위를 잃은 채 타국을 떠돌게 됐습니다.

7월 22일, 조이 가족은 코르푸에 도착하지만 코르푸 총독은 이 가족이 오래 머물지 않기를 바랐습니다. 술탄이 자기들까지 위협할까 봐 두려웠죠. 토마스는 가족들이라도 라구사로 보내려 하지만 그곳도 거

[†] '로마 황제'를 뜻하는 튀르키예어입니다.

부했습니다. 이때 메흐메트가 사절을 보내서 토마스하고 접촉하려 했습니다.

"다시 그리스로 오시오. 그러면 그곳에서 살게 해주리다."

메흐메트를 끌어들인 형이 토사구팽을 당해 아드리아노플에서 연금된 사실을 알고 있는 토마스는 유혹의 손길을 뿌리쳤습니다. 그리고 가족들을 코르푸에 남겨둔 채 로마로 향했습니다. 협상을 하려는 생각이었죠. 조이는 어머니 카타리나하고 함께 아버지를 기다렸습니다.

"어머니, 아버지 언제 와요?"

어느새 훌쩍 자란 조이는 어머니의 손을 잡고 물었습니다.

"조금만 기다리렴. 아버지께서 큰 선물을 들고 오실 거란다."

침대에서 일어난 카타리나는 딸의 얼굴을 쓰다듬으며 대답했습니다. 카타리나의 손과 입술은 떨리고 안색은 핼쑥했습니다. 조이는 어머니가 한 말대로 참고 기다렸습니다. 1462년 어머니가 돌아가신 뒤에야 아버지하고 연락이 닿았습니다.

'얘들아, 미안하다.'

조이는 아버지가 보낸 편지를 읽고 눈물을 흘렸습니다. 편지에 따르면 토마스는 교황을 설득해 매년 300두카트를 받으며 로마에 정착해도 좋다는 허락을 받았고, 콘스탄티노폴리스의 황제로 인정도 받았습니다. 토마스는 아내의 죽음을 지키지 못한 일을 후회하며 아이들이라도 챙겨야겠다고 했죠.

'어서 로마로 오거라.'

조이는 남동생 안드레아스와 마누일하고 함께 로마로 향했습니다. 그렇지만 로마로 가는 데 3년이 걸렸습니다. 토마스는 교황 비오 2세가 도와 다시 십자군을 모집하기도 했지만, 교황이 죽으면서 흐지부지 됐습니다.

'부디 아이들에게 신의 가호가 있기를.'

마지막 간절한 소망을 이루지 못한 토마스는 아이들 얼굴을 보지 못한 채 1465년 5월 12일에 세상을 떠났습니다.

개종

세 남매는 로마에 간신히 도착했습니다. 옛날에는 로마 제국의 수도였지만, 이제 로마는 교황령이 된 지 오래됐습니다.

"누나, 배고파."

"마누일, 칭얼대지 마."

"앙앙."

어린 남동생들을 돌보는 일은 열여섯 살 조이가 할 몫이 됐죠. 이렇게 천애 고아가 돼 막막해하던 남매 앞에 구원의 손길이 뻗칩니다.

"무슨 일로 왔느냐?"

조이는 아버지가 교황에게 콘스탄티노폴리스의 황제로 대우받으며 지원금을 받은 사실을 떠올렸습니다. 교황을 만나 아버지 신분을 말하면서 자기들도 지원해 달라고 요구했습니다.

"저는 콘스탄티노폴리스의 황녀입니다. 부디 저희에게 그 이름에 맞는 삶을 살 수 있게 해주소서."

당돌한 조이를 보고 놀란 교황 바오로 2세는 흔쾌히 지원을 약속했습니다. 바실리오스 베사리온 추기경에게 양육을 맡긴 뒤 달마다

300크라운을 줘 입을 옷과 타고 다닐 말, 수발들 하인을 구하게 했고, 라틴어와 그리스어 가정 교사와 주치의를 구하는 데 필요한 100크라운도 지급했습니다. 그 덕에 아주 풍족하지 않더라도 모레아 시절만큼 여유롭게 살았습니다.

'잘 자라고 있구나. 조이, 어서 빨리 크렴.'

교황이 조이 남매를 양육하는 진짜 이유가 있었습니다. 정교회와 가톨릭을 통합하고 싶었거든요. 더 정확히 말하면 정교회를 가톨릭에 흡수할 생각이었습니다. 조이의 백부 콘스탄티노스 11세가 교황하고 협상하면서 교회 통합을 논의하지만 콘스탄티노폴리스가 함락되고 황제까지 전사하면서 흐지부지됐죠. 콘스탄티노폴리스 시민들이 거세게 쏟아내는 반발만 남긴 채 말이죠.

마침 로마 제국의 마지막 핏줄이 찾아온 김에 다시 교회 통합을 시도할 참이었습니다.

"네 이름은 앞으로 소피아다."

세례를 받은 조이는 가톨릭으로 개종하고 이름도 소피아로 바꿨죠. 이런 속뜻도 모른 채 조이는 교황의 궁정에서 몇 년 세월을 보냅니다. 1467년, 소피아는 어느새 결혼할 나이가 됐습니다. 교황은 카라치올로공에게 혼사를 넣지만 실패했죠. 1년 전에는 베네치아 공화국에서 키프로스 왕 제임스 2세에게 혼인을 도와 달라 하지만 거절당했죠. 소피아는 초조하면서도 신랑을 선택할 권리가 자기에게 없다는 사실에 좌절했습니다. 교황이 소피아 남매를 거두어들인 이유를 어느 정도 눈치챈 터라 빨리 결혼해서 답답한 궁정을 빠져나가고 싶었죠.

'그래도 나를 보살핀 분인데, 갈 곳도 없고.'

부모가 국교로 믿던 정교회를 버리고 가톨릭을 신봉해야 하는 현실이 싫으면서도 먹고살 걱정이 더 앞선 탓에 선뜻 교황청을 탈출하기 어려웠죠.

'나는 로마의 바실리사다. 로마의 핏줄이야.'

소피아는 콘스탄티노폴리스는 물론 모레아에서도 한 번 들어본 적 없는 '바실리사'를 외쳤습니다. 로마 제국의 정체성을 살릴 수 있는, 곧 비잔티움 제국의 국교인 정교회를 믿는 국가로 시집가기를 바랐죠. 이렇게 기도하면서 세월을 보내다가 어느덧 2년이 지났습니다.

이반 3세

1469년, 모스크바 대공국 왕 이반 3세의 아내 트베리의 마리아가 세상을 떠났습니다. 11년 전에 낳은 아들 하나만 남긴 채 말이죠. 교황은 홀아비가 된 이반 3세에게 혼사를 넣었습니다. 모스크바 대공국은 비잔티움 제국이 멸망한 뒤에도 정교회를 수호하는 국가였습니다. 교황은 이번만큼은 소피아의 결혼을 성사시켜 러시아 정교회에 가톨릭의 영향력을 확대해 두 교회를 통합하겠다고 결심했습니다.

2월 11일, 베사리온 추기경이 이끄는 사절단이 모스크바로 향했습니다. 환송 인파 속에 섞여 있던 소피아는 다시 손을 움켜쥐었습니다.

'주여, 부디 저를 구원할 자가 나타나게 해주소서.'

베사리온 사절단이 떠나고 얼마 뒤 러시아에서 이반 프라이아진이라는 사절을 보냈습니다. 로마에 도착한 프라이아진을 교황은 매우 환대했죠.

"그대를 알현하는 이 자리는 우리에게 크나큰 영광이올시다."

교황은 프라이아진에게 소피아의 초상화를 건넸습니다. 이반 3세에게 신부 얼굴을 내보이려는 속셈이었죠. 소피아는 두려우면서도 설레는 속마음을 감추려 노력했습니다. 웃음기 없는 근엄한 표정을 유지해야 했죠.

"혼사가 무사히 성사되기를 바라오."

소피아는 자기 초상화를 들고 있는 사절에게 이렇게 말했습니다. 사절은 다리 하나를 굽히고 손에 키스해 화답했습니다. 그러고는 3년이 지났습니다.

'이미 죽고 없지. 모두.'

이반 3세는 소피아가 비잔티움 황제 마누일 2세의 손녀이자 요하네스 8세의 조카딸이라는 사실에 주목했습니다. 비잔티움 제국이 오스만 제국에 시달릴 때 같은 정교회 국가인 러시아가 아니라 교황청이나 잉글랜드나 프랑스 같은 서유럽 국가에 도움을 청한 일을 야속하게 여겼죠. 두 사람이 죽고 비잔티움 제국이 멸망한 지금 이반 3세는 다른 뜻을 품고 이 혼사를 받아들였습니다.

"어서 교황에게 전하게. 이 혼사를 받아들이겠노라고."

이반 3세는 교황의 뜻에 동조하는 척하며 크게 웃었습니다. 소피아를 그린 초상화는 저 멀리 발치에 놓여 있었습니다. 그러고는 프라이아진을 다시 로마로 보냈는데, 이때가 1472년 1월 16일입니다.

5월 23일, 프라이아진이 로마에 도착했습니다. 6월 1일이 되자 성 베드로 대성전에서 소피아가 결혼식을 올렸습니다. 신랑인 이반 3세가 없어서 프라이아진이 신랑 대리인으로 참석했습니다. 소피아는 결혼식에서 프라이아진을 보며 진짜 신랑을 상상했습니다. 소피아가 이반 3세에 관해 아는 정보는 자기보다 아홉 살이 많고 정교회를 믿는다는 사실뿐이었습니다. 전처 사이에 아들을 둔 홀아비라는 사실을 이때는 알지 못했습니다.

제3의 로마

소피아는 베사리온 추기경을 비롯해 지참금 6000두카트를 들고 여러 예술가, 건축가, 고위 관리의 보필을 받으며 로마를 떠났습니다. 이탈리아와 독일을 거쳐 10월에 러시아의 프스코프에 도착했습니다. 그곳에서 소피아는 이탈리아 옷을 벗고 러시아 왕실 의복으로 갈아입었습니다. 여기까지는 괜찮았습니다. 그런데 성 트리니티 대성당에 도착하자 소피아는 정교회의 상징물을 보고 기도를 올렸습니다. 함께 온 교황 사절들하고는 상의하지 않은 채였죠.

"아니, 이 무슨!"

일행들이 당황하자 프라이아진이 눈치를 줬습니다. 소피아는 자기 대신 사태를 처리하는 프라이아진을 보고 안도했습니다. 다른 사람들이 못 볼 때 프라이아진은 소피아를 향해 고개를 숙였죠. 어린 시절부터 결혼할 때까지 소피아를 양육한 베사리온 추기경은 몇 달 전 세상을 떠난 상태였습니다. 베사리온이 이 모습을 보면 소피아를 모스크바로 보낸 일을 땅을 치고 후회했겠죠.

11월 12일, 소피아는 드디어 모스크바에 도착했습니다. 그리스식 성 팔레올로고스^{Palaiologos} 대신 러시아식 성 베토슬로베츠^{Vethoslovets}로 개명했습니다. 이반 3세는 소피아를 환대했습니다.

"먼 길 오느라 고생이 많았소이다."

"별말씀을요."

소피아는 비잔티움 양식하고 비슷한 유적들을 둘러보면서 안도감을 느꼈습니다. 멸망한 고국 대신에 이곳을 제2의 안식처로 삼아도 충분하겠다고 생각했죠. 당황스러운 일은 또 벌어졌습니다.

"이만 물러가시오."

"교황께서……."

"대공비가 내린 명을 무시할 참이오?"

교황 특사 안토니우스는 십자가를 짊어지고 모스크바 궁전에 입성하려 했습니다. 그런데 친절한 소피아가 돌변하더니 안토니우스를 냉대했습니다. 소피아는 안토니우스를 내버려 두고 뒤도 돌아보지 않은 채 결혼식장으로 향했습니다. 프라이아진의 보필을 받으면서요.

소피아와 이반 3세는 그날 바로 모스크바 도미션 대성당에서 정교회식으로 결혼식을 올렸습니다. 두 사람은 러시아 왕실 의복을 입은 채 콜롬나의 수도원장에게 주례를 받았습니다. 이반은 발목까지 오는 긴 코트에 원통형 모자를 쓰고 소피아도 긴 코트에 털모자 차림이었죠.

이탈리아 가톨릭의 흔적은 어디에도 보이지 않았습니다.

'로마의 명맥을 유지할 수 있기를.'

'타타르에게서 벗어날 수 있는 발판이 마련되기를.'

결혼식 날, 두 사람은 서로 바라보며 동상이몽을 꿨습니다. 두 갈래 길이 하나로 합쳐지리라고 생각하지 못한 채 말이죠.

로마 제국의 차르, 이반 3세

"나는 로마 제국의 차르 이반이다!"

이반 3세는 콘스탄티노폴리스 함락을 기회로 정교회의 주종자로 서려 했습니다. 그래서 소피아하고 결혼하자마자 자기가 '로마 제국의 차르'로 선포했습니다.

차르는 슬라브 조어 '체사리'에서 따온 말로, 로마를 황제의 국가로 발돋움하게 한 장군 율리우스 카이사르에게서 유래했죠. 고대 로마나 비잔티움 제국에서 '카이사르'는 황위 계승자나 황제의 혈족에게 사용한 호칭이었는데, 이반 3세는 이 호칭의 본래 뜻을 살렸죠. 비잔티움에서 사용한 쌍두 독수리 문양을 휘장에 넣기도 했습니다.

자신감을 얻은 이반 3세는 군사 활동을 벌여 러시아의 제후 국가를 하나둘 정복했습니다.

"나는 더는 칸의 신하가 아니다!"

크림 칸국하고 제휴를 맺어 킵차크 칸국의 아흐메트 칸을 물리쳐 타타르의 멍에에서도 벗어났습니다. 러시아는 수백 년 동안 몽골의 킵차크 칸국에 지배당하며 사실상 봉신으로 지냈는데, 이반 3세가 이런 사슬을 깨트렸죠.

이반 3세가 승승장구할 동안 소피아는 외국 사절들을 종종 알현했습니다. 이탈리아에서 함께 온 예술가와 관리 등이 자리에 함께했죠.

"이 이콘을 옮기세요."

이콘이란 그림이나 도상이라는 뜻을 지닌 중세 그리스어에서 유래한 단어입니다. 정교회를 대표하는 시각 상징물이죠. 소피아는 개인 기도실에 있는 성 요한을 그린 이콘을 크렘린의 성모 마리아가 자리한 곳으로 옮기려다가 뒷면에 새겨진 이름을 발견했습니다. '토마스 데스포트 팔레올로고스.' 아버지가 언제 러시아로 보낸 이콘인지 알 수 없지만 소피아는 신기한 우연이 무척 반가웠습니다.

'아버지……'

소피아는 아버지의 딸이기 전에 한 나라의 왕비였습니다. 더 많은 사람이 아버지, 아니 비잔티움 제국의 흔적을 봐야 했죠. 그래서 크렘린의 탁 트인 곳으로 이콘을 옮겼습니다. 지금도 러시아의 권력을 상징하는 중요한 건축물로 남아 있는 크렘린은 이반 3세가 이탈리아 건축가 3명을 불러 세운 곳이죠.

"제발 한 번 더 도와 주세요."

"썩 물러가지 못하겠느냐!"

"제발 누님께……"

너덜너덜해진 비단옷을 입은 남자가 성문을 두드리자 문지기들은 어서 나가라고 눈치를 줬습니다.

"폐하, 안드레아스 공께서 또 찾아오셨습니다."

"내가 직접 나설 테니 물러가거라."

이반 3세를 그린 초상화

토마스가 죽고 소피아와 베사리온 추기경이 떠난 뒤 교황청은 소피아의 남동생 안드레아스에게 하는 지원을 확 줄였습니다. 생활고에 시달린 안드레아스는 마누일 2세가 서유럽 원정을 떠나듯 자기도 서유럽 군주들에게 사실상 구걸을 하지만 문전 박대를 당하기 일쑤였습니다. 안드레아스를 보필하던 가신들도 떠난 상태였고요.

"또 도와 주시게요?"

"불편하지만 어쩌겠느냐. 내 동생이거늘. 안드레아스에게 식량을 조금 챙겨서 주거라."

모두 외면한 남동생을 도와 주는 일은 누나 소피아가 할 몫이었습니다. 이반 3세가 몽골군하고 싸우느라 내정을 주로 소피아가 맡은 덕택이 컸죠.

"어서 저놈을 처형해라!"

"폐하, 한 번만, 으악!"

외정을 정비한 이반 3세는 자기가 왕궁을 비운 동안 재정을 갉아먹은 대귀족이나 봉건 영주인 보야르를 여럿 숙청했습니다. 왕궁에서는 매일 같이 피가 튀고 비명이 들렸죠. 소피아는 이런 긴장을 잠재울 수 없었습니다. 갈수록 입지가 약해지고 있었죠. 1483년 이반 3세의 맏아들 이반 이바노비치가 몰디비아공의 딸하고 결혼해 아들 드미트리를 낳았습니다.

"축하하오. 여보."

"호호……."

소피아는 의붓아들 부부가 내는 웃음소리를 처소 밖에서 잠자코 듣기만 했습니다. 모스크바를 떠난 안드레아스와 리투아니아로 도망친 조카 마리아 부부를 떠올리면서요.

쫓겨난 소피아 모자

소피아의 친족들이 러시아에 적응하지 못하고 떠난 사연은 이렇습니다. 안드레아스가 거지 신세이기도 했지만, 사실은 소피아가 저지른 실수 때문이었습니다. 소피아는 조카딸 마리아를 베레이-벨로저스키의 바실리 미하일로비치공하고 결혼시켰죠. 이때 마리아 부부에게 이반 3세의 첫 아내가 남긴 보석을 줬습니다.

"제 어머니께서 주신 보석 어디 있죠? 왜 마음대로 가져가요?"

"그, 그게……."

이바노비치는 이 사실을 알고 크게 분노했습니다. 소피아도 실수를 눈치채지만 이바노비치가 보석을 찾으라고 명령하는 바람에 마리아 부부는 리투아니아로 도피해야 했죠. 소피아는 도망간 조카 부부를 사면하게 할 요량으로 이바노비치의 주치의인 베네치아의 레온에게 편지를 썼습니다.

"부디, 이바노비치를 치료해 주세요."

통풍을 앓는 이바노비치를 치료하면서 화해하려는 생각이었죠. 레온이 통풍을 확실히 치료하겠다고 약속했지만, 1490년 3월 6일 이바노비치는 세상을 떠났습니다.

황궁에서는 의붓어머니 소피아가 이바노비치를 독살한 당사자라는 소문이 퍼졌습니다.

"왕태자께서 갑자기……."

"전부터 몸이 안 좋았잖소."

"그러니 더 이상하죠. 의사가 왕비의 수발을 들었는데……."

뜬소문은 점점 더 멀리 퍼지더니 어느새 이반 3세에게도 들어갔습니다. 중앙 집권화로 군주의 권위를 강화해야 하는 시점이라 내정을 책임진 소피아가 거슬리기 시작했습니다.

"부인, 설마?"

"아닙니다! 정말 제가 이반을 죽이고 싶으면 왜 눈에 띄는 방법을 썼겠습니까?"

"시끄럽다! 어서 저자를 처형해라!"

"폐하! 아니 되옵니다!"

소피아는 뜬소문에 난색을 표하지만 의심은 걷잡을 수 없이 커졌습니다. 결국 이반은 레온을 처형했습니다.[†]

불운은 계속 됐습니다. 소피아의 아들 바실리가 드미트리 왕자를 죽이려 한다는 소문이 퍼지고 있었죠. 드미트리가 바실리보다 총애를

[†] 러시아 정치인 안드레이 커브스키(1528~1583)는 소피아가 이바노비치를 독살한 당사자라고 주장하지만, 현대 역사가들은 부정합니다.

더 받는데다가 콤니노스 왕조 때 알렉시오스가 사위 대신 장남에게 자리를 물려준 사례처럼 이반도 장자 승계를 염두에 둔 만큼 둘째 아들 바실리보다는 첫째 손자 드미트리를 후계자로 삼을 가능성이 더 크기 때문이었습니다.

소문을 들은 이반 3세는 더는 참지 못하고 화를 벌컥 냈습니다.

"부인, 설마 잊었소?"

"잊지 않았습니다."

자포자기한 소피아는 긍정도 부정도 하지 않았습니다. 이반 3세가 찾아오기 전날 바실리가 한 말이 떠올랐죠.

"어머니, 더는 이렇게 살 수 없습니다!"

"아무리 그래도 허튼짓하면 안 된다! 어서 칼을 내려놓아라!"

"쾅!"

"바실리!"

바실리는 자기보다 의붓형 이바노비치와 조카 드미트리를 더 총애하는 이반 3세가 못마땅했습니다. 소피아는 칼을 들고 뛰쳐나가는 바실리를 붙잡으려 하지만 실패했고, 이반 3세가 어떤 이유로 저러는지 짐작했습니다.

"고국을 잃은 그대를 거두어들여 고국의 종교를 믿게 해준 나를 이렇게 배신으로 화답하다니."

"……."

"이 궁정에서 당장 나가시오."

이반 3세는 뒤도 돌아보지 않고 차가운 목소리로 말했습니다. 소피아는 조용히 절을 한 뒤 시녀 몇 명하고 함께 짐을 쌌습니다.

소피아 모자는 가택 연금을 당해 자그마한 저택에서 지냈습니다. 드미트리가 도미션 대성당에서 대관식을 치르고 후계자가 된 소식도 들었습니다. 소피아는 몸이 허약해져서 누워 있는 날이 잦아졌죠.

"이반은 대체 뭘 하고 있다느냐?"

"도미션 대성당에서……."

"됐다, 됐어. 들어가거라."

소피아는 누운 채 머리를 이마에 짚다가 손사래를 쳤습니다. 어머니를 괴롭히는 병이 자기가 부린 객기 때문이라고 생각하며 후회하던 바실리는 아버지 이반을 찾아갔습니다.

"어머니께서……."

"듣기 싫다! 다들 뭐하느냐! 어서……."

"어머니께서 쓰러지셨어요!"

"뭐라?"

이반은 마음이 흔들렸습니다. 아들 바실리는 무릎을 꿇고 잘못을 빌었습니다.

"제 죗값은 달게 받겠사옵니다. 그러니 어머니를 마지막에 한 번이라도……."

"알았다."

다시 궁정으로

1499년, 이반은 소피아 모자에게 궁정에 돌아와도 좋다고 허락했습니다. 3년 뒤에는 마음을 바꿔 손자 드미트리와 며느리 몰디비아의 엘레나를 가택 연금에 처했죠. 손자와 며느리가 모함한 탓에 소피아가 고생한다고 생각했습니다.

"폐하, 폐하!"

"억울하옵니다!"

소피아하고 다르게 두 사람은 저항했습니다. 모함한 적이 없으니 억울했죠. 변덕스러운 이반 3세는 웃음기를 지우고 매몰차게 행동했습니다. 이렇게 정적들이 쫓겨나고 사흘 뒤인 1502년 4월 14일, 바실리도 드미트리하고 똑같이 도미션 대성당에서 대관식을 치렀습니다.

병세가 깊어진 소피아는 대관식에 참석하지 못했습니다. 그토록 고대하던 로마의 핏줄을 이을 수 있게 되는데도 말이죠. 소피아가 병상에서 지낸 지 1년이 훌쩍 지났습니다.

1503년 4월 7일, 이반 3세가 홀로 소피아 옆에 앉아 있었습니다.

"부인, 몸이 어떠하오?"

"저, 저는……."

소피아는 한때 야속하게 처신하지만 마지막에 자기를 다시 믿고 바실리를 후계자로 세운 이반 3세가 고마웠습니다. 또다시 변덕을 부려 바실리를 내쫓지 않을까 염려하기도 했고요. 그런 와중에 의식은 점차 희미해져서 복잡한 마음을 드러낼 수도 없었습니다.

소피아가 입 밖에 꺼낸 말은 뜻밖이었습니다. 오래도록 소피아의 정체성을 지탱한 단어였죠.

"저는……."

"부인?"

이반은 소피아의 입에 귀를 갖다 댔습니다.

"저는, 로마의, 공주입니다."

"뭐라고요?"

"당, 신은, 로."

"부인!"

소피아는 숨을 헐떡였습니다. 그래도 이반 3세는 소피아가 어떤 말을 하려는지 눈치챘습니다.

"로, 마……."

"나는 로마의 차르요."

이반 3세는 소피아가 남긴 유언을 다시 읊었습니다.

"그대는 로마의 공주이고, 나는 로마의 차르요. 카이사르, 이 나라의 통치자요!"

소피아는 이반 3세의 팔을 붙잡고 고개를 끄덕였습니다. 소피아가 남편 팔을 잡은 손을 떨어트리고, 이반의 마지막 말이 기둥과 문을 타고 울려 퍼지니, 이날은 1503년 4월 7일이었습니다.

제3의 로마를 이은 로마의 마지막 공주

조이, 곧 소피아는 생전에 콘스탄티노폴리스를 간 적도 없었고, 황제의 딸도 아니었습니다. 로마 제국이 멸망하기 전에는 그저 찬밥 신세 방계 황족의 딸에 지나지 않았죠. 로마가 멸망하고 이탈리아에 정착한 뒤에야 로마[†]의 공주로 대우받았습니다. 여기서 멈추지 않고 러시아로

[†] 정확히 말하면 콘스탄티노폴리스입니다.

건너가 황후가 돼서 대가 끊긴 로마 황실의 핏줄이 타국에서 다시 이어질 수 있게 했습니다.

조이는 후계 분쟁과 의문스러운 죽음 탓에 이반 3세의 치세 말기를 혼란스럽게 한 주범으로 지목되기도 했습니다. 그렇지만 러시아에 비잔티움식 예절과 관습을 전파했고, 딸이라서 자손에게 팔레올로고스라는 성을 물려주지는 못하더라도 러시아가 차르라 칭하고 제3의 로마를 내세우는 근거가 됐죠. 수백 년간 러시아를 짓누른 타타르의 멍에에서 벗어날 수 있도록 남편에게 자신감을 불어넣기도 했고요.

1453년 콘스탄티노폴리스가 함락돼 2206년에 걸친 로마 제국이 멸망하면서 중세는 끝났지만, 소피아가 결혼하고 이반 3세가 제3의 로마를 자칭하면서 근대, 곧 새로운 시대가 시작됐습니다.

† 참고 자료

Anna Komnene, *The Alexiad*, K. Paul, Trench, Tubner, 1928.

Anthony Barrett, *Agrippina: Mother of Nero*, Batsford, 1996.

Barbara Levick, *Tiberius the politician(Roman Imperial Biographies)*, Routledge, 1999

Constantine Porphyrogennetos, *The Book of Ceremonies*, Brill, 2017.

David Vagi, *Coinage and History of the Roman Empire, c. 82 B.C. — A.D. 480*, Fitzroy Dearborn Publishers, 2016.

Dio Cassius, *Roman History*, Harvard University Press, 2000.

Flavius Josephus, *Antiquities of the Jews*, CreateSpace Independent Publishing Platform, Flavius Josephus.

Guy de la Bédoyère, *Domina: The Women Who Made Imperial Rome*, Yale University Press, 2018.

Hagith Sivan, *Galla Placidia: The Last Roman Empress*, Oxford University Press, 2011.

Ioulia Kolovou, *Anna Komnene and the Alexiad The Byzantine Princess and theFirst Crusade*, Pen & Sword History, 2020,

John of Antioch, translated by C.D. Gordon, *The Age of Attila: Fifth-Century Byzantium and the Barbarians*, 1960.

Jonathan Harris, *The End of Byzantium*, Yale University Press, 2010.

Joseph Mccabe, *The Empresses of Constantinople*, The Gorham Press, 1913.

Kenneth Atkinson, *Empress Galla Placidia and the Fall of the Roman Empire*, McFarland, 2020.

Lindsay Powell, *Eager for glory: the untold story of drusus the elder, conqueror of germania*, Pen & Sword Books, 2013.

Lindsay Powell, Steven Saylor, *Marcus Agrippa: Right-Hand Man of Caesar Augustus*, Pen & Sword Books, 2015.

Lindsay Powell, *Germanicus: The Magnificent Life and Mysterious Death of Rome's Most Popular General*, Pen & Sword Books, 2013.

Lynda Garland, *Byzantine Empresses: Women and Power in Byzantium AD 527-1204*, Routledge, 2002.

Mariah Proctor-Tiffany, Tracy Chapman Hamilton, *Moving Women Moving Objects (400-1500)*, Brill, 2019.

Michael Attaleiates, *History*, Harvard University Press, 2011.

Michael Psellos, *Chronographia*, Yale University Press, 1952.

Miriam T. Griffin, *Nero: The End of a Dynasty*, Routledge, 2000.

Niketas Choniatēs, *O city of Byzantium_ Annals of Niketas Choniatēs*, Wayne State University Press, 1984.

Paul Chrystal, *Roman Women: The Women who influenced the History of Rome*, Fonthill Media, 2017.

Pliny (the Elder.), *Natural history: a selection*, Penguin Publishing Group, 1991.

Stephen Dando-Collins, *Blood of the Caesars: How the Murder of Germanicus Led to the Fall of Rome*, Wiley, 2008.

Suetonius, *Lives of the Caesars(Oxford World's Classics)*, Oxford University Press, 2008.

Susan E. Wood, *Imperial Women: A Study in Public Images, 40 Bc-Ad 68*, BRILL, 2000.

Teetgen, Ada B. *The Life and Times of Empress Pulcheria: A.D. 399–A.D. 452.*, London: Swan Sonnenshein & Co., Lim. 1907.

Windsor, Laura Lynn, *Women in Medicine: An Encyclopedia*, ABC-CLIO, 2002.

시오노 나나미, 《로마인 이야기》, 김석희 옮김, 한길사, 2006.
에드워드 기번, 《로마제국 쇠망사》, 송은주 옮김, 민음사, 2010.
영문판, 한글판 위키피디아.
워렌 T. 트레드골드, 《비잔틴 제국의 역사》, 박광순 옮김, 가람기획, 2003.
존 줄리어스 노리치, 《비잔티움 연대기》, 남경태 옮김, 바다출판사, 2016.
타키투스, 《타키투스 연대기》, 박광순 옮김, 종합출판범우, 2005.

† 연표

1. 대 아그리피나

기원전 14년	대 아그리피나 출생
기원전 12년	아버지 아그리파 사망
5년(추정)	대 아그리피나와 게르마니쿠스 결혼
6년	게르마니쿠스와 대 아그리피나 가족, 군대 생활 시작
12년	게르마니쿠스가 집정관이 됨
14년	대 아그리피나와 게르마니쿠스, 반란 진압
18년	대 아그리피나와 게르마니쿠스 소아시아 파견, 막내딸 율리아 출생
19년 10월 10일	게르마니쿠스 사망
24년	세야누스가 대 아그리피나의 아들 네로와 드루수스의 기도를 치안 판사에게 권유
31년	대 아그리피나와 네로가 각각 다른 섬으로 추방됨
33년	대 아그리피나 사망

2. 리빌라

기원전 13년	리빌라 출생
기원전 9년	아버지 대 드루수스 사망
기원전 1년	리빌라와 가이우스 결혼
4년	가이우스 사망, 리빌라와 소 드루수스 결혼
14년	아우구스투스 사망, 티베리우스 황제 즉위로 리빌라가 차기 황후로 주목받음
19년	쌍둥이 아들 출생
23년 9월 13일	소 드루수스 독살
31년	세야누스 처형, 리빌라 사망

3. 소 아그리피나

15년 11월 6일	소 아그리피나 출생
28년	소 이그리파나와 도미티우스 결혼
32년	도미티우스가 집정관이 됨
37년	티베리우스 사망, 가이우스(칼리굴라) 황제 즉위, 네로 출생
39년	소 아그리피나가 칼리굴라 살해 모의 혐의로 유배됨
41년	칼리굴라 사망, 도미티우스 사망, 소 아그리피나 사면
45년	소 아그리피나와 파시에누스 결혼
47년	파시에누스 사망
49년	소 아그리피나와 클라우디우스 결혼
50년	클라우디우스가 네로를 양자이자 후계자로 삼음
54년	클라우디우스 독살, 네로 황제 등극
59년 3월 23일	소 아그리피나 사망

4. 클라우디아 안토니아

30년	클라우디아 안토니아 출생
31년	아버지 클라우디우스와 어머니 파이티나 이혼
37년 5월 1일	할머니 소 안토니아 사망
41년	클라우디우스 황제 등극
43년	클라우디아와 폼페이우스 결혼
47년	폼페이우스 암살, 클라우디아와 술라 펠릭스 결혼
49년	술라 펠릭스 유배
62년	술라 펠릭스 암살
66년	클라우디아 안토니아 사망

5. 클라우디아 옥타비아

39년(추정)	클라우디아 옥타비아 출생
48년	어머니 발레리아 메살리나 암살

49년	옥타비아와 약혼한 실라누스 파혼, 실라누스 자살
53년 6월 9일	옥타비아와 네로 결혼
55년 2월 11일	남동생 브리타니쿠스 독살
62년 6월 9일	클라우디아 옥타비아 사망

6. 갈라 플라키디아

388년(추정)	갈라 플라키디아 출생
410년 8월 24일	로마가 함락당함
412년	로마를 떠나 서고트족과 동행함
414년	갈라 플라키디아와 아타울프의 결혼, 아들 테오도시우스 출생
415년	테오도시우스 사망, 아타울프 암살
417년 1월 1일	갈라 플라키디아와 콘스탄티우스 결혼
419년 7월 2일	아들 발렌티니아누스 출생
421년	콘스탄티우스 3세 서로마 공동 황제 즉위, 갈라 플라키디아가 아우구스타가 됨, 콘스탄티우스 3세 사망
423년 8월 15일	호노리우스 사망, 요안네스 즉위
424년	발렌티니아누스와 테오도시우스 2세의 딸 리키니아 에우독시아 약혼
425년	요안네스 처형, 발렌티니아누스 3세 즉위, 갈라 플라키디아 섭정 시작
432년	보니파티우스와 아에티우스가 리미니에서 전투를 벌임
434년	보니파티우스 사망
437년	발렌티니아누스 3세 친정 시작, 갈라 플라키디아가 섭정에서 물러남
450년 11월 27일	갈라 플라키디아 사망

7. 호노리아

418년	호노리아 출생
426년	호노리아 얼굴 새긴 주화 발행
450년	훈족 왕 아틸라에게 편지를 보냄

8. 풀케리아

399년(추정)	아일리아 풀케리아 출생
404년 10월 6일	어머니 아일리아 에우독시아 죽음
407년 9월 14일	교부 요하네스 크리소스토무스 사망
408년 5월 1일	아버지 아르카디우스 사망, 남동생 테오도시우스 동로마 황제 즉위
414년	풀케리아가 아우구스타로 선언됨, 풀케리아 순결 맹세
421년 6월 7일	테오도시우스와 아테나이스 결혼, 아테나이스는 아일리아 에우도키아로 개명
431년 6월 22일	에페소스 공의회가 열리고 네스토리우스파가 이단으로 단죄됨
437년	발렌티니아누스와 리키니아 에우독시아 결혼, 에우도키아 예루살렘 순례
443년	에우도키아가 아우구스타 직책을 내려놓고 예루살렘으로 떠남
450년	테오도시우스 2세 사망, 아일리아 풀케리아와 마르키아누스 결혼, 마르키아누스 즉위
451년 10월 8일	칼케돈 공의회가 열리고 양성론을 진리로 선언함. 단성론을 이단으로 단죄함
453년	아일리아 풀케리아 사망

9. 조이

978년	조이 출생
996년	신성로마제국 황제 오토 3세하고 결혼하려고 배를 탐
1002년 1월	오토 3세 사망으로 고국으로 돌아감
1025년 12월 15일	바실리오스 2세 사망, 조이의 아버지 콘스탄티노스 8세 즉위
1028년	조이와 로마노스 결혼, 로마노스 3세 황제 즉위
1033년	조이와 정부 미하일 만남
1034년 4월 11일	로마노스 3세 암살, 조이와 미하일 결혼, 미하일 4세 즉위
1041년	미하일 4세 사망, 미하일 5세 즉위
1042년 4월	섬으로 추방당함, 군중이 미하일 5세를 내쫓고 조이와 테오도라를 여제로 추대함
1042년 6월 11일	조이와 콘스탄티노스 결혼, 콘스탄티노스 9세 즉위
1044년 3월 9일	테오도라와 함께 성난 군중을 진정시킴
1050년	조이 사망

10. 테오도라

980년	테오도라 출생
1028년	아버지의 결혼 요구에 반대함
1029년	프레시안하고 함께 언니 조이를 몰아내려다가 실패
1042년 4월 21일	조이하고 함께 여제 즉위
1042년 6월 11일	조이와 콘스탄티노스 결혼, 테오도라 수녀원에 유폐
1055년 1월 11일	콘스탄티노스 9세 죽음, 테오도라가 다시 여제 즉위
1056년 8월 31일	테오도라 사망

11. 안나 콤니니

1083년 12월 1일	안나 콤니니 출생, 콘스탄티노스와 약혼
1092년	동생 요하네스가 후계자가 됨
1095년	콘스탄티노스 죽음
1097년	안나 콤니니와 니키포로스 결혼
1118년	아버지 알렉시오스 1세 사망, 요하네스 2세 황제 즉위, 안나가 준비한 쿠데타가 니키포로스 반대로 실패
1137년	니키포로스 죽음, 니키포로스의 미완성 원고를 발견하고 안나가 《알렉시아드》를 집필
1153년	안나 콤니니 사망

12. 마리아 콤니니

1152년	마리아 콤니니 출생
1163년	마리아 콤니니와 헝가리 왕자 벨러 약혼
1169년 9월 14일	동생 알렉시오스 출생하자마자 후계자가 됨, 마리아 파혼
1172년	마리아 콤니니와 굴리에모 2세 약혼 무산
1180년 2월	마리아 콤니니와 몬페라토 후작 아들 레니에르 결혼
1180년 9월 24일	아버지 마누일 1세 사망, 알렉시오스 2세 황제 즉위
1181년	마리아와 레니에르가 계획한 쿠데타 발각, 마리아가 안드로니코스를 포섭함
1182년	라틴인 대학살, 마리아 콤니니 사망

13. 소피아 팔레올로기나

1149년	소피아(조이) 팔레올로기나 출생
1453년 5월 29일	수도 콘스탄티노폴리스 함락, 황제 콘스탄티노스 11세 전사
1460년	술탄 메흐메트 2세 모레아 침공으로 조이 가족은 피난길에 오름
1465년	아버지 토마스 팔레올로고스 사망, 조이 남매는 로마로 향함
1469년	조이 결혼 협상
1472년 11월 12일	조이와 러시아의 이반 3세 결혼, 소피아로 개명
1479년 3월 25일	아들 바실리 출생
1497년	이바노비치 죽음의 배후로 소피아가 지목됨, 소피아와 바실리 연금
1499년	소피아와 바실리 궁정 출입 허용
1503년 4월 7일	소피아 팔레올로기나 사망

† 가계도

1~2부

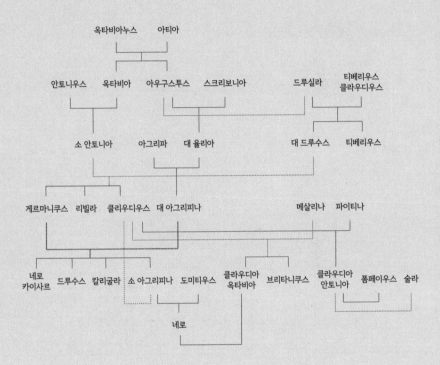

3부

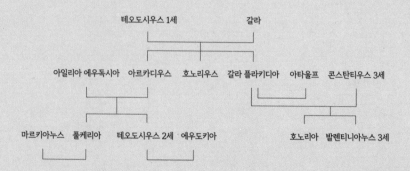

4부

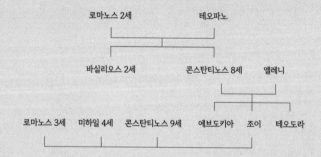

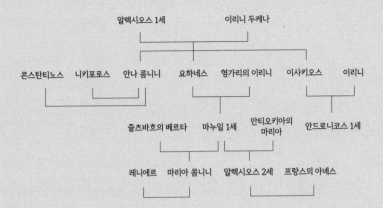